FLAVIO MORGADO

VBA
Guia de Referência

Guia de Referência do VBA
Copyright© 2004 Editora Ciência Moderna Ltda.

Nenhuma parte deste livro poderá ser reproduzida, transmitida e gravada, por qualquer meio eletrônico, mecânico, por fotocópia e outros, sem a prévia autorização, por escrito, da Editora.

Editor: Paulo André P. Marques
Supervisão Editorial: João Luis Fortes
Capa: Paulo Vermelho
Finalização: Érika Loroza
Copydesk: Sandra Valéria Ferreira de Oliveira
Revisão de provas: Larissa Neves Ventura
Assistente Editorial: Daniele M. Oliveira

FICHA CATALOGRÁFICA

Morgado, Flavio Eduardo Frony
Guia de Referência do VBA
Rio de Janeiro: Editora Ciência Moderna Ltda., 2004.

Linguagem de programação
I — Título

ISBN: 85-7393-349-6   CDD 001642

Editora Ciência Moderna Ltda.
Rua Alice Figueiredo, 46
CEP: 20950-150, Riachuelo – Rio de Janeiro – Brasil
Tel: (021) 2201-6662/2201-6492/2201-6511/2201-6998
Fax: (021) 2201-6896/2281-5778
E-mail: lcm@lcm.com.br

Dedicatória

Para Andrea,
o grande amor da minha vida.

Prefácio

O "Guia de Referência do VBA" foi desenvolvido como uma fonte de consulta para todos aqueles que utilizam o VBA – Visual Basic for Applications, como ferramenta de desenvolvimento de software, e possuem alguma dificuldade ou incompatibilidade com o "Help On-Line" do VBA fornecido ao se pressionar a tecla F1.

Este livro tem por objetivo abordar a sintaxe de cada função e instrução empregada pelo programa, seus argumentos, e indicar o resultado retornado por cada função ou executado por cada instrução fornecida pela linguagem. A diferença entre função e instrução é:

- Uma função é um procedimento do tipo Function, o qual pode ou não receber argumentos, mas sempre devolve um resultado que pode (ou deve) ser armazenado em uma variável para processamento posterior;
- Uma instrução é um procedimento do tipo Sub, que pode ou não receber argumentos, mas que jamais retorna um valor. É um comando atômico, executado em uma única linha de código com objetivo específico.
  - O VBA oferece muitas vezes uma instrução e função com o mesmo nome, diferenciando-se apenas sobre o lado da equação em que cada um irá aparecer. Nesta situação, é possível diferenciar a função da instrução através das seguintes regra: em uma equação, uma função situa-se sempre do lado direito do sinal de igualdade, retornando um valor específico, enquanto que uma instrução situa-se sempre do lado esquerdo do sinal de igualdade, recebendo um valor a ser executado.
  - Este é o caso, por exemplo, da função e instrução Date, usada para retornar ou definir, respectivamente, a data do sistema. Se Date situar-se do lado direito da equação, é executada a função Date, retornando a data do sistema, enquanto que do lado esquerdo, é executada a instrução Date, permitindo alterar a data do sistema:

viii – Guia de Referência do VBA

varDataAtual = **Date**   'Neste caso, usa-se a função Date para recuperar a data do sistema
Date = '25/04/2003"   'Aqui, emprega-se a instrução Date para definir a data do sistema

Por uma questão didática, os argumentos empregados em cada uma das funções e instruções citadas nesta obra foram traduzidos para o equivalente em português, como forma de facilitar seu aprendizado. Assim, quando você digita uma função em um módulo do VBA, a tecnologia Intelisense, empregada para fornecer informações sobre os argumentos de função, e as constantes empregadas em cada argumento, fará aparecer o nome padrão atribuído para cada argumento, normalmente codificado em inglês, devendo ser comparados com os citados nesta obra para verificar sua equivalência.

Por exemplo, suponha que você está querendo efetuar cálculos empregando matemática financeira para determinar o valor a ser pago na prestação de um empréstimo bancário, empregando a função PMT() do VBA. Ao digitar esta função na janela Depuração Imediata ou em um módulo, você deverá obter algo similar ao exibido na próxima figura:

```
curValorPrestação = PMT(
                   Pmt(Rate As Double, NPer As Double, PV As
                   Double, [FV], [Due]) As Double
```

Observe que os argumentos para a função PMT() originais são: Rate, NPer, PV, FV, Due. Se você consultar a função PMT() no Capítulo 9, "Funções Financeiras", verá que seus argumentos estão definidos da seguinte forma:

Pmt(TaxaDeJuros, NúmeroDePeríodos, ValorPresente[, ValorFuturo[, Tipo]])

Nesta situação, Rate = TaxaDeJuros, NPer = NúmeroDePerídos, PV = ValorPresente, FV = ValorFuturo, Due = Tipo, cabendo a você associar cada argumento ao seu equivalente original.

Dado o grande número de funções e instruções utilizadas pelo VBA, este livro foi segmentado em capítulos, divids em funções agregadas por tipo, da seguinte forma:

Capítulo 1:   **Tipos de dados e operadores do VBA**

Neste capítulo você obtém informações sobre os tipos de dados suportados e seus limites técnicos de aplicação. Também é apresentado aos operadores matemáticos utilizados pelo VBA, sua sintaxe, e resultados esperados ao utilizá-los;

Capítulo 2:   **Funções de Declaração do VBA**

Neste capítulo você obtém informações a respeito de todas as instruções empregadas para declarar procedimentos Function, Sub e Property, variáveis de diversos tipos (incluindo objetos, matrizes e constantes), definir opções de módulo etc.;

Capítulo 3: **Funções de conversão**

Neste capítulo você obtém informações sobre as funções de conversão existentes no VBA, capazes de converter um tipo de dados em outro. Estas funções são normalmente empregadas para converter strings em números e datas, manipular a precisão de valores etc.;

Capítulo 4: **Funções de verificação de conteúdo**

Neste capítulo você obtém informações sobre as funções do VBA empregadas para verificar o tipo de dados contido em uma variável;

Capítulo 5: **Funções e instruções de controle do fluxo de execução**

Neste capítulo você obtém informações sobre o cerne do VBA, ou seja, as principais instruções e funções que permitem adicionar lógica à programação, como estruturas de tomada de decisão (If...Then...Else, Select Case), instruções de laço (Do...Loop, While...End, For...Next) etc.;

Capítulo 6: **Funções matemáticas**

Neste capítulo você obtém informações sobre todas as funções matemáticas do VBA, incluindo suas funções trigonométricas básicas e uma tabela de funções trigonométricas derivadas;

Capítulo 7: **Funções para manipulação de strings**

Neste capítulo você obtém informações sobre todas as funções do VBA para manipular strings, permitindo recuperar seu comprimento (Len), obter um conjunto qualquer de seus caracteres (Left, Right, Mid), pesquisar, obter e substituir elementos em uma string (InStr, Mid e Replace), formatar uma string (Format) etc.;

Capítulo 8: **Funções de data e hora**

Neste capítulo você obtém informações sobre as funções empregadas para manipular data e hora no VBA, possibilitando efetuar qualquer cálculo entre datas (DateAdd, DateDiff), retornar ou definir a data e hora do sistema (Date e Time), recuperar o número de segundos decorridos desde 0:00 (Timer), obter o dia da semana (Weekday) etc.;

Capítulo 9: **Funções financeiras**

Neste capítulo você obtém informações sobre todas as funções financeiras do VBA, sua sintaxe e o significado de seus argumentos, obtendo o valor futuro ou presente de um investimento (FV e PV), o valor presente líquido (NPV), a taxa interna de retorno (IRR) etc.;

Capítulo 10: **Funções para a manipulação de matrizes**

Neste capítulo você obtém informações sobre as funções de manipulação de matrizes do VBA, como redimensionar suas dimensões (Redim), obter os limites inferior e superior de qualquer uma de suas dimensões (Lbound e Ubound), separar uma matriz em duas (Split), etc.;

Capítulo 11: **Funções de manipulação de arquivos e pastas**

Neste capítulo você obtém informações sobre as funções do VBA empregadas para manipular arquivos e pastas, permitindo verificar a existência de um determinado arquivo (Dir), indicar ou alterar o drive e pasta padrão apontada pelo seu aplicativo (CurDir, ChDrive e ChDir), manipular variáveis de ambiente (Environ) etc.;

Capítulo 12: **Funções de entrada e saída de dados em arquivos**

Neste capítulo você encontra informações sobre as funções do VBA empregadas para abrir (Open), ler (Get, Input e Line Input #) e gravar (Put, Print # e Write #) informações em arquivos texto, binários ou de acesso aleatório, obter o comprimento de um arquivo (LOF) etc.;

Capítulo 13: **Funções de interação com o usuário**

Neste capítulo você encontra informações sobre as funções do VBA que permitem interagir com o usuário do seu sistema, exigindo a digitação de dados (InputBox), exibindo caixas de mensagem (MsgBox) e som (Beep), ativando a janela de um aplicativo externo (AppActivate), enviar uma ou mais teclas, como se fossem digitadas (SendKeys) etc.;

Capítulo 14: **Funções para manipulação do Registro do Windows**

Neste capítulo você obtém informações sobre as funções do VBA empregadas para ler (GetSetting, GetAllSettings) e gravar (SaveSetting, SaveAllSettings) dados no registro do Windows.

Capítulo 15: **Funções de manipulação de erros em tempo de execução**

Neste capítulo você encontra informações sobre as funções do VBA utilizadas para manipular os erros que por ventura ocorram em seus procedimentos, permitindo ativar ou desativar uma armadilha de erros (On Error), obter o código ou mensagem de erro referente ao último erro ocorrido (Err e Error), e retornar a um ponto específico do código com a instrução Resume.

Para obter uma lista de resumo das funções e instruções do VBA, agrupadas de acordo com sua funcionalidade, veja a seção "Resumo dos operadores, funções e constantes do VBA". Para acessar rapidamente o índice completo de funções e instruções do VBA comentadas neste livro, empregue o "Índice Alfabético de Funções".

Sumário

História do VBA xix

Resumo dos operadores, funções e constantes do VBA.........xxvii
    Operadores matemáticos e lógicos do VBA xxvii
    Tipos de dados empregados no VBA..xxviii
    Funções de conversão.. xxix
    Funções e Instruções para controle do fluxo de código xxix
    Funções para manipulação de variáveis xxix
    Funções para manipulação de Strings xxx
    Funções matemáticas.. xxx
    Funções financeiras... xxx
    Funções para manipulação de data e hora xxxi
    Funções e instruções para manipulação de matrizes xxxi
    Funções para manipulação de erros xxxii
    Funções para manipulação de arquivos e pastas............................ xxxii
    Funções que interagem com o sistema operacional xxxii
    Funções de entrada e saída de dados em arquivos xxxiii
    Funções para a manipulação do Registro do Windows xxxiii
    Conjunto de caracteres VBA (0 – 127)... xxxiv
    Conjunto de caracteres VBA (128 – 255) xxxv
    Constantes do Visual Basic xxxvi

1

Tipos de dados e Operadores do VBA 1
- Tipos de dados suportados pelo VBA 2
- Operadores do VBA 5

2

Funções de declaração do VBA 21
- Array 21
- CallByName 22
- Const 23
- CreateObject 24
- Declare 26
- Deftype 28
- Dim 29
- Enum 31
- Erase 32
- Event 33
- Friend 36
- Function 37
- GetObject 40
- Implements 42
- Let 46
- Option Base 47
- Option Compare 48
- Option Explicit 49
- Option Private 49
- Private 50
- Property Get 51
- Property Let 53
- Property Set 56
- Public 58
- ReDim 60
- Rem 61
- Set 62
- Static 63
- Sub 65
- Type 67

3

Funções de conversão 69
    Asc 69
    Cbool 70
    Cbyte 70
    Ccur 71
    Cdate 72
    CDbl 73
    CInt 73
    CLng 74
    CSng 75
    CStr 75
    CVar 76
    CVErr 76
    Val 77

4

Funções de verificação de conteúdo 79
    IsArray 79
    IsDate 80
    IsEmpty 80
    IsError 81
    IsMissing 81
    IsNull 83
    IsNumeric 84
    IsObject 84
    TypeName 85
    VarType 86

5

Funções e Instruções de controle do fluxo de execução 89
    AddressOf 90
    Assert 91
    Call 92
    Choose 93
    DoEvents 94
    Do...Loop 95
    End 96
    Exit 97

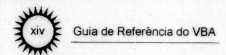

    For Each...Next 98
    For...Next 99
    GoSub...Return 100
    GoTo 101
    If...Then...Else 102
    IIf 104
    On...GoSub, On...GoTo 104
    Partition 106
    RaiseEvent 107
    Select Case 109
    Shell 110
    Stop 112
    Switch 113
    While...Wend 114
    With...End With 115

6

Funções matemáticas 117
    Abs 117
    Atn 118
    Cos 118
    Exp 119
    Int, Fix 119
    Log 120
    Randomize 120
    Round 121
    Rnd 121
    Sgn 122
    Sin 123
    Sqr 123
    Tan 124
    Funções matemáticas derivadas 124

7

Funções para manipulação de strings 127
    Chr 128
    Format 128
    FormatCurrency 135
    FormatDateTime 136
    FormatNumber 137
    FormatPercent 138

Hex.. 139
InStr 139
InStrRev 141
Join 142
Lcase 143
Left... 143
Len 144
Lset 145
Ltrim 147
Mid 147
Oct 148
Replace 149
Right... 150
Rset 151
Rtrim 151
Space 152
Str 152
StrComp 153
StrConv 154
String 155
StrReverse 155
Trim 156
Ucase 156

8

Funções de data e hora 157
Date 157
DateAdd 158
DateDiff 160
DatePart 162
DateSerial 164
DateValue... 165
Day... 166
Hour 166
Minute 167
Month 167
MonthName 168
Now 168
Second 168
Time 169
Timer 169
TimeSerial 170

TimeValue 171
Weekday 172
WeekdayName 173
Year 173

9

Funções financeiras 175
DDB 176
FV 177
IPmt 178
Irr 180
Mirr 181
Nper 182
NPV 184
Pmt 185
PPmt 186
PV 188
Rate 189
SLN 190
SYD 191

10

Funções para manipulação de matrizes 193
Filter 193
Lbound 195
Redim 195
Split 196
Ubound 197

11

Funções de manipulação de arquivos e pastas 199
ChDir 199
ChDrive 200
CurDir 200
Dir 201
Environ 203
FileCopy 203
FileDateTime 204
FileLen 204
GetAttr 205

Kill 205
MkDir 206
Name 206
QBColor 207
RGB 208
RmDir 209
SetAttr 209

12

Funções de entrada e saída de dados em arquivos 211
Close 211
EOF 212
FileAttr 213
FreeFile 215
Get 216
Input 219
Line Input # 221
Loc 222
Lock, Unlock 223
LOF 224
Open 225
Print # 227
Put 229
Reset 232
Seek 232
Spc 235
Tab 236
Width # 237
Write # 238

13

Funções de interação com o usuário 241
AppActivate 241
Beep 243
Command 243
InputBox 244
MsgBox 246
SendKeys 248

14

Funções para manipulação do Registro do Windows 253
    DeleteSetting 253
    GetAllSettings 254
    GetSetting 255
    SaveSetting 256

15

Funções para manipulação de erros em tempo de execução 259
    Err 259
    Error 260
    On Error 262
    Resume 264

Índice alfabético de funções 267

História do VBA

O VBA – Visual Basic for Applications, como hoje o conhecemos, é fruto de uma combinação de inventividade, visão empresarial, marketing, persistência e sorte, cuja origem remonta ao ano de 1991, associado à figura de Alan Cooper[1], um dos maiores mestres mundiais na construção de interfaces gráficas.

Nesta época, Alan Cooper era um eficiente programador C da plataforma Windows 3, tendo criado um novo ambiente (Shell) para o mesmo, sem saber como empregá-lo de modo prático. Ele foi então contratado por um grande banco da Califórnia, com o objetivo de limitar o uso do Windows em todas as estações de trabalho, apenas as tarefas a serem executadas internamente pelos funcionários da instituição, evitando que os mesmos tivessem de lidar com as idiossincrasias do gerenciamento de arquivos, e pastas do sistema.

Cooper desenvolveu então um software para o Windows 3 capaz de personalizar e distribuir um novo ambiente de trabalho baseado em grupos de usuários, o qual foi batizado de "Tripod" (tripé). O produto foi um sucesso no uso interno, levando Alan Cooper a apresentá-lo a Bill Gates como forma de personalização da próxima versão do Windows (que viria a ser a versão Windows for Workgroups, ou Windows 3.11).

---

[1] Alan Cooper é um nome respeitado nos grandes círculos mundiais de desenvolvimento de software e produtos no qual o software é aplicado. Ele é um grande crítico da forma como os produtos "eletrônicos" incorporam o software de maneira equivocada, variando desde uma simples chave para abertura de um carro, passando por um videocassete e chegando a produtos mais sofisticados, como o Adobe Photoshop e outras ferramentas gráficas. Você pode apreciar mais de suas incríveis visões da tecnologia lendo "It's About Face", um livro que foi relançado nos EUA em 2003, que trata de uma feroz e irônica crítica ao software comercial, e "The inmates are running the asylum", uma obra extraordinária, onde ele desenvolve a metodologia de desenvolvimento interativo de interfaces gráficas empregando personas e cenários. Vale a pena conferir!

Nesta época, a programação em Windows era quase que uma exclusividade da Microsoft, sendo amplamente centrada na linguagem "C", com ênfase no emprego de DLLs e chamadas de API (Application Programers Interface). "Tripod" ia muito além disto, incluindo características inovadores muito comuns hoje em dia, como capacidade de "arrastar e soltar" (drag and drop) componentes como caixas de texto e caixas de listagem em um formulário padrão do Windows, permitindo estender o ambiente Windows para as necessidades do usuário. (No livro "The inmates are running the asylum", Cooper cita a perplexidade e satisfação de Bill Gates ao ver o produto pela primeira vez, exclamando "How could you do that!" – "Como é que você fez isso?").

Como a Microsoft já havia empregado o nome "Tripod" em um de seus projetos, Cooper alterou-o para "Ruby", e o vendeu à Microsoft para ser incluído na próxima versão do Windows – codinome empregado até hoje pela Microsoft para o pacote de formulários usado pelo VB6.

Apesar de ter comprado o pacote de Cooper, a Microsoft decidiu por não inseri-lo na versão Windows 3.11, guardando-o para uso futuro. O projeto "Ruby" ficou sem destino por mais de 1 ano, e ninguém na Microsoft, desde Tom button (diretor de marketing do VB1, codinome "Thunder" – Trovão) a John Fine (gerente de desenvolvimento do VB1) sabe ao certo quem teve a idéia crucial de fundir a funcionalidade do projeto "Ruby" com a linguagem de programação "QuickBasic", que estava então em sua versão DOS.

Desde 1980, após uma entrevista para a "Byte", Bill Gates havia se comprometido a fornecer uma versão gráfica de sua linguagem Basic para DOS, tendo este objetivo se tornado um dos pontos centrais da plataforma Windows + Office. Seu sonho era desenvolver uma linguagem única que permitisse o desenvolvimento de aplicativos Windows em todos os produtos fornecidos pela Microsoft.

E assim, o projeto "Ruby" foi renomeado para "Thunder" e tranferido para o grupo de linguagens da Microsoft, tornando-se a primeira ferramenta RAD (Rapid Application Devellopment) da história da informática.

Numa das primeiras apresentações do projeto "Thunder" para Bill Gates, Tom Button e seu time de desenvolvimento exibia o produto mostrando como poderia ser possível montar rapidamente um aplicativo Windows empregando controles "drag and drop" da barra de ferramentas desenvolvida por Cooper para um formulário de dados. Muito impressionado, Bill Gates perguntou ao grupo como era possível adicionar novos controles para a barra de ferramentas do produto. Quando soube que isto não era possível, o próprio Bill Gates insistiu que esta habilidade deveria ser uma das principais características do produto (a característica de extensividade da barra de ferramentas já havia sido criada por Alan Cooper na versão do "Ruby", mas esta capacidade só veio a ser inserida no VB1 por intervenção direta de Bill Gates, criando a tecnologia de extensibilidade chamada VBX – Visual Basic eXtensibility).

A adição desta característica ao projeto "Thunder" atrasou consideravelmente sua chegada ao mercado, mas foi ela a responsável pelo imediato sucesso do produto. Além disso, Bill Gates insistia com o grupo de desenvolvimento que o produto deveria ter a palavra "Basic" em seu nome comercial, entrando em desacordo direto com seus gerentes de marketing e desenvolvimento.

Assim, em 1991 chegou ao mercado o Visual Basic 1 – VB1 que, apesar da falta de ferramentas para o desenvolvimento empresarial e sua reputação de "linguagem inferior", em grande parte por conter o nome "Basic", teve grande sucesso devido à sua característica de facilitar a programação de um ambiente gráfico complexo como o Windows, evitando a chamada de DLLs e a linguagem "C", e uma forma rápida de se construir eficientes protótipos de softwares comerciais.

A estratégia de divulgação do Visual Basic também foi bastante eficaz. Por possuir um orçamento estreito, o departamento de marketing optou por uma estratégia de "marketing de guerrilha", efetuando demonstrações onde quer que existisse uma seminário de informática (simplesmente mostrando ao público como empregar a ferramenta), e construindo uma comunidade de desenvolvedores ao redor da ferramenta.

O time de desenvolvimento gastou a maioria de seus recursos de marketing em duas estratégias principais:

- Recrutando e treinando empresas de informática para criar controles que pudessem ser adicionados ao Visual Basic, estendendo seu poder de programação, tornando-o mais rápido e fácil de usar que qualquer outra linguagem existente no mercado;
- Trabalhando com Jim Fawcette, presidente e fundador de uma das maiores editoras técnicas de informática dos EUA – Fawcette Technical Publications", para lançar uma revista centrada no VB (chamada inicialmente de "BasicPro", renomeada para "Visual Basic Programmers Journal – VBPJ", atualmente chamada "Visual Studio Programmers Journal – VSPJ"[2]), e uma série de conferências por todos os EUA – e posteriormente todo o mundo – ao redor do Visual Basic.

A revista e as conferências tiveram importante impacto no desenvolvimento de uma imensa comunidade de desenvolvedores para o Visual Basic, principalmente por se tratar de veículos onde as empresas produtoras de controles VBX podiam anunciar e vender seus produtos, encontrando pessoalmente seus clientes[3]. Segundo Tom Button, (hoje vice-presidente de Produtos e Ferramentas de Desenvolvimento e Desenvolvimento de Marketing da Microsoft), esta característica de extensibilidade do produto, largamente dependente da visão inicial e inovadora de Alan Cooper no projeto "Ruby", e envisionada por Bill Gates, direcionou o Visual Basic para um nível jamais imaginado pela empresa.

Visual Basic tornou-se um sucesso imediato porque simplificava o desenvolvimento no ambiente Windows em ordens de magnitude, evitando que os desenvolvedores de software tivessem qualquer conhecimento das APIs do Windows e sua complexidade para a criação de soluções. Em vez de se concentrar em detalhes do desenvolvimento, os programadores podiam direcionar o foco para os processos a serem executados e a solução desejada pelos clientes de forma rápida e objetiva.

---

[2] Você pode encontrar muita informação sobre quaisquer ferramentas de desenvolvimento nos sites da Fawcette Publications, especialmente o www.vspj.com, e também no Advisors Publications, www.advisors.com.

[3] Já participei de uma conferência técnica da Advisors Publications sobre o Microsoft Access em Phoenix, Arizona, que se repete anualmente nesta cidade em outubro, além de Chicago, San Francisco, Nova York e Orlando nos EUA, além de Berlim, Tóquio e Estocolmo. A experiência é muito relevante para qualquer um que deseje realmente aprofundar seus conhecimentos profissionais, nivelando-se com a nata dos programadores mundiais. Recomendo-a a todos!

- Apesar do grande sucesso do Visual Basic e seu modelo de extensibilidade com o VBX, os vendedores de controles tinham grande dificuldade em fazer chegar aos programadores a existência de seus produtos.
- Foi então lançado o "Professional ToolKit for Visual Basic – VB1" (codinome RawHide), o qual foi integrado ao VB2, fornecido aos programadores por um preço muito razoável, versões limitadas de diversos controles VBX em um único pacote, identificando claramente a empresa criadora de cada controle e a forma de contactá-las para obter versões ainda mais poderosas dos mesmos. A própria Microsoft considera que foi este evento o responsável por fazer com que os produtores de controles atingissem massa crítica no mercado, definindo o Visual Basic como a linguagem mais popular do planeta.
- A dominação mundial do Visual Basic como ambiente de programação ocorreu apenas na versão 3 (VB3), pois esta foi a primeira a fornecer suporte ao acesso a dados nativo na linguagem, incorporando um Data control e o Data Access Objects.

Durante sua evolução, o Visual Basic sofreu a influência de grandes nomes no mercado americano, como o mestre Daniel Appleman, autor de "Visual Basic Guide to Windows API" e "Developing ActiveX Control with Visual Basic", entre outras obras, e fundador da Desaware, onde desenvolveu a série de controles "Custom Control Factory" e "SpyWorks" (veja mais em www.desaware.com), que permite ao Visual Basic interceptar mensagens do Windows, superando em muito suas limitações técnicas, levando ao time de desenvolvimento a necessidade de adição de funções capazes de lidar com ponteiros como o C++, e também da instrução AddressOf(), capaz de fornecer o endereço de memória de uma função em execução, permitindo empregá-la em avançadas operações de call-back[4].

Além disso, uma importante ferramenta competidora apareceu no mercado – o Delphy da Borland, cuja aparição se deu em 1995. O Delphy levou a Microsoft a repensar o Visual Basic, fazendo com que cada próxima versão do Visual Basic oferecesse características da versão anterior do Delphy – o que tem se mantido até o aparecimento do VB.Net. Até hoje, o VB6 ainda não possui certas características capazes de o equiparar ao Delphy, como a habilidade de criar aplicativos compilados (.EXE) que não dependam de um RunTime – apesar de a Microsoft e várias cabeças mundiais considerarem este fato desprezível. Atualmente, a Emprise, empresa que domina a Borland, sofreu uma "intervenção" monetária da Microsoft, e o resultado pode ser visto no VB.Net, que simplesmente demonstra diversas características intrínsecas do Delphy que, curiosamente, deixou de ser uma vedete no mercado. Além disso, mesmo com certa vantagem em detalhes técnicos, o Delphy nunca chegou a obter mais de 12% do mercado do Visual Basic.

---

[4] Se você quiser saber mais sobre a programação avançada em Visual Basic, leia o livro "Desenvolvendo Controles ActveX com VB5" de Daniel Appleman (não tenho conhecimento sobre uma nova versão). Nesta obra, Dan Appleman aborda técnicas muito interessantes e avançadas de programação, orientação a objeto, fundamentos da COM – Component Object Model, multi-threading e criação de controles ActiveX para o mercado comercial. Vale a pena conferir!

Quando o Visual Basic 4 atingiu o mercado, deparou-se com a difícil transição do ambiente Windows 3.x em 16 bits para o ambiente Windows 95 em 32 bits, fornecendo aos programadores a capacidade de criar aplicativos para ambas as plataformas.

O VB4 deixava de ser produzido com uma linguagem independente, passando a integrar o acesso ao modelo de objetos componentes do Windows, a famosa COM – Component Object Model, incorporando nesta versão a capacidade de compilar sob demanda, carregamento de projetos em segundo plano, capacidade de criar controles VBX passíveis de serem utilizados por outros aplicativos – como Microsoft Access 2, e de criar DLLs – Dinamic Link Libraries – passíveis de serem utilizadas por outros programas COM-compatíveis de 32 bits.

A versão 4 do Visual Basic foi a primeira a possuir uma edição "Enterprise", que fornecia ferramentas como "Visual Source Safe" para o controle de projetos ao nível de times de desenvolvimento, fornecendo também uma versão do SQL Server e a capacidade de programar elementos para a computação distribuída, empregando Remote Data Objects. A Microsoft reconhece que esta decisão foi responsável pela grande disseminação do SQL Server como banco de dados sério no mercado empresarial.

Segundo Daniel Appleman, a versão 4 do Visual Basic foi infeliz para os vendedores indepentes de software e controles. O produto chegou atrasado ao mercado (em relação ao Delphi) e, por ser baseado na COM e na Microsoft Foundation Class (MFC), uma tecnologia nova, promissora e imatura, foi constantemente alterado por upgrades e service-packs, fazendo com que certas implementações de código se quebrassem com razoável facilidade.

O Visual Basic 5 foi a primeira versão a implementar a moderna tecnologia intelisense utilizada para o Visual Basic for Applications. Foi também a primeira versão em que o Visual Basic for Applications apareceu, se tornando então a linguagem padrão de desenvolvimento e personalização de todos os aplicativos da Microsoft.

Nesta versão, o time de desenvolvimento de interfaces gráficas produziu um novo acabamento para o ambiente de desenvolvimento integrado (IDE – Integrated Development Enviroment) do Visual Basic, fornecendo-lhe a identidade visual utilizada até hoje no VB6 e VB.Net, além da mesma interface gráfica usada pelo Visual Basic for Applications encontrado na versão 2000 ou posterior de todos os aplicativos do Microsoft Office.

O Visual Basic 5 foi a primeira versão a fornecer suporte para a criação de controles personalizáveis, sendo a versão Custom Control Edition (CCE) fornecida gratuitamente no site da Microsoft e em diversas revistas especializadas, antes da disponibilização da versão comercial do VB5 – causando certa consternação no time de desenvolvimento devido à necessidade de implementar mais características no produto a ser vendido comercialmente.

Por decisão de Bill Gates, o VB5 deveria ser capaz de permitir aos desenvolvedores criar controles ActiveX COM-compatíveis, no lugar de se empregar o Visual C++. O VB5 também tentou introduzir na linguagem características passíveis de o tornarem uma ferramenta de desenvolvimento para a WEB, fornecendo tecnologias como ActiveX Documents, capaz de criar páginas HTML dinâmicas. Esta tecnologia nunca "pegou" de verdade, pois apresentou diversos problemas de implementação, sendo muito criticada nas revistas especializadas – especialmente pelo VBPJ – Visual Basic Programers Journal.

O VB5 também apresentou diversas novidades na programação orientada a objetos (OOP – Object Oriented Programing), fornecendo instruções como Implements, capaz de permitir a criação de herança de classes por implementação de interfaces (representadas por módulos classe), os procedimentos Property Let e Get, e a capacidade de gerar eventos em objetos com a instrução RaiseEvent.

A versão 6 do Visual Basic (VB6) chegou ao mercado com a promessa de fornecer novas tecnologias de acesso a dados com o emprego do ADO – ActiveX Data Objects, como a nova tecnologia padrão e universal de acesso a dados, que em sua primeira versão (ADO 1.0), era muito instável e susceptível a problemas, hoje grandemente resolvidas na última versão do ADO (ADO 2.7).

O VB6 também foi lançado com a promessa de criar vários tipos de projetos distintos, inclusive lançando características virtualmente inúteis, como sua capacidade de lidar com DHTML e WebClasses. Estas tecnologias jamais vingaram, principalmente por não serem exatamente o tipo de ferramenta desejada pelos desenvolvedores. O VB6, apesar de produzir diversos tipos de componentes estáveis, teve contra si o fato de ser distribuído em sua versão profissional sem qualquer tipo de documentação impressa. Apenas o Help On-line, implementado de forma equivocada, foi disponibilizado pela Microsoft, fazendo com que o produto sofresse duras críticas dos milhões de desenvolvedores espalhados por todos os cantos do mundo.

A última versão do Visual Basic, chamado VB.Net foi criada para fornecer aos desenvolvedores a capacidade de criar aplicativos multiplataforma, incluindo certas caraterísticas há muito desejadas pelos seus usuários, como a herança através da instrução Inherit, com grandes características da última versão comercial do Delphi, mudando inclusive os tipos de dados utilizados pelo ambiente.

Sua desvantagem consiste em ser uma plataforma completamente diferente da anterior, razoavelmente incompatível, mas com extremo poder de criação de aplicativos para a Web. A seu favor, existe uma imensa base de usuários passíveis de migrar para a nova plataforma. E contra seu uso, existe o fato de o produto ser muito diferente do VB6 e do Visual Basic for Applications encontrado nos produtos da Microsoft, inclusive em sintaxe, além de possuir um mar de tecnologias competitivas pelas quais o usuário pode optar – uma situação bem diferente daquela encontrada pelo VB1.

Em resumo, o Visual Basic sempre baseou sua evolução na necessidade de uma interface amigável de desenvolvimento rápido de aplicativos para a plataforma Windows. As mudanças ocorridas na linguagem até o VB6 foram orientadas não apenas pelas necessidades e sugestões do usuário, mas também pela mudanças fundamentais ocorridas na plataforma Windows.

Neste sentido, a Internet representa também uma mudança fundamental que os desenvolvedores terão de se adaptar na produção de aplicativos, fazendo com que a plataforma .NET, representada principalmente pelo VB.Net, coloque o Visual Basic em em uma encruzilhada tecnológica, necessitando novamente de grande esforço e sorte da Microsoft para fazer com que seus milhões de usuários prosperem no desenvolvimento para a WEB da mesma forma que prosperaram rapidamente no desenvolvimento para Windows.

Nota do autor: Este livro, e todo o seu conteúdo, refere-se a tipos de dados, funções e instruções válidas para o Visual Basic for Applications existentes nos diversos produtos Microsoft, excluindo o VB.Net, que possui sintaxe diferente em diversos pontos, além de alteração fundamental nos tipos de dados exibidos pela evolução da linguagem.

Resumo dos operadores, funções e constantes do VBA

Operadores matemáticos e lógicos do VBA

Tipo de operador	Operador	Utilidade
Aritméticos (listados por ordem de precedência)	^	Exponenciação
	*	Multiplicação
	/	Divisão
	\	Divisão inteira (retorna sempre o valor inteiro)
	+	Soma
	-	Subtração
	&	Concatenação de valores
	Mod	Resto da divisão
Comparação entre valores	=	Igual
	<>	Diferente
	>	Maior
	>=	Maior ou igual
	<	Menor
	<=	Menor ou igual
Operadores lógicos	Not	Negação
	And	E
	Or	Ou
	Xor	Ou
	Eqf	Equivalente
	Imp	Implica

Tipos de dados empregados no VBA

Tipo de dados	Tamanho	Faixa
Byte	1 byte	0 to 255
Boolean	2 bytes	True or False
Integer	2 bytes	-32,768 to 32,767
Long (long integer)	4 bytes	-2,147,483,648 a 2,147,483,647
Single (Ponto flutuante de simples precisão)	4 bytes	para valores negativos -3.402823E38 a -1.401298E-45 para valores positivos 1.401298E-45 to 3.402823E38
Double (ponto flutuante de dupla precisão)	8 bytes	para valores negativos -1.79769313486231E308 a -4.94065645841247E-324; para valores positivos 4.94065645841247E-324 a 1.79769313486232E308
Currency (4 decimais de precisão)	8 bytes	-922,337,203,685,477.5808 a 922,337,203,685,477.5807
Decimal	14 bytes	+/-79,228,162,514,264,337,593,543,950,335 sem ponto decimal; +/-7.9228162514264337593543950335 com 28 casas decimais. Menor valor não zero é +/-0.0000000000000000000000000001
Date	8 bytes	1 de janeiro 100 a 31 de dezembro de 9999
Object	4 bytes	Qualquer referência a um objeto
String (comprimento variável)	10 bytes + comprimento da string	0 a aproximadamente 2 bilhões de caracteres
String (tamanho fixo)	Comprimento da string	1 a aproximadamente 65,400
Variant (com números)	16 bytes	Qualquer valor numérico até o limite dos números Double
Variant (com caracteres)	22 bytes + comprimento da string	Mesma faixa de strings de comprimento variável
Definido pelo usuário (declarado com Type)	Número de elementos declarados	Mesma faixa empregada na declaração de cada elemento do tipo

Obs.: Matrizes de qualquer tipo de dados exigem 20 bytes de memória acrescidos de 4 bytes para cada dimensão mais o número de bytes ocupados pelos dados armazenados. A memória ocupada pelos dados pode ser calculada multiplicando-se o número de elementos de dados pelo tamanho de cada elemento.

Obs.: Uma variável do tipo Variant a qual foi atribuída uma referência a uma matriz, exige 12 bytes adicionais além daqueles ocupados pela matriz.

Funções de conversão

Utilidade	Nome da função
Converte para boleano	CBool()
Converte para byte	CByte()
Converte para moeda	CCur()
Converte para Data/Hora	CDate()
Converte para Double	CDbl()
Converte para Decimal	CDec()
Converte para Integer	CInt()
Converte para Long	CLng()
Converte para Single	CSng()
Converte para String	CStr()
Converte para Variant	CVar()
Converte um tipo de string para outro	StrConv()

Funções e Instruções para controle do fluxo de código

Categoria da instrução	Instrução
Mudança de execução no fluxo de código	GoSubReturn, GoTo, On Error, On...GoSub, On...GoTo
Sair ou pausar o programa	DoEvents, End, Exit, Stop
Executar um laço no código	Do...Loop, For...Next, For Each...Next, While...Wend, With
Tomar decisões	Choose, If...Then...Else, Select Case, Switch
Chamar outros procedimentos	Call, Function, Property Get, Property Let, Property Set, Sub

Funções para manipulação de variáveis

Utilidade	Nome da função
Atribuir um valor	Let
Declarar variáveis ou Constantes	Const, Dim, Private, Public, New, Static
Declarar um módulo como Privado	Option Private Module
Obter informações de uma variável	IsArray, IsDate, IsEmpty, IsError, IsMissing, IsNull, IsNumeric, IsObject, TypeName, VarType
Referenciar o objeto atual	Me
Exigir declaração explícita de variáveis	Option Explicit
Definir o tipo de dados padrão	Deftype

Funções para manipulação de Strings

Categoria da função	Função	Utilidade
Comparar strings	StrComp	Compara duas strings
Converter strings	StrConv	Converte números ou datas em string
	Format	Altera a forma de apresentação
Conversão de letras maiúsculas/minúsculas	Lcase	Converte para minúsculas
	Ucase	Converte para maiúsculas
Criar uma sequência de caracteres	Space	Repete uma seqüência de espaços
	String	Repete uma seqüência de caracteres
Encontrar o comprimento	Len	Retorna o comprimento da string
Alinhar uma string com uma variável de tipo definido pelo usuário	Lset	Alinha a string com a variável Type
	Rset	Alinha a variável Type com a string
Manipular strings	InStr	Encontra um caractere
	Left	Parte esquerda da string
	Right	Parte direita da string
	Ltrim	Retira espaços à esquerda da string
	Rtrim	Retira espaços à direita da string
	Trim	Retira espaços à direita e à esquerda
	Mid	Retira ou define uma parte da string
Define os padrões de comparação	Option Compare	Define como serão comparadas strings dentro do módulo
Manipular valores de códigos ASCII	Asc	Retorna o código ASC do caractere
	Chr	Retorna o caractere pelo código ASC

Funções matemáticas

Utilidade	Nome da função
Funções trigonométricas	Atn, Cos, Sin, Tan
Cálculos gerais	Exp, Log, Sqr
Geração de números aleatórios	Randomize, Rnd
Obter o módulo do número	Abs
Obter o sinal de uma expressão	Sgn
Efetuar conversões de precisão	Fix, Int

Funções financeiras

Utilidade	Nome da função
Calcular depreciação de bens	DDB, SLN, SYD
Calcular o valor futuro	FV
Calcular a taxa de juros	Rate
Calcular a taxa interna de retorno	IRR, MIRR
Calcular o número de períodos	NPer
Calcular o valor da prestação	IPmt, Pmt, PPmt
Calcular o valor presente	NPV, PV

Funções para manipulação de data e hora

Categoria	Função	Utilidade
Obter ou definir a data e/ou hora do sistema	Date	Retorna ou define a data do sistema
	Time	Retorna ou define a hora do sistema
	Now	Retorna a data e hora (data na parte inteira e hora na parte fracionária)
Executar cálculos com datas	DateAdd	Adiciona um valor a uma data
	DateDiff	Acha qualquer diferença entre duas datas
	DatePart	Obtém uma parte de uma data
Retornar uma data	DateSerial	Retorna o número serial de uma data
	DateValor	Retorna a parte data de um campo data/hora
Retornar uma hora	TimeSerial	Retorna o número serial de uma hora
	TimeValor	Retorna a parte hora de um campo data/hora
Tempo decorrido	Timer	Retorna o número de segundos decorridos desde 0:00
Retornar parte de uma data	Day	Retorna o dia da data
	Month	Retorna o mês da data
	Weekday	Retorna o dia da semana da data
	Year	Retorna o ano da data
	Hour	Retorna a hora de uma hora completa
	Minute	Retorna os minutos de uma hora completa
	Second	Retorna os segundos de uma hora completa

Funções e instruções para manipulação de matrizes

Categoria	Função	Utilidade
Verificar se é uma matriz	IsArray	Indica se a variável atual é uma matriz
Criar uma matriz	Array	Cria uma matriz com as dimensões especificadas
Alterar o limite inferior da matriz	Option Base	Define o índice inicial da matriz (0 ou 1)
Declarar e inicializar uma matriz	Dim, Private	Declara a matriz como privada
	Public	Declara a matriz como pública
	Static	Declara a matriz como estática
Encontrar os limites da matriz	Lbound	Limite superior da dimensão da matriz
	Ubound	Limite inferior da dimensão da matriz
Reinicializar a matriz	Erase	Apaga o conteúdo de uma matriz
	ReDim	Redimensiona a matriz sem perder valores

Funções para manipulação de erros

Utilidade	Nome da função
Gerar erros de run-time	Clear, Error, Raise
Obter o texto da mensagem de erro	Error
Obter o código do erro	Err
Retornar Error como Variant	CVErr
Criar armadilhas de erros	On Error, Resume
Verificar se a operação gera erro	IsError

Funções para manipulação de arquivos e pastas

Categoria	Função	Utilidade
Alterar a pasta ou drive atual	ChDir	Alterar o diretório
	ChDrive	Alterar o drive
Copiar, excluir e manipular arquivos e pastas	MkDir	Criar uma pasta
	RmDir	Remover uma pasta
	FileCopy	Copiar um arquivo
	Kill	Excluir um arquivo
	Dir	Verificar a existência de um arquivo
Obter o caminho atual	CurDir	Recupera ou define o diretório padrão atual
Obter/definir atributos de um arquivo	GetAttr	Obter os atributos de um arquivo ou pasta
	SetAttr	Definir os atributos de um arquivo ou pasta
	FileAttr	Recupera os atributos de um arquivo ou pasta
	FileDateTime	Obter a data e hora de gravação do arquivo
	FileLen	Obter o tamanho do arquivo
	Name	Obter ou renomear um arquivo ou pasta
Bloquear ou desbloquear um arquivo	Lock	Bloqueia o arquivo contra leitura
	Unlock	Desbloqueia o arquivo

Funções que interagem com o sistema operacional

Utilidade	Nome da função
Processar eventos pendentes	DoEvents
Executar outros programas	AppActivate, Shell
Enviar teclas ao sistema	SendKeys
Fazer soar um tom	Beep
Ambiente	Environ
Fornecer uma string de linha de comando	Command
Criar automação OLE	CreateObject, GetObject
Manipular cores	QBColor, RGB

Funções de entrada e saída de dados em arquivos

Categoria	Função	Utilidade
Acessar ou criar um arquivo	Open	Abrir o arquivo
Fechar arquivos abertos com Open	Close	Fechar o arquivo aberto com Open
	Reset	Fechar todos os arquivos abertos com Open
Controlar a aparência da saída	Format	Formatar as colunas impressas com Print
	Print	Imprimir linhas de texto em arquivo
	Print #	Imprimir no arquivo especificado
	Spc	Adicionar um espaço
	Tab	Adicionar uma tabulação
	Width #	Definir a largura da linha
Obter informações sobre o arquivo atualmente aberto	Eof	Verifica se atingido o fim do arquivo
	FreeFile	Libera a alocação de um arquivo
	Loc	Indica a posição de leitura/gravação atual
	Lof	Retorna o tamanho do arquivo
	Seek	Pesquisa no arquivo
Ler informações de um arquivo	Get	Obter informação de um ponto exato
	Input	Lê a próxima coluna de dados
	Input #	Lê toda a linha
	Line Input #	Lê toda a linha do arquivo
		Lê a próxima linha de texto
Definir a posição de leitura/gravação	Seek	Pesquisa em um arquivo binário
Escrever informações em um arquivo	Print #	Grava informações em um arquivo
	Put	Grava informações em um arquivo binário
	Write #	Grava a próxima linha de texto

Funções para a manipulação do Registro do Windows

Utilidade	Nome da função
Excluir definições do Registry	DeleteSetting
Ler definições no Registry	GetSetting, GetAllSettings
Gravar definições no Registry	SaveSetting

Conjunto de caracteres VBA (0 – 127)

Cód.	Caractere	Cód.	Caractere	Cód.	Caractere	Cód.	Caractere
0	•	32	[espaço]	64	@	96	`
1	•	33	!	65	A	97	a
2	•	34	"	66	B	98	b
3	•	35	#	67	C	99	c
4	•	36	$	68	D	100	d
5	•	37	%	69	E	101	e
6	•	38	&	70	F	102	f
7	•	39	'	71	G	103	g
8	**	40	(	72	H	104	h
9	**	41	)	73	I	105	i
10	**	42	*	74	J	106	j
11	•	43	+	75	K	107	k
12	•	44	,	76	L	108	l
13	**	45	-	77	M	109	m
14	•	46	.	78	N	110	n
15	•	47	/	79	O	111	o
16	•	48	0	80	P	112	p
17	•	49	1	81	Q	113	q
18	•	50	2	82	R	114	r
19	•	51	3	83	S	115	s
20	•	52	4	84	T	116	t
21	•	53	5	85	U	117	u
22	•	54	6	86	V	118	v
23	•	55	7	87	W	119	w
24	•	56	8	88	X	120	x
25	•	57	9	89	Y	121	y
26	•	58	:	90	Z	122	z
27	•	59	;	91	[	123	{
28	•	60	<	92	\	124		
29	•	61	=	93	]	125	}
30	•	62	>	94	^	126	~
31	•	63	?	95	_	127	•

** Valores 8, 9, 10, e 13 não possuem representação gráfica, podendo afetar a aparência do texto. Eles são convertidos para os caracteres backspace, tab, linefeed (alimentação de linha) e carriage return (Retorno de carro ou Enter), respectivamente.

Conjunto de caracteres VBA (128 – 255)

Os caracteres ANSI cujo código seja igual ou superior a 127, variam de país para país, sendo determinados pela página de código atualmente empregada na instalação da sua cópia do Windows.

Cód.	Caractere	Cód.	Caractere	Cód.	Caractere	Cód.	Caractere
128	•	160	[espaço]	192	À	224	à
129	•	161	¡	193	Á	225	á
130	•	162	¢	194	Â	226	â
131	•	163	£	195	Ã	227	ã
132	•	164	¤	196	Ä	228	ä
133	•	165	¥	197	Å	229	å
134	•	166	¦	198	Æ	230	æ
135	•	167	§	199	Ç	231	ç
136	•	168	¨	200	È	232	è
137	•	169	©	201	É	233	é
138	•	170	ª	202	Ê	234	ê
139	•	171	«	203	Ë	235	ë
140	•	172	¬	204	Ì	236	ì
141	•	173	-	205	Í	237	í
142	•	174	®	206	Î	238	î
143	•	175	¯	207	Ï	239	ï
144	•	176	°	208	Ð	240	ð
145	'	177	±	209	Ñ	241	ñ
146	'	178	²	210	Ò	242	ò
147	•	179	³	211	Ó	243	ó
148	•	180	´	212	Ô	244	ô
149	•	181	µ	213	Õ	245	õ
150	•	182	¶	214	Ö	246	ö
151	•	183	·	215	×	247	÷
152	•	184	¸	216	Ø	248	ø
153	•	185	¹	217	Ù	249	ù
154	•	186	º	218	Ú	250	ú
155	•	187	»	219	Û	251	û
156	•	188	¼	220	Ü	252	ü
157	•	189	½	221	Ý	253	ý
158	•	190	¾	222	Þ	254	þ
159	•	191	¿	223	ß	255	ÿ

• Valores não suportados pelo Microsoft Windows.

Constantes do Visual Basic

De forma a simplificar a programação e evitar a ocorrência de números mágicos em seu código, o VBA define por padrão diversas constantes de programação que podem ser empregadas diretamente em no código, sem necessidade de declaração explícita.

Constantes QueryClose

Estas constantes podem ser empregadas no evento Unload do seu código para verificar o método empregado pelo usuário para fechar um formulário de dados, um aplicativo ou até mesmo o próprio Windows.

Constante	Valor	Descrição
vbFormControlMenu	0	Usuário escolheu o comando Fechar no menu de controle do formulário (o menu de controle é encontrado ao se clicar no ícone localizado no canto superior esquerdo de uma janela).
vbFormCode	1	O método Unload foi executado via código
vbAppWindows	2	A sessão atual do Windows foi encerrada
vbAppTaskManager	3	O aplicativo está sendo fechado pelo Gerenciador de tarefas do Windows

Constantes de Data

As seguintes constantes podem ser empregadas em diversos argumentos das funções de Data e Hora do Visual Basic.

FirstDayOfWeek

As seguintes constantes são empregadas para o argumento FirstDayOfWeek (Primeiro dia da semana)

Constante	Valor	Descrição
vbUseSystem	0	Usa definições NLS do Windows
vbSunday	1	Domingo (padrão)
vbMonday	2	Segunda
vbTuesday	3	Terça
vbWednesday	4	Quarta
vbThursday	5	Quinta
vbFriday	6	Sexta
vbSaturday	7	Sábado

FirstWeekOfYear

As seguintes constantes são empregadas para o argumento FirstDayOfYear:

Constante	Valor	Descrição
vbUseSystem	0	Usa definições NLS da API
VbUseSystemDayOfWeek	0	Emprega o primeiro dia da semana definido no seu sistema
VbFirstJan1	1	Inicia com a semana na qual ocorre o dia 1^0 de janeiro (padrão)
vbFirstFourDays	2	Inicia com a primeira semana que possua pelo menos quatro dias no início do ano.
vbFirstFullWeek	3	Inicia com a primeira semana completa do ano.

Constantes de atributos de arquivos

As seguintes constantes podem ser empregadas com as funções Dir(), GetAttr(), e SetAttr(), empregadas para manipular arquivos, pastas e seus atributos empregando o VBA.

Constante	Valor	Descrição
VbNormal	0	Normal (padrão para Dir() e SetAttr()
VbReadOnly	1	Somente-leitura
vbHidden	2	Oculto
vbSystem	4	Arquivo de sistema
vbVolume	8	Nome do volume
vbDirectory	16	Pasta
vbArchive	32	Arquivo foi alterado desde o último backup

Constantes de comparação

As constantes de comparação são empregadas no início de um módulo qualquer do VBA, geralmente a primeira linha de código da seção Declaração, para indicar como o VBA deve lidar com operações de comparação efetuadas nos procedimentos inseridos no módulo.

Constante	Valor	Descrição
vbUseCompareOption	-1	Efetua uma comparação empregando a definição da instrução Option Compare.
vbBinaryCompare	0	Efetua uma comparação binária (emprega maiúsculas/minúsculas).
VbTextCompare	1	Efetua uma comparação textual.
vbDatabaseCompare	2	Apenas para o Microsoft Access, efetua uma comparação baseando-se no método de classificação atualmente empregado pelo banco de dados.

Constantes diversas

Constante	Equivalência	Descrição
vbCrLf	Chr(13) + Chr(10)	Combinação Carriage return–linefeed (retorno do carro e alimentação de linha)
vbCr	Chr(13)	Tecla Enter (Carriage return)
vbLf	Chr(10)	Caractere de alimentação de linha (Linefeed)
vbNewLine	Chr(13) + Chr(10) no Macintosh Chr(13)	Combinação de caracteres para gerar uma nova linha, para qualquer plataforma (PC ou Mac)
vbNullChar	Chr(0)	Valor Null (caractere código ASCII=0)
vbNullString	String com valor 0	Diferente de uma string de comprimento zero (""); Usado para chamar procedimentos externos
vbObjectError	-2147221504	Empregada para definir códigos de erro em seus aplicativos
vbTab	Chr(9)	Caractere de tabulação (Tab)
vbBack	Chr(8)	Caractere Backspace

Constantes MsgBox

As seguintes constantes são empregadas para gerar botões e ícones na instrução MsgBox do Windows.

Constante	Valor	Descrição
vbOKOnly	0	Somente botão OK (padrão)
vbOKCancel	1	Botões OK e Cancelar
vbAbortRetryIgnore	2	Botões Abortar, Repetir e Ignorar
vbYesNoCancel	3	Botões Sim, Não e Cancelar
vbYesNo	4	Botões Sim e Não
vbRetryCancel	5	Botões Repetir e Cancelar
vbCritical	16	Ícone de mensagem crítica (contra-mão)
vbQuestion	32	Ícone de interrogação
vbExclamation	48	Ícone de exclamação (aviso)
vbInformation	64	Ícone de informação
vbPadrãoBotão1	0	Primeiro botão é o padrão (padrão)
vbPadrãoBotão2	256	Segundo botão é o padrão
vbPadrãoBotão3	512	Terceiro botão é o padrão
vbPadrãoBotão4	768	Quarto botão é o padrão
vbApplicationModal	0	Caixa de mensagem modal ao aplicativo (padrão)
vbSystemModal	4096	Caixa de mensagem modal ao sistema
vbMsgBoxHelpBotão	16384	Adiciona o botão Ajuda à caixa de mensagem
VbMsgBoxSetForeground	65536	Define a caixa de mensagem como a janela superior do sistema
vbMsgBoxRight	524288	Texto alinhado à direita
vbMsgBoxRtlReading	1048576	Especifica que o texto deve aparecer da direita para a esquerda (para hebráico e árabe)

Após exibir uma caixa de mensagem com a função MsgBox() do VBA, o usuário poderá clicar em um dos botões exibidos, fazendo com que MsgBox() devolva uma destas constantes indicando o botão pressionado.

Constante	Valor	Descrição
vbOK	1	Botão OK pressionado
vbCancel	2	Botão Cancelar pressionado
vbAbort	3	Botão Abortar pressionado
vbRetry	4	Botão Repetir pressionado
vbIgnore	5	Botão Ignorar pressionado
vbYes	6	Botão Sim pressionado
vbNo	7	Botão Não pressionado

Constantes Shell

Estas constantes são empregadas junto à função Shell() do VBA, que permite executar um aplicativo externo ao seu ambiente e definir seu método de execução.

Constante	Valor	Descrição
vbHide	0	A janela do aplicativo é aberta de forma oculta e o foco passado para esta janela
vbNormalFocus	1	A janela do aplicativo recebe o foco e é restaurada a seu tamanho e posição original
vbMinimizedFocus	2	A janela do aplicativo é exibida como um ícone, recebendo o foco
vbMaximizedFocus	3	A janela do aplicativo é maximizada e recebe o foco
vbNormalNoFocus	4	A janela do aplicativo é restaura para sua última posição. A janela atualmente ativa permanece com o foco.
vbMinimizedNoFocus	6	A janela do aplicativo é exibida como um ícone. A janela ativa permanece com o foco

Constantes StrConv

As seguintes constantes são empregadas junto à função StrConv() empregada na conversão de strings.

Constante	Valor	Descrição
vbUpperCase	1	Converte a string para maiúsculas
vbLowerCase	2	Converte a string para minúsculas
vbProperCase	3	Converte a primeira letra de cada palavra para maiúscula
vbWide	4	Converte caracteres ocidentais de um único byte (ANSI) em caracteres UNICODE de dois bytes, utilizados em línguas orientais
vbNarrow	8	Converte caracteres Unicode de dois bytes no equivalente ocidental ANSI de um byte

Constante	Valor	Descrição
vbKatakana	16	Converte caracteres Hiragana para Katakana characters. Aplicável apenas à lingua japonesa
vbHiragana	32	Converte caracteres Katakana em Hiragana characters. Aplicável apenas à lingua japonesa
vbUnicode	64	Converte uma string para Unicode usando a página de código padrão do sistema
vbFromUnicode	128	Converte uma string Unicode para a página de código padrão code do sistema

Constantes VarType

Estas constantes são empregadas na função VarType() do VBA para verificar o tipo do valor contido em uma variável Variant.

Constante	Valor	Descrição
VbEmpty	0	Não inicializada (valor padrão das Variant)
VbNull	1	Ausência de dados válidos
VbInteger	2	Integer
VbLong	3	Long integer
VbSingle	4	Single
VbDouble	5	Double
VbCurrency	6	Currency
VbDate	7	Date
VbString	8	String
VbObject	9	Object
VbError	10	Error
VbBoolean	11	Boolean
VbVariant	12	Variant (usado apenas em matrizes de Variants)
vbDataObject	13	Objeto de acesso a dados
vbDecimal	14	Decimal
vbByte	17	Byte
vbUserDefinedType	36	Variants que contêm tipos defindos pelo usuário
vbArray	8192	Matriz

Resumo dos operadores, funções e constantes do VBA - xli

Constantes Keycode

Estas constantes são empregadas nos eventos associados ao pressionamento de tecla e mouse (KeyDown, KeyUp, KeyPress, MouseDown, MouseUp), para indicar quais teclas ou botões foram pressionadas.

Constante	Valor	Tecla ou botão pressionado
vbKeyLBotão	0x1	Botão esquerdo do mouse
vbKeyRBotão	0x2	Botão direito do mouse
vbKeyCancel	0x3	Tecla CANCEL
vbKeyMBotão	0x4	Botão direito do mouse
vbKeyBack	0x8	Tecla BACKSPACE
vbKeyTab	0x9	Tecla TAB
vbKeyClear	0xC	Tecla CLEAR
vbKeyReturn	0xD	Tecla ENTER
vbKeyShift	0x10	Tecla SHIFT
vbKeyControl	0x11	Tecla CTRL
vbKeyMenu	0x12	Tecla MENU
vbKeyPause	0x13	Tecla PAUSE
vbKeyCapital	0x14	Tecla CAPS LOCK
vbKeyEscape	0x1B	Tecla ESC
vbKeySpace	0x20	Tecla SPACEBAR
vbKeyPageUp	0x21	Tecla PAGE UP
vbKeyPageDown	0x22	Tecla PAGE DOWN
vbKeyEnd	0x23	Tecla END
vbKeyHome	0x24	Tecla HOME
vbKeyLeft	0x25	Tecla LEFT ARROW
vbKeyUp	0x26	Tecla UP ARROW
vbKeyRight	0x27	Tecla RIGHT ARROW
vbKeyDown	0x28	Tecla DOWN ARROW
vbKeySelect	0x29	Tecla SELECT
vbKeyPrint	0x2A	Tecla PRINT SCREEN
vbKeyExecute	0x2B	Tecla EXECUTE
vbKeySnapshot	0x2C	Tecla SNAPSHOT
vbKeyInsert	0x2D	Tecla INSERT
vbKeyDelete	0x2E	Tecla DELETE
vbKeyHelp	0x2F	Tecla HELP
vbKeyNumlock	0x90	Tecla NUM LOCK

xlii – Guia de Referência do VBA

Constantes que definem teclas alfabéticas A-Z.

Constante	Valor	Tecla pressionada
vbKeyA	65	A
vbKeyB	66	B
vbKeyC	67	C
vbKeyD	68	D
vbKeyE	69	E
vbKeyF	70	F
vbKeyG	71	G
vbKeyH	72	H
vbKeyI	73	I
vbKeyJ	74	J
vbKeyK	75	K
vbKeyL	76	L
vbKeyM	77	M
vbKeyN	78	N
vbKeyO	79	O
vbKeyP	80	P
vbKeyQ	81	Q
vbKeyR	82	R
vbKeyS	83	S
vbKeyT	84	T
vbKeyU	85	U
vbKeyV	86	V
vbKeyW	87	W
vbKeyX	88	X
vbKeyY	89	Y
vbKeyZ	90	Z

Constantes que definem teclas numéricas 0-9.

Constante	Valor	Número pressionado
vbKey0	48	0
vbKey1	49	1
vbKey2	50	2
vbKey3	51	3
vbKey4	52	4
vbKey5	53	5
vbKey6	54	6
vbKey7	55	7
vbKey8	56	8
vbKey9	57	9

Constantes para números oriundos do teclado numérico (localizado à direita do teclado normal dos computadores PC).

Constante	Valor	Número pressionado (teclado numérico)
vbKeyNumpad0	0x60	0
vbKeyNumpad1	0x61	1
vbKeyNumpad2	0x62	2
vbKeyNumpad3	0x63	3
vbKeyNumpad4	0x64	4
vbKeyNumpad5	0x65	5
vbKeyNumpad6	0x66	6
vbKeyNumpad7	0x67	7
vbKeyNumpad8	0x68	8
vbKeyNumpad9	0x69	9
vbKeyMultiply	0x6A	Multiplicação (*)
vbKeyAdd	0x6B	Soma (+)
vbKeySeparator	0x6C	Enter
vbKeySubtract	0x6D	Subtração (–)
vbKeyDecimal	0x6E	Ponto decimal (.)
vbKeyDivide	0x6F	Divisão (/)

Constantes para teclas de função.

Constante	Valor	Tecla de função pressionada
vbKeyF1	0x70	F1
vbKeyF2	0x71	F2
vbKeyF3	0x72	F3
vbKeyF4	0x73	F4
vbKeyF5	0x74	F5
vbKeyF6	0x75	F6
vbKeyF7	0x76	F7
vbKeyF8	0x77	F8
vbKeyF9	0x78	F9
vbKeyF10	0x79	F10
vbKeyF11	0x7A	F11
vbKeyF12	0x7B	F12
vbKeyF13	0x7C	F13
vbKeyF14	0x7D	F14
vbKeyF15	0x7E	F15
vbKeyF16	0x7F	F16

Constantes de cor

Constante	Valor	Descrição
vbBlack	0x0	Preto
vbRed	0xFF	Vermelho
vbGreen	0xFF00	Verde
vbYellow	0xFFFF	Amarelo
vbBlue	0xFF0000	Azul
vbMagenta	0xFF00FF	Magenta
vbCyan	0xFFFF00	Ciano
vbWhite	0xFFFFFF	Branco

Constantes de cor do sistema

Estas constantes definem as cores atualmente empregadas pelo sistema operacional (definidas na guia Aparência, da opção Vídeo do Painel de Controle do Windows).

Constante	Valor	Descrição
vbScrollBars	0x80000000	Cor das barras de rolamento
vbDesktop	0x80000001	Cor de fundo da Área de trabalho
vbActiveTitleBar	0x80000002	Cor da barra de título da janela ativa
vbInactiveTitleBar	0x80000003	Cor da barra de título da janela inativa
vbMenuBar	0x80000004	Cor de fundo dos menus
vbWindowBackground	0x80000005	Cor de fundo das janelas
vbWindowFrame	0x80000006	Cor das molduras das janelas
vbMenuText	0x80000007	Cor do texto dos menus
vbWindowText	0x80000008	Cor do texto das janelas
vbTitleBarText	0x80000009	Cor do texto das legendas, caixas de dimensionamento e setas de rolamento
vbActiveBorder	0x8000000A	Cor da borda da janela ativa
vbInactiveBorder	0x8000000B	Cor da borda das janelas inativas
vbApplicationWorkspace	0x8000000C	Cor de fundo de aplicativos MDI (multiple-document interface)
vbHighlight	0x8000000D	Cor de fundo dos itens selecionados em um controle
vbHighlightText	0x8000000E	Cor do texto dos itens selecionados em um controle
vbBotãoFace	0x8000000F	Cor de face dos botões de comando
vbBotãoShadow	0x80000010	Cor de sombreamento das bordas de um botão de controle
vbGrayText	0x80000011	Cor de texto desabilitado (acinzentado)
vbBotãoText	0x80000012	Cor de texto dos botões de comando
vbInactiveCaptionText	0x80000013	Cor de texto da barra de título inativa
vb3DHighlight	0x80000014	Cor destacada para exibição de elementos 3-D

vb3DDKShadow	0x80000015	Cor mais escura da sombra dos elementos 3-D
vb3DLight	0x80000016	Segundo cor mais clara depois de vb3DHighlight
vbInfoText	0x80000017	Cor de texto das dicas sobre controles
vbInfoBackground	0x80000018	Cor de fundo das dicas sobre controles

Constantes CallType

Estas constantes são empregadas pelo função CallType() do VBA para determinar o método empregado para se invocar um procedimento.

Constante	Valor	Descrição
vbMethod	1	Indica que um método foi invocado.
vbGet	2	Indica um procedimento Property Get.
vbLet	4	Indica um procedimento Property Let.
vbSet	8	Indica um procedimento Property Set.

Constantes de formulário

Estas constantes são empregadas no método Load do Visual Basic para determinar o tipo de janela a ser empregada na exibição de formulários (modal ou amodal).

Constante	Valor	Descrição
vbModeless	0	Formulário UserForm é amodal.
vbModal	1	Formulário UserForm é modal (padrão).

Constantes de Data para a função Format

Empregue estas constantes quando utilizar a função Format() do VBA para exibir datas em diferentes formatos suportados pela seção Configurações Regionais do Painel de Controle do Windows.

Constante	Valor	Descrição
vbGeneralDate	0	Exibe a data e a hora em números reais. Números inteiros exibem apenas a data, enquanto números fracionários exibem apenas a hora. O formato de exibição é definido na opção Configurações Regionais do Painel de Controle do Windows
vbLongDate	1	Exibe a data no formato de data completa do Painel de Controle
vbShortDate	2	Exibe a data no formato de data abreviada do Painel de Controle
vbLongTime	3	Exibe a hora no formato de hora completa do Painel de Controle
vbShortTime	4	Exibe a hora no formato de hora abreviada do Painel de Controle

Constantes DriveType

As constantes DriveType aplicam-se aos controles Drive intrínsecos do Visual Basic e servem para determinar o tipo de drive a qual o controle se referencia.

Constante	Valor	Descrição
Unknown	0	O tipo de drive não pode ser determinado
Removable	1	O drive é de mídia removível, incluindo disquetes flexíveis
Fixed	2	O drive é de mídia não-removível (disco rígido)
Remote	3	Drive de rede
CDROM	4	Drive é um CD-ROM, gravável ou não
RAMDisk	5	Drive é um disco virtual

Constantes de atributos de arquivo

Estas constantes referem-se aos atributos de pastas e arquivos obtidos com as funções GetAttr(). A tabela indica também se o atributo pode ou não ser alterado pelo VBA.

Constante	Valor	Descrição
Normal	0	Arquivo normal, sem atributo definido - pode ser alterado
ReadOnly	1	Arquivo somente-leitura - pode ser alterado
Hidden	2	Arquivo oculto - pode ser alterado
System	4	Arquivo de sistema - pode ser alterado
Volume	8	Nome do volume do disco - pode ser alterado
Directory	16	Pasta ou diretório - não pode ser alterado
Archive	32	Arquivo alterado após último backup - pode ser alterado
Alias	64	Atalho - pode ser alterado
Compression	128	Arquivo comprimido - pode ser alterado

Constantes de arquivos de entrada e saída

Estas constantes são empregadas com a instrução Open do VBA, para indicar o tipo de arquivo a ser aberto.

Constante	Valor	Descrição
ForReading	1	Abre o arquivo como somente-leitura, impedindo sua gravação.
ForWriting	2	Abre o arquivo apenas para gravação. Se o arquivo não existir ele é criado. Se o arquivo já existir, ele é sobrescrito.
ForAppending	8	Abre o arquivo para gravação, inserindo dados ao fim do arquivo.

Constantes de pastas especiais do Windows

Indicam atributos para pastas especiais do Windows, como pasta de instalação e de arquivos temporários.

Constante	Valor	Descrição
WindowsFolder	0	A pasta Windows contém arquivos instalados pelo sistema operacional
SystemFolder	1	A pasta System contém bibliotecas (DLLs), fonte e drivers de dispositivos (device drivers)
TemporaryFolder	2	A pasta Temp é empregada para armazenar arquivos temporários. Seu caminho é encontrada na variável de ambiente TMP

Constantes TriState (estado triplo)

As constantes TriState são utilizadas para definir o estado triplo de certos controles, como as caixas de verificação, que podem ficar marcadas, desmarcadas ou acinzentadas.

Constante	Valor	Descrição
VbTrue	−1	Verdadeiro (True)
VbFalse	0	Falso (False)
VbUsePadrão	−2	Valor padrão

Tipos de dados e Operadores do VBA

Neste capítulo você obtém informações sobre todos os tipos de dados suportados pelo VBA, seus limites e aplicações. Obtém também informações sobre os operadores matemáticos empregados pela linguagem, sua sintaxe, e forma de manipulação para obtenção dos resultados desejados.

Índice do capítulo

Boolean 2
Byte 2
Currency 2
Date 2
Decimal 3
Double 3
Integer 3
Long 3
Object 3
Single 4
String 4
Tipo definido pelo usuário 4
Variant 4
Precedência dos Operadores 5
Operador = ... 6
Operador ^ 6

Operador + ... 7
Operador − 8
Operador * 9
Operador / 9
Operador \ 10
Operador Mod 10
Operador & 11
Operadores de comparação 11
Operador And 12
Operador Eqv 13
Operador Imp 14
Operador Not 15
Operador Or 16
Operador XOR 17
Operador Is 18
Operador Like 18

Tipos de dados suportados pelo VBA

Boolean

Variáveis declaradas como boleanas são armazenadas como números de 16 bits (2 bytes), porém podem receber apenas os valores True (-1) ou False (0). Ao serem impressas com a instrução Print, exibem as Constantes True ou False, e quando se emprega a instrução Write #, exibem #TRUE# ou #FALSE#.

Quando qualquer valor numérico é convertido para Boolean, apenas o valor zero (0) se torna False. Qualquer outro valor é convertido para True. Entretanto, quando um valor boleano é convertido para outro tipo de dado, False se torna 0 e True se torna –1.

Byte

Variáveis do tipo Byte são armazenadas como números simples positivos de 8 bits, variando de 0-255. Sua utilidade é a de conter dados binários.

Currency

Variáveis Currency são armazenadas como números de 64 bits (8 bytes) em um formato inteiro, escalonado por 10.000 para fornecer um número com 15 dígitos de magnitude à esquerda da casa decimal, e 4 dígitos decimais de precisão, permitindo representar valores numéricos financeiros situados na faixa de 922.337.203.685.477.5808 a 922.337.203.685.477.5807.

Este tipo de dado deve ser empregado para cálculos envolvendo valores monetários e de ponto-fixo, no qual a precisão do cálculo é particularmente importante.

O caractere de declaração de tipo para as variáveis Currency é o @.

Date

As variáveis do tipo Date são armazenadas como números IEEE de ponto flutuante de 64 bits (8 bytes), representando datas que variam de 1/1/100 a 31/12/ 9999 e horas de 0:00:00 à 23:59:59. Qualquer valor de data válido pode ser atribuído a uma variável declarada As Date (valores inválidos não serão atribuídos, como 30/2/2000). Valores fornecidos em um formato literal identificável pelo Windows deverão ser envolvidos por (#), como #1 de janeiro de 2003#.

As variáveis declaradas As Date, exibem datas no formato Data Abreviada atualmente definido pela seção Configurações Regionais do painel de controle do Windows, enquanto as horas são exibidas no formato de 12 ou 24 horas, conforme definido no Painel de Controle.

Quando um valor numérico é convertido em uma variável do tipo Date, a parte inteira do número representará a data e a parte fracionária e hora. Meia-noite é definida como o valor zero (0) e meio-dia como (0.5). Números negativos representam datas iguais ou anteriores a 31/12/1899.

Decimal

Variáveis declaradas As Decimal são armazenadas como inteiros escalonados de 96 bits (12 bytes), por uma potência variável de 10. O fator de escalonamento igual a 10 define o número de dígitos à direita da casa decimal e varia de 0 a 28.

Com um escalonamento de 0 (sem casas decimais) o maior número possível é +/-79,228,162,514,264,337,593,543,950,335.

Quando se emprega 28 casas decimais de precisão, o maior valor passível de ser armazenado é +/-7.9228162514264337593543950335 e o menor valor diferente de zero é +/-0.0000000000000000000000000001.

> **Nota:** Nas versões atuais do VBA, o tipo de dados Decimal pode ser empregado apenas dentro de uma variável declarada As Variant – pois você não pode declarar uma variável como As Decimal. Para criar uma variável Variant com este subtipo, empregue a função de conversão Cdec() para converter o valor desejado para Decimal.

Double

As variáveis Double são armazenadas como números IEEE de ponto flutuante de 64 bits (8 bytes) com valor numérico variando entre -1.79769313486231E308 a -4.94065645841247E-324 para valores negativos, e 4.94065645841247E-324 à 1.79769313486232E308 para valores positivos.

O caractere de declaração do tipo Double é (#).

Integer

Variáveis do tipo Integer são armazenadas como números de 16 bits (2 bytes), com valor variando entre -32,768 à 32,767.

Você pode empregar as variáveis Integer para representar enumeradores, que consistem em um conjunto finito de números inteiros, cada um deles com um significado específico no contexto em que são utilizados. Enumeradores fornecem uma forma adequada de se empregar valores numéricos no código, evitando o aparecimento de números mágicos.

O caractere de declaração do tipo Integer é (%).

Long

Variáveis do tipo Long são armazenadas como números inteiros de 32 bits (4 bytes), com valor variando entre -2,147,483,648 to 2,147,483,647.

O caractere de declaração do tipo Long é o (&).

Object

Variáveis declaradas como As Object são armazenadas como endereços de 32 bits (4 bytes) que se referem a objetos, empregando-se a instrução Set para atribuir qualquer referência a um objeto válido à variável respectiva.

> **Nota:** Variáveis declaradas As Object possuem referências do tipo *tardia* (late binding), que impedem a detecção de erros de compilação pelo VBA. Para forçar a declaração *precoce* (early binding), defina sempre a variável com a classe específica do objeto que ela irá conter.

Single

Variáveis do tipo Single são armazenadas como números IEEE de ponto flutuante com 32 bits (4 bytes), com valor entre -3.402823E38 to -1.401298E-45 para valores negativos e 1.401298E-45 to 3.402823E38 para valores positivos.

O caractere de declaração de tipo para as variáveis Single é (!).

String

Existem dois tipos de variáveis string: de comprimento variável e de comprimento fixo.

- Strings de comprimento variável podem conter aproximadamente 2^{31} caracteres ($\cong$ 2 bilhões de caracteres);
- Strings de comprimento fixo podem conter de 1 a 65.536.

> **Nota:** Strings de comprimento fixo declaradas com abrangência Public *não podem ser usadas em módulos classe.*

Os códigos para os caracteres string variam de 0-255. Os primeiros 128 caracteres do conjunto atual de caracteres correspondem às letras e símbolos do teclado padrão americano, sendo os mesmos definidos pela tabela ASCII de caracteres exibida anteriormente, neste capítulo. O segundo conjunto de 128 caracteres (128-255) representam caracteres especiais, como letras no alfabeto internacional, acentos, símbolos monetários e frações.

O caractere de declaração de tipo para variáveis string é ($).

Tipo definido pelo usuário

Qualquer tipo de dado definido pela instrução Type, podendo conter um ou mais elementos de um tipo de dados, uma matriz, ou um tipo de dado qualquer já definido. Por exemplo:

    Type Cliente
        Nome as string
        Endereço as string
        DataNasc as Data
    End Tyoe

Variant

O tipo de dados Variant é atribuído a todas as variáveis que não foram explicitamente declaradas como sendo de qualquer outro tipo (empregando-se instruções como **Dim**, **Private**, **Public**, **Static**).

Ele é um tipo de dado especial que pode conter qualquer tipo de dado (inclusive tipos definidos pelo usuário com a instrução **Type**), excetuando-se strings de comprimento fixo. Além disso, é o único tipo de dado que pode conter os valores especiais **Empty**, **Error**, **Nothing** e **Null**. Para determinar o tipo de dado atualmente contido em uma variável declarada As Variant, empregue as funções **VarType** ou **TypeName**.

Dados numéricos podem ser atribuídos a qualquer variável declarada como sendo do tipo Variant variando desde -1.797693134862315E308 a -4.94066E-324 para valores negativos e de 4.94066E-324 a 1.797693134862315E308 para valores positivos.

De forma geral, as variáveis Variant mantêm o tipo original do dado numérico, ou seja, caso você atribua um valor tipo Currency a uma variável Variant, todas as operações subseqüentes sobre este valor irão ser efetuados sobre o tipo Currency.

Caso uma operação aritmética qualquer executada sobre o tipo de dado atual exceda o valor original do número atribuído, o tipo contido na variável Variant será promovido para o próximo tipo numérico de mais alto nível disponível (Ex.: Se você atribuir um valor Integer a uma variável Variant e efetuar uma operação de multiplicação sobre ele, de forma que o valor resultante seja maior do que 65.536, o tipo de dado será redefinido para Long). Caso uma variável Variant contenha valores dos tipos Currency, Decimal ou Double e o valor contido na variável exceda o limite tolerável para um destes tipos, ocorrerá um erro em tempo de execução.

As variáveis do tipo Variant podem conter qualquer tipo de dado. Números e Strings numéricas são considerados como números, permitindo efetuar operações aritméticas sobre ambos os tipos de dados.

Quando uma variável do tipo Variant é declarada, ela possui o valor **Empty** antes que qualquer valor lhe seja atribuído. Caso a variável seja empregada em um contexto numérico (em uma operação aritmética qualquer), o valor **Empty** será convertido para zero (0). Da mesma forma, caso seja empregada em uma operação envolvendo strings, o valor **Empty** será convertido para uma string vazia ("").

O valor **Null**, atribuído ao caractere ASCII = 0 (zero), é diferente do valor Empty. Quando uma variável Variant contém o valor **Null**, ela já foi inicializada, indicando ausência de dado válido.

Operadores do VBA

O VBA possui um grande conjunto de operadores, divididos nas seguintes categorias:

- Operadores aritméticos: empregados para executar operações e cálculos matemáticos ((), ^, *, /, \, +, - e Mod);
- Operadores de comparação: empregados para comparar dois valores distintos (=, <>, >, <, >=, <=, Like, Is);
- Operadores de concatenação: empregados para combinar strings (&, +);
- Operadores lógicos: empregados para efetuar operações lógicas (And, Or, Not, XOR, Eqv, Imp).

Precedência dos Operadores

A precedência dos operadores indica a ordem predeterminada em que os cálculos serão efetuados. Quando uma expressão contém diversos tipos de operadores, os operadores aritméticos serão avaliados primeiro, seguidos dos operadores de comparação e por último dos operadores lógicos.

A ordem de precedência de cada tipo de operador pode ser verificada na próxima tabela, na qual a ordem de precedência está definida de cima para baixo e da esquerda para a direita.

Operadores aritméticos	Operadores de comparação	Operadores Lógicos
Exponenciação (^)	Igualdade (=)	Not
Negação (–)	Diferente (<>)	And
Multiplicação (*) e Divisão (/)	Menor que (<)	Or
Divisão inteira (\)	Maior que (>)	XOr
Resto aritmético (Mod)	Menor ou igual a (<=)	Eqv
Adição (+) e Subtração (–)	Maior ou igual a (>=)	Imp
Concatenação (&)	Like, Is	

Nota: Quando ocorre multiplicação e divisão (ou adição e subtração) em uma expressão matemática, cada operação é avaliada à medida que aparecem: da esquerda para a direita – pois ambas possuem a mesma ordem de precedência. Empregue parênteses para definir a ordem em que as operações matemáticas deverão ser efetuadas (lembre-se que a ordem de precedência é mantida dentro dos parênteses).

Nota: Apesar do operador de concatenação (&) não ser um operador aritmético, quando o mesmo ocorrer em uma expressão, ele será executado após todos os operadores aritméticos e antes dos operadores lógicos.

Nota: O operador Like, por ser empregado apenas em equivalências de padrões (muitas vezes empregando coringas) possui a mesma precedência dos operadores de comparação.

Nota: O operador Is é empregado apenas para comparação de objetos entre si, não sendo indicado para comparar valores.

Operador =

Empregado para atribuir um valor a uma variável ou propriedade, com a seguinte sintaxe:

Variável = valor

O nome do lado esquerdo do sinal de igualdade pode indicar uma variável, elemento de uma matriz e propriedades definidas como leitura/gravação.

Operador ^

Empregado para elevar um número à potência de um expoente, empregando a seguinte sintaxe:

Resultado = número ^ expoente

Número poderá ser negativo apenas se o expoente for um valor inteiro. O valor resultante é do tipo Double (ou uma Variant contendo um valor Double). Caso Número ou Expoente sejam nulos (Null), o resultado será sempre nulo.

Exemplo: Neste exemplo, a variável Valor foi declarada sem definição de tipo, o que fará com que o VBA lhe atribua o tipo Variant. Após a operação de exponenciação, Valor conterá um tipo Double.

    Dim Valor
    Valor = 2^4   ' Retorna 16
    Valor = 16^(1/2) 'Retorna 4

Operador +

Operador de adição com a seguinte sintaxe:

    Resultado = expressão1 + expressão2

Se ambas as expressões forem valores numéricos, a soma aritmética será efetuada. Se um ou ambos os valores forem strings o VBA irá efetuar a concatenação das strings. Porém, se ambas as strings forem numéricas, o VBA poderá efetuar a soma e devolver para Resultado uma nova string numérica resultante. Para ter certeza de que strings são concatenadas, empregue o operador "&" de concatenação.

Se pelo menos uma das expressões *não for uma Variant*, as seguintes regras se aplicam:

- Se ambas as expressões forem dados numéricos de qualquer tipo (Byte, Boolean, Integer, Long, Single, Double, Date, Currency, or Decimal) ocorrerá a adição dos valores;
- Se ambas as expressões forem strings, ocorrerá a concatenação das strings;
- Se uma expressão for um tipo de dado numérico e a outra uma variável Variant diferente de Null, ocorrerá a adição das expressões;
- Se uma expressão for uma string e a outra uma variável Variant diferente de Null ocorrerá a concatenação das expressões;
- Se uma expressão for um tipo de dado numérico e a outra for uma string, ocorre o erro Type mismatch (tipos não-equivalentes);
- Se uma ou ambas as expressões forem uma variável Variant contendo o valor Null, o resultado será sempre Null (chama-se *propagação do Null);*
- Se ambas as expressões forem variáveis Variant contendo Strings, ou forem variáveis String, ocorrerá a concatenação das expressões;

Para operações de adição envolvendo apenas expressões de tipos de dados numéricos, o valor resultante será do tipo de dado mais preciso, empregando-se a seguinte ordem de precisão: Byte, Integer, Long, Single, Double, Currency e Decimal.

São válidas as seguintes exceções para esta regra:

- A adição de um valor Single com um Long resulta em um Double;

8 - Guia de Referência do VBA

- A adição de qualquer valor a uma variável Date (data válida) resulta sempre em outra variável Date.

Exemplo: Os seguintes exemplos são válidos para as variáveis Resultado, Exp1 e Exp2, sem declaração específica de tipo (e portanto, consideradas pelo VBA como Variant):

Dim Resultado, Exp1, Exp2

Resultado = 2+2	' Retorna 4
Resultado = 123.45 + 100	' Retorna 223.45
Exp1 = "16": Exp2 = 8	' Inicialização das variáveis
Resultado = Exp1 + Exp2	' Retorna 24
Exp1 = "16": Exp2 = "8"	' Inicialização das variáveis
Resultado = Exp1 + Exp2	' Retorna 168 – concatenação das strings
Exp1 = 10 : Exp2 = 20/01/2003	' Inicialização das variáveis
Resultado = Exp1 + Exp2	' Retorna 30/01/2003 – acrescenta 10 dias a data

Operador –

Empregado para encontrar a diferença entre dois números ou para indicar um valor negativo, utilizando a seguinte sintaxe:

Resultado = Número1 – Número2
-Número1

Nota: A operação de subtração emprega as mesmas regras de precisão utilizadas para o operador de adição.

Exemplo: Os seguintes exemplos são válidos para o uso do operador "-" no cálculo da diferença entre dois números ou datas:

Dim Resultado, Exp1, Exp2

Resultado = 2 - 2	' Retorna 0
Resultado = 123.45 - 100	' Retorna -22.45
Exp1 = 10 : Exp2 = 20/01/2003	' Inicialização das variáveis
Resultado = Exp1 + Exp2	' Retorna 10/01/2003 – subtrai 10 dias da data

Operador *

Utilizado para multiplicar dois números, empregando esta sintaxe:

Resultado = Número1 * Número2

A ordem de precisão do operador de multiplicação não é a mesma empregada na adição e subtração. O tipo de dado resultante é sempre aquele da expressão de maior precisão, sendo obedecida a seguinte ordem de ascendência na precisão: Byte, Integer, Long, Single, Currency, Double, e Decimal, exceto quando:

- A multiplicação envolver um Single com um Long, resultando em um Double;
- Se uma ou ambas as expressões forem Null, o resultado será sempre Null.
- Se uma ou ambas as expressões forem Empty, o resultado será 0.

Exemplo: O exemplo a seguir demonstra o emprego do operador * para multiplicar duas expressões válidas:

Dim Valor as variant
Valor = 3*4   ' Resulta em 12
Valor = 123.45 * 100   ' Resulta em 12345

Operador /

Empregado para dividir dois números, retornando um valor numérico de ponto flutuante de dupla precisão (Double) utilizando a seguinte sintaxe:

Resultado = Número1/Número2

O valor resultante deixará de ser um Double:

- Se ambas as expressões forem do tipo Byte, Integer, ou Single, o resultado será Single, a menos que ocorra um erro de estouro de capacidade (overflow), provocando um erro em tempo de execução;
- Se ambas as expressões forem uma variável Variant contendo um valor Byte, Integer, ou Single, o resultado será uma Variant contendo um Single a menos que ocorra um erro de estouro de capacidade (overflow), provocando a conversão para uma Variant contendo um valor Double;
- Se a divisão envolver um valor Decimal e qualquer outro tipo de dados, o resultado será sempre Decimal.
- Se uma ou outra expressão for uma Variant contendo Null, o resultado será sempre Null (propagação do Null).
- Se o uma das expressões for uma Variant contendo Empty, o resultado será zero;
- Se o denominador for zero (0), ocorrerá um erro por estouro de capacidade (overflow).

Exemplo: Os seguintes exemplos demonstram o emprego do operador / para efetuar divisão em ponto flutuante:
```
Dim Valor as Variant
Valor = 5/2    ' Retorna 2.5
Valor = 1/3    ' Retorna 0.333333
```

Operador \

Empregado para dividir dois números e retornar a parte inteira da divisão, desprezando a parte fracionária, utilizando a seguinte sintaxe:

Resultado = Número1 \ Número2

- Antes da divisão ser efetuada, ambas as expressões são arredondadas para Byte, Integer ou Long. O valor resultante será do tipo Byte, Integer, Long ou uma Variant contendo um tipo Byte, Integer, Long, independente do resultado ser ou não um número inteiro.
- Se uma das expressões for Null, o resultado será sempre Null (propagação do Null).
- Se o uma das expressões for uma Variant contendo Empty, o resultado será zero;
- Se o denominador for zero (0), ocorrerá um erro por estouro de capacidade (overflow).

Exemplo: O exemplo que se segue indica como empregar o operador \ para efetuar uma divisão inteira:
```
Dim Valor as Variant
Valor = 11\4          ' Retorna 2
Valor = 12\4          ' Retorna 3
Valor = 10\3          ' Retorna 3
```

Operador Mod

Empregado para retornar o resto da divisão de dois números, utilizando a seguinte sintaxe:

Resultado = Número1 Mod Número2

O tipo de dados retornado pelo operador Mod é normalmente um valor arredondado para Byte, Integer, Long ou uma Variant contendo Byte, Integer ou Long, quer a variável Resultado seja ou não um número inteiro.

- Ambas as expressões são arredondadas para um número inteiro antes de se efetuar o cálculo do resto;
- Se uma das expressões for Null, o valor resultante será Null (propagação do Null);
- Se uma das expressões for Empty, o valor resultante será sempre zero (0);

Tipos de dados e Operadores do VBA - 11

Exemplo: Os exemplos a seguir demonstram como utilizar o operador Mod para obter o resto da divisão de um número por outro:

```
Dim Resultado as Variant
Resultado = 10 Mod 5      ' Resulta em 0
Resultado = 10 Mod 3      ' Resulta em 1
Resultado = 12.8 Mod 5    ' Resulta em 3
```

Operador &

Empregado para concatenar duas expressões, empregando esta sintaxe:

Resultado = Expressão1 & Expressão2

- Se uma das expressões não for uma String, ela será primeiro convertida para uma Variant do tipo String.
- Se ambas as expressões forem do tipo String, o valor resultante será uma String;
- Se ambas as expressões forem Null, o valor resultante será Null;
- Se uma das expressões for Null ou Empty, ela será considerada como uma String de comprimento zero ("").

Exemplo: Estes exemplos empregam o operador & para forçar a concatenação de valores:

```
Dim Resultado as Variant
Resultado = "Flavio " & "Morgado"    ' Resulta em "Flavio Morgado"
Resultado = "Lotus" & 123            ' Resulta em "Lotus123"
Resultado = "12" & "12"              ' Resulta em "1212"
```

Operadores de comparação

São operadores empregados para comparar duas expressões distintas, retornando True (Verdadeiro) ou False (Falso), de acordo com o resultado da comparação, utilizando a seguinte sintaxe:

Resultado = Expressão1 Operador Expressão2

Onde Operador pode ser =, <>, >, <, >=, <=, Is e Like.

- O valor resultante será sempre Null se uma das expressões for Null;
- Se ambas ou uma das expressões forem tipos de dados numéricos ou uma Variant contendo um tipo de dado numérico, a comparação efetuada será numérica;
- Se ambas as expressões forem strings, a comparação será string (caractere a caractere);
- Se uma das expressões for um tipo de dado numérico e a outra for uma String ou Variant contendo String não numérica, ocorrerá um erro Type Mismatch (tipo sem equivalência);

- Se uma das expressões for uma Variant contendo Empty e a outra for um número, ocorrerá uma comparação numérica empregando-se zero (0) no lugar do valor Empty;
- Se uma das expressões for uma Variant contendo Empty e a outra for uma String, ocorrerá uma comparação String empregando-se uma String de comprimento zero ("") no lugar do valor Emptyl;
- Quando uma expressão Single é comparada com uma expressão Double, o valor Double é arredondado para um Single antes de efetuar a comparação;
- Se uma expressão Currency é comparada com uma expressão Single ou Double, o valor Single ou Double é arredondado para um Currency antes de efetuar a comparação;
- Se uma expressão Decimal é comparada com uma expressão Single ou Double, o valor Single ou Double é arredondado para um Decimal antes de efetuar a comparação;
- Para valores do tipo Currency, partes fracionárias menores que 0.0001 podem ser perdidas durante o arredondamento;
- Para valores do tipo Decimal, partes fracionárias menores que 1E-28 podem ser perdidas durante o arredondamento ou pode ocorrer um erro de estouro de capacidade (overflow);
- Os arredondamentos ocorridos ao se comparar tipos de variáveis diferentes podem indicar que dois valores sejam considerados iguais quando são diferentes nas suas casas decimais.

Operador And

Empregado para efetuar a conjunção lógica de duas expressões, retornando True (verdadeiro) ou False (falso), utilizando esta sintaxe:

Resultado = Expressão1 AND Expressão2

- Se ambas as expressões forem True, o resultado é sempre True
- Se uma das expressões for False, o resultado é sempre False
- Se ambas as expressões forem False, o resultado é sempre True

A tabela abaixo demonstra o que ocorre quando o valor das expressões é True, False ou Null:

Expressão1	And Expressão2	= Resultado
True	True	= True
True	False	= False
True	Null	= Null
False	True	= False
False	False	= False
False	Null	= False
Null	True	= Null

Null	False	= False
Null	Null	= Null

O operador AND também é empregado para efetuar a comparação bit a bit de dois números binários de mesmo comprimento, criando um terceiro número binário cujos bits resultantes obedecem à seguinte tabela:

Se o bit da Expressão1 for	e o mesmo bit da Expressão2 for	O resultado de And será
0	0	0
0	1	0
1	0	0
1	1	1

Exemplo: O exemplo que se segue demonstra como empregar o operador AND para efetuar a conjunção lógica de duas expressões empregando variáveis sem tipo declarado (convertidas para Variant):

```
Dim Resultado, A, B, C, D
A = 5: B = 4; C = 3; D = Null
Resultado = A > B And B > C          ' Retorna True
Resultado = B > A And B > C          ' Retorna False
Resultado = A > B And B > D          ' Retorna Null
Resultado = A And C                  ' Retorna 1 (comparação binária)
```

Operador Eqv

Empregado para executar a equivalência lógica de duas expressões, empregando esta sintaxe:

Resultado = Expressão1 Eqv Expressão2

Se uma das expressões for Null, o resultado será sempre Null. Caso as expressões sejam True ou False, a tabela que se segue demonstra o resultado obtido quando se compara os valores empregando-se o operador Eqv:

Expressão1	Eqv Expressão2	= Resultado
True	True	= True
7	False	= False
False	True	= False
False	False	= True

O operador Eqv também é empregado para efetuar a comparação bit a bit de dois números binários de mesmo comprimento, criando um terceiro número binário cujos bits resultantes obedecem à seguinte tabela:

Se o bit da Expressão1 for	e o mesmo bit da Expressão2 for	O resultado de Eqv será
0	0	1
0	1	0
1	0	0
1	1	1

Exemplo: Os exemplos que se seguem empregam o operador Eqv para executar a equivalência lógica de duas expressões:

```
Dim Resultado, A, B, C, D
A = 5: B = 4; C = 3; D = Null
Resultado = A > B Eqv B > C      ' Retorna True
Resultado = B > A Eqv B > C      ' Retorna False
Resultado =  A > B Eqv B > D     ' Retorna Null
Resultado = A Eqv C              ' Retorna -2 (comparação binária)
```

Operador Imp

Empregado para efetuar a implicação lógica de duas expressões, utilizando a seguinte sintaxe:

Resultado = Expressão1 Imp Expressão2

A tabela que se segue demonstra o resultado determinado pelo operador Imp quando duas expressões lógicas são comparadas:

Expressão1	Imp Expressão2	= Resultado
True	True	= True
True	False	= False
True	Null	= Null
False	True	= True
False	False	= True
False	Null	= True
Null	True	= True
Null	False	= Null
Null	Null	= Null

O operador Imp também é empregado para efetuar a comparação bit a bit de dois números binários de mesmo comprimento, criando um terceiro número binário cujos bits resultantes obedecem à seguinte tabela:

Se o bit da Expressão1 for	e o mesmo bit da Expressão2 for	O resultado de Imp será
0	0	1
0	1	1
1	0	0
1	1	1

Exemplo: Os exemplos que se seguem empregam o operador Imp para efetuar a implicação lógica de duas expressões:

```
Dim Resultado, A, B, C, D
A = 5: B = 4; C = 3; D = Null
Resultado = A > B Imp B > C        ' Retorna True
Resultado = A > B Imp C > B        ' Retorna False
Resultado = B > A Imp C > B        ' Retorna True
Resultado = B > A Imp C > D        ' Retorna True
Resultado = C > D Imp B > A        ' Retorna Null
Resultado = A Imp C                ' Retorna -5 (comparação binária)
```

Operador Not

Empregado para efetuar a negação lógica de uma expressão, utilizando esta sintaxe:

Resultado = Not Expressão

O resultado obtido ao se empregar o operador Not pode ser avaliado na tabela que se segue:

Se Expressão for	O resultado será
True	False
False	True
Null	Null

O operador Not também inverte os valores binários de qualquer variável, alterando seus bits de dados de acordo com a tabela seguinte:

Se o bit da Expressão1 for	O bit resultante será
0	1
1	0

Exemplo: O exemplo que se segue demonstra como empregar o operador Not para efetuar a negação lógica de uma expressão:

```
Dim Resultado, A, B, C, D
A = 5: B = 4; C = 3; D = Null
```

```
Resultado = Not (A > B)          ' Retorna False
Resultado = Not (B > A)          ' Retorna True
Resultado = Not (C > D)          ' Retorna Null
Resultado = Not A                ' Retorna -6  (comparação binária)
```

Operador Or

Empregado para efetuar a disjunção lógica de duas expressões, utilizando esta sintaxe:

Resultado = Expressão1 Or Expressão2

Se qualquer das expressões for True, o operador Or sempre retornará True. A tabela que se segue demonstra o resultado determinado pelo operador Or quando duas expressões lógicas são comparadas:

Expressão1	Or Expressão2	= Resultado
True	True	True
True	False	True
True	Null	True
False	True	True
False	False	False
False	Null	Null
Null	True	True
Null	False	Null
Null	Null	Null

O operador Or também é empregado para efetuar a comparação bit a bit de dois números binários de mesmo comprimento, criando um terceiro número binário cujos bits resultantes obedecem à seguinte tabela:

Se o bit da Expressão1 for	e o mesmo bit da Expressão2 for	O resultado de Or será
0	0	0
0	1	1
1	0	1
1	1	1

Exemplo: O exemplo que se segue demonstra como empregar o operador Or para efetuar a negação lógica de uma expressão:

```
Dim Resultado, A, B, C, D
A = 5: B = 4; C = 3; D = Null
Resultado = A > B Or B > C          ' Retorna True
Resultado = B > A Or B > C          ' Retorna True
Resultado = A > B Or B > D          ' Retorna True
Resultado = B > D Or B > A          ' Retorna Null
```

Resultado = A Or C   ' Retorna 7 (comparação binária)

Operador XOR

Empregado para efetuar a exclusão lógica de duas expressões, utilizando esta sintaxe:
Resultado = Expressão1 XOR Expressão2

Caso uma, e apenas uma das expressões seja True, o resultado será True. Entretanto, se qualquer das expressões for Null, o resultado será sempre Null. Quando nenhum dos resultados for Null, o valor resultante do emprego do operador XOR é determinado pela tabela que se segue:

Expressão1	XOR Expressão2	= Resultado
True	True	False
True	False	True
False	True	True
False	False	False

O operador XOR também é empregado para efetuar a comparação bit a bit de dois números binários de mesmo comprimento, criando um terceiro número binário cujos bits resultantes obedecem à seguinte tabela:

Se o bit da Expressão1 for	e o mesmo bit da Expressão2 for	O resultado de XOR será
0	0	0
0	1	1
1	0	1
1	1	0

Exemplo: O exemplo que se segue demonstra como empregar o operador Or para efetuar a negação lógica de uma expressão:

Dim Resultado, A, B, C, D
A = 5: B = 4; C = 3; D = Null
Resultado = A > B XOR B > C   ' Retorna False
Resultado = B > A XOR B > C   ' Retorna True
Resultado = B > A XOR C > B   ' Retorna False
Resultado = B > D XOR A > B   ' Retorna Null
Resultado = A XOR C   ' Retorna 6 (comparação binária)

Operador Is

Empregado para comparar duas variáveis contendo referências a objetos, utilizando esta sintaxe:
   Resultado = Objeto1 Is Objeto2

Se Objeto1 e Objeto2 forem o mesmo objeto, o resultado será True, caso contrário, será False. Duas variáveis podem se referenciar ao mesmo objeto quando uma variável de objeto é atribuída a outra. Quando uma delas é atribuída à outra:
   Set A = B

Ou quando ambas referem-se a um terceiro objeto:
   Set A = C
   Set B = C

Exemplo: O Exemplo que se segue emprega o operador Is para comparar duas referências a objeto (observe que como as variáveis não tiveram tipo declarado, são consideradas como Variant pelo VBA):
   Dim Obj1, Obj2, Obj3, Obj4, Resultado
   Obj1 = Obj2
   Obj3 = Obj2
   Obj4 = OutroObjeto
   Resultado = Obj1 Is Obj3   ' Retorna True
   Resultado = Obj4 Is Obj3   ' Retorna False

Operador Like

Empregado para comparar duas variáveis String, utilizando esta sintaxe:
   Resultado = String1 Like StringPadrão

Onde StringPadrão consiste em uma variável String contendo o padrão de comparação a ser utilizado, levando-se em consideração:
- Se String1 for equivalente a StringPadrão, o resultado é True, caso contrário é False;
- Se String1 ou StringPadrão forem Null, o resultado será Null;
- O comportamento da instrução Like dependerá da instrução Option Compare empregada na seção Declaração do Módulo;
- O método padrão para comparação de strings em um módulo é Option Compare Binary (leva em consideração maiúsculas/minúsculas);
- StringPadrão pode ser construída empregando caracteres coringa para efetuar comparações entre padrões de caracteres, utilizando os caracteres listados na próxima tabela.

Coringa	Utilidade
?	Qualquer caractere?
*	Qualquer conjunto de caracteres a partir da posição do *
#	Qualquer dígito numérico na posição indicada por #
[lista]	Qualquer caractere existente na lista [Lista] na posição indicada por [Lista]
[!Lista]	Qualquer caractere que não se encontre na lista [!Lista] na posição indicada por [!Lista]

As seguintes considerações são válidas:

- Um grupo de um ou mais caracteres envolvidos por colchetes ([ ]) pode ser empregado para efetuar a comparação de um único caractere em uma string com os itens contidos nos colchetes.
- Para encontrar os caracteres especiais [,], ? e *, envolva-os em colchetes. O colchete direito (]) não pode ser utilizado dentro de uma lista, mas pode ser empregado fora da lista como um caractere individual;
- O caractere ! quando empregado dentro de uma lista envolvida por colchetes, indica que a pesquisa deve desconsiderar os caracteres dentro da lista;
- O VBA permite que você empregue um hífen (-) dentro de uma lista para definir a faixa de ocorrência de caracteres. Por exemplo, [A-F] efetua uma equivalência com os caracteres A, B, C, D, E e F;
- A faixa de caracteres deve sempre ser exibida de forma crescente (Exemplo: [A-G] é uma faixa válida, mas [G-A] é inválida);
- Você pode incluir múltiplas faixas de caracteres entre colchetes sem empregar qualquer delimitador entre as faixas;
- A seqüência de caracteres {] é considerada uma string de comprimento zero ("");

Exemplos: Os exemplos a seguir demonstram como empregar o operador Like para efetuar a equivalência entre uma String e uma StringPadrão:

```
Dim Resultado
Resultado = "aBBBa" Like "a*a"           ' Retorna True.
Resultado = "F" Like "[A-Z]"             ' Retorna True.
Resultado = "F" Like "[!A-Z]"            ' Retorna False.
Resultado = "a2a" Like "a#a"             ' Retorna True.
Resultado = "aM5b" Like "a[L-P]#[!c-e]"  ' Retorna True.
Resultado = "BAT123khg" Like "B?T*"      ' Retorna True.
Resultado = "CAT123khg" Like "B?T*"      ' Retorna False.
```

Funções de declaração do VBA

Neste capítulo você encontrará funções empregadas para declarar variáveis, constantes, matrizes e objetos, procedimentos function, sub e property, definir o escopo e vida útil das variáveis e procedimentos existentes em módulos comuns e módulos classe, além de definir opções de comparação e declaração em um módulo.

Índice do capítulo

Array 21	Option Base 47
CallByName 22	Option Compare 48
Const 23	Option Explicit 49
CreateObject 24	Option Private 49
Declare 26	Private 50
Deftype 28	Property Get 51
Dim 29	Property Let 53
Enum 31	Property Set 56
Erase 32	Public 58
Event 33	ReDim 60
Friend 36	Rem 61
Function 37	Set 62
GetObject 40	Static 63
Implements 42	Sub 65
Let 46	Type 67

Array

Função empregada para retornar uma variável do tipo Variant contendo uma matriz (array), utilizando a seguinte sintaxe:

Array(ListaDeArgumentos)

Onde:

- **ListaDeArgumentos:** argumento obrigatório, consistindo de uma lista de valores delimitados por vírgulas, a serem atribuídos aos elementos da matriz unidimensional que será criada. Caso a lista de argumentos seja suprimida, será criada uma matriz de comprimento zero.

São válidas as seguinte considerações para a instrução Array:

- O VBA emprega a notação clássica de matrizes, no qual refere-se a qualquer elemento da matriz pelo seu índice respectivo fornecido entre parênteses:

    Valor = Matriz(i)

- O índice inferior dos elementos de uma matriz é determinado pela instrução Option Base, tendo por padrão o valor zero (o primeiro elemento da matriz é o de índice 0).
- Para empregar o índice 1 como o primeiro elemento de uma matriz, empregue a instrução Option Base 1 na seção Declaração do módulo onde a matriz é operada.
- Uma variável declarada As Variant pode conter uma matriz de qualquer tipo, excetuando-se matrizes contendo Strings de comprimento fixo ou tipos definidos pelo usuário.

    Exemplo: Para criar uma matriz de 2 elementos, emprega-se a seguinte sintaxe:

    Dim Matriz as Variant, A as Variant
    Matriz = Array(10,20,30)
    A = Matriz(2)   ' Resulta em A = 30, pois Option Base = 0 por padrão

Para empregar o índice 1 para se referenciar ao primeiro elemento de uma matriz, empregue esta sintaxe (observe que a instrução Option Base é definida apenas uma vez na seção Declaração do módulo):

Option Base 1
Dim Semestre, Mês
Semestre = Array("Janeiro", "Fevereiro", "Março", "Abril", "Maio", "Junho")
Mês = Array(1)   ' Resulta em Mês = "Janeiro"

CallByName

Função empregada para definir ou acessar o valor de uma propriedade, ou executa um método qualquer existente em um objeto, utilizando esta sintaxe:

CallByName(Objeto, Procedimento, TipoDeChamada,[Argumentos])

Onde os argumentos são:

- **Objeto:** Argumento obrigatório do tipo Variant ou Object, referindo-se ao nome de um objeto no qual o procedimento será executado;

- **Procedimento:** Argumento obrigatório do tipo Variant ou String, referindo-se ao nome da propriedade ou método existente no objeto;
- **TipoDeChamada:** Argumento obrigatório, deve ser uma constante do tipo CallType a ser fornecido para o procedimento indicando o tipo de procedimento a ser executado.
- **Argumentos:** Argumento opcional do tipo Variant ou Array (matriz), contendo os argumentos obrigatórios necessários à execução do procedimento chamado.

Exemplo: O próximo exemplo emprega a função CallByName para recuperar e definir o valor da propriedade Caption da barra de títulos do formulário atual:

Resultado = CallByName (Me, "Caption", vbGet)
CallByName Me, "Caption", vbLet, "Novo título"

No próximo exemplo, emprega-se a função CallByName para executar o método Move da caixa de texto Text1 do formulário atual, para deslocá-la para o canto esquerdo superior do formulário em que se encontra:

Dim strMétodo as string
StrMétodo = "Move"
CallByName Text1, strMétodo, vbMethod, 0, 0

Const

Instrução empregada para declaração das constantes a serem utilizadas em seus procedimentos, de forma a evitar o emprego de números literais (ou números mágicos), facilitando a manutenção e compreensão do código, utilizando esta sintaxe:

[Public | Private] **Const** NomeDaConstante [As Tipo] = expressão
Onde os argumentos são:

- **Public:** Argumento opcional empregado apenas a nível de módulo para declarar procedimentos públicos (disponíveis para todos os procedimentos de todos os módulos de aplicativo), Não pode ser empregada no interior de um procedimento;
- **Private:** Argumento opcional empregado apenas a nível de módulo para declarar procedimentos privados (disponíveis apenas para os procedimentos existentes no módulo atual). Não pode ser empregada no interior de um procedimento;
- **NomeDaConstante**: Argumento obrigatório, indica o nome da constante a ser criada;
- **Tipo**: Argumento opcional, indica o tipo de dado da constante, podendo ser Byte, Boolean, Integer, Long, Currency, Single, Double, Date, String, ou Variant. É obrigatório o emprego da cláusula As Tipo para cada constante declarada;
- **Expressão**: Argumento obrigatório, é o valor literal (ou constante) a ser atribuído à constante declarada, podendo ser qualquer combinação de valores e operadores lógicos ou aritméticos, excetuando-se o operador Is.

São válidas as seguintes considerações sobre constantes:

- Constantes são privadas por padrão, a menos que declaradas com a instrução Public. Quando declaradas dentro de procedimentos, são obrigatoriamente privadas. Módulos Classe, não aceitam constantes públicas;
- Você pode declarar diversas constantes em uma mesma linha de código, separando seus valores por vírgulas. Neste caso, ao se empregar a palavra-chave Public no início da linha, todas as constantes declaradas nesta linha serão públicas;
- Não é permitido empregar funções ou variáveis na composição de expressões que definem o valor de uma constante: apenas valores literais são aceitos;
- Se você não declara explicitamente o tipo de uma constante, o tipo de dado que ela contém será o mais adequado para a *expressão* fornecida em sua declaração;

Exemplo: Este exemplo emprega a instrução Const para declarar constantes no lugar de valores literais.

   Const Pi = 3.141515
   Const Dia1 = "Segunda-feira"
   Const UmTerço = 1/3

CreateObject

Função empregada para criar e retornar uma referência a um objeto ActiveX passível de ser acessado pelo seu aplicativo, utilizando esta sintaxe:

CreateObject(Classe,[NomeDoServidor])

Onde os argumentos são:

- **Classe**: Argumento obrigatório, do tipo **Variant** ou **string**, contendo o nome do aplicativo e classe do objeto a ser criado, fornecido com a sintaxe Aplicativo.Objeto, onde:
    - Aplicativo: Argumento obrigatório indicando o nome do aplicativo (ou servidor ActiveX) fornecedor do objeto;
    - Objeto: Argumento obrigatório, indicando o tipo ou classe do objeto a ser criado.
- **NomeDoServidor**: Argumento opcional do tipo Variant ou String, indica o nome do servidor de rede onde o objeto será criado. Se o nome do servidor for uma String vazia (""), o objeto será criado na máquina local.

As seguintes considerações são válidas para a função CreateObject:

- Todo aplicativo capaz de suportar a automação OLE fornece pelo menos um tipo de objeto. Por exemplo, o Microsoft Excel fornece um objeto Application que por sua vez possui um objeto Sheet (planilha);
- Para criar um objeto é obrigatório atribuir o objeto retornado a uma variável declarada As Variant, As Object ou As *Tipo*, onde Tipo é o mesmo tipo do objeto a ser criado;

Funções de declaração do VBA - 25

- Ao declarar uma variável como sendo do tipo Variant ou Object, o acesso aos métodos deste objeto será do tipo *tardio* (late bound), impedindo o VBA de efetuar verificações de consistência no seu código no momento da compilação;
- Para permitir o acesso *precoce* (early bound) à interface do objeto criado, declare uma variável como sendo do mesmo tipo do objeto que ela irá conter. Referências precoces fornecem sempre uma melhor performance na execução do seu código. Note que para criar referências precoces, o projeto atual do VBA deverá ter uma referência explícita ao modelo de objetos que se quer acessar (criada com o comando de menu Ferramentas}Referências do VBA;
- Ao criar uma referência a um objeto utilizando a função CreateObject, um novo exemplar do servidor daquele objeto será criado na memória do seu computador, independente de haver ou não outro exemplar em execução (por exemplo, a cada execução da instrução Objeto = CreateObject("Excel.Sheet"), um novo exemplar do Excel será aberto);
- Para referenciar um exemplar de um objeto que já esteja sendo executado na memória do seu computador, empregue a função GetObject;
- Você pode criar um objeto remoto em um computador servidor de rede, passando para o argumento NomeDoServidor o caminho UNC completo para o servidor. Por exemplo, a expressão \\Servidor\C indica que o nome do computador onde o objeto é criado é "Servidor". Para fazer com que o aplicativo se torne visível no computador remoto, pode ser necessário adicionar uma entrada no Registro do computador que cria o objeto (consulte a documentação da COM – Component Object Model – do Microsoft Developer Network para maiores informações).

Exemplo: O exemplo a seguir criar uma referência tardia (early bound) a uma planilha do Microsoft Excel, utilizando a função CreateObject e acessa propriedades e métodos do objeto criado:

```
Public Sub Teste()
    Dim Planilha As Object
    Set Planilha = CreateObject("Excel.Sheet")
    ' Torne a planilha visível
    Planilha.Application.Visible = True
    ' Coloque o texto ""VBA" na célula A1
    Planilha.Application.Cells(1, 1).Value = "VBA"
    ' Obtenha a versão atual do Excel na célula B1
    Planilha.Application.Cells(1, 2).Value = Planilha.Application.Version
    ' Grave a planilha e feche o Excel
    Planilha.Application.Save "C:\TesteCreateObject.XLS"
    Planilha.Application.Quit
    ' Libere a variável de objeto.
    Set Planilha = Nothing
End Sub
```

O próximo exemplo, cria uma referência precoce ao modelo de objetos do Microsoft Excel, permitindo ao VBA efetuar verificações de consistência na sintaxe empregada no seu código. Repare que nesse caso, é necessário criar uma sucessão de objetos hierárquicos no código, de acordo com a estrutura do modelo de objetos exposto pelo Excel:

```
Public Sub Teste()
   Dim MSExcel As Excel.Application
   Dim PastaDeTrabalho As Excel.Workbook
   Dim Planilha As Excel.Worksheet

   Set MSExcel = CreateObject("Excel.Application")
   Set PastaDeTrabalho = MSExcel.Workbooks.Add
   Set Planilha = PastaDeTrabalho.Worksheets(1)
   ' Torne o Excel visível
   MSExcel.Visible = True
   ' Coloque o texto ""VBA" na célula A1
   Planilha.Cells(1, 1).Value = "VBA"
   ' Obtenha a versão atual do Excel na célula B1
   Planilha.Cells(1, 2).Value = MSExcel.Version
   ' Grave a planilha e feche o Excel
   'Planilha.SaveAs "C:\TesteCreateObject.XLS"
   MSExcel.Quit
   ' Libere a variável de objeto.
   Set MSExcel = Nothing
End Sub
```

Declare

Instrução empregada apenas a nível de módulo para referenciar procedimentos externos contidos em DLLs (Dinamic Link Library), utilizando estas sintaxes:

[Public | Private] **Declare** Sub Nome Lib "DLL" [Alias "Apelido"] [(Args)]
[Public | Private] **Declare** Function Nome Lib "DLL" [Alias "Apelido"] [(Args)] [As Tipo]

Onde os argumentos são:

- **Public:** Argumento opcional empregado apenas a nível de módulo para declarar procedimentos públicos (disponíveis para todos os procedimentos de todos os módulos de aplicativo), Não pode ser empregada no interior de um procedimento;
- **Private:** Argumento opcional empregado apenas a nível de módulo para declarar procedimentos privados (disponíveis apenas para os procedimentos existentes no módulo atual). Não pode ser empregada no interior de um procedimento;
- **Sub:** Argumento opcional que indica que o procedimento não retorna um valor;
- **Function:** Argumento opcional que indica que o procedimento retorna um valor, o qual pode ser empregado em uma expressão;

- **Nome:** Argumento obrigatório que indica o nome do procedimento a ser executado existente na DLL. Os nomes de procedimentos são sensíveis à capitalização das letras;
- **Lib:** Argumento obrigatório, indica que uma DLL contém o procedimento declarado;
- **DLL:** Argumento obrigatório, indica o nome do arquivo (arquivo.DLL) que contém o procedimento declarado;
- **Alias:** Argumento opcional, indica que o procedimento será chamado utilizando-se um apelido. Este artifício é útil para evitar conflitos de nomes de procedimentos existentes em DLL com nomes de variáveis públicas, constantes ou funções do VBA;
- **Apelido:** Argumento opcional, indica o nome real do procedimento no interior da DLL. Se o primeiro caractere não for um sinal numérico (#), o nome do apelido será o mesmo nome existente na DLL. Caso o primeiro caractere seja #, todos os caracteres que o precedem indicam a posição do procedimento dentro da DLL.
- **Args:** Argumento opcional, indica a lista de argumentos esperados pelo procedimento a ser executado pela DLL. A lista de argumentos Args possui a seguinte sintaxe:

    [ArgumentoOpcional] [ByVal | ByRef] [ParamArray] Variável [( )] [As Tipo]

    Onde,
    - **ArgumentoOpcional**: indica um argumento não obrigatório. Porém, se o argumento for utilizado, todos os demais argumentos na lista de argumentos também deverão ser opcionais, declarados com a palavra-chave Optional;
    - **ByVal**: argumento opcional que indica que o argumento é passado por valor;
    - **ByRef**: indica que o argumento é passado por referência (padrão no VBA)
    - **ParamArray**: argumento opcional, empregado apenas como o último argumento da lista, indicando que o argumento é uma matriz ou Variant contendo uma matriz de elementos. A palavra-chave ParamArray permite que você forneça um número arbitrário de argumentos, não podendo ser empregada com ByVal, ByRef ou Optional;
    - **Variável**: argumento obrigatório, indica o nome da variável a ser passada para o procedimento;
    - **( )**: argumento obrigatório para variáveis matrizes, indicando que o nome do argumento é uma matriz;
    - **Tipo**: argumento opcional, indica o tipo do argumento passado para o procedimento, podendo ser Byte, Boolean, Integer, Long, Currency, Single, Double, Date, String (de comprimento variável), Object, Variant, um tipo definido pelo usuário ou um tipo de objeto;
- **Tipo:** Argumento opcional, é o tipo de dado do valor retornado por procedimentos Function existentes na DLL, podendo ser Byte, Boolean, Integer, Long, Currency, Single, Double, Date, String (de comprimento variável), Variant, um tipo definido pelo usuário ou um tipo de objeto;

28 - Guia de Referência do VBA

As seguintes considerações são válidas para a instrução Declare:

- Quando especificar o tipo de dado na lista de argumentos, você poderá utilizar o tipo As Any para inibir a verificação de tipo durante a chamada do procedimento (qualquer tipo pode ser passado, porém, se você não empregar o tipo esperado pelo procedimento existente na DLL, um erro fatal poderá ocorrer retirando o sistema do ar);
- Parênteses vazios indicam que o procedimento não possui qualquer argumento a ser passado;
- Você não pode declarar uma string de comprimento fixo na lista de argumentos. Porém, como muitas DLLs retornam dados e valores em strings, é comum declarar uma string de comprimento fixo *fora* da instrução Declare e passá-la *por referência* para o procedimento existente na DLL;
- A constante VBNullString é empregada ao se chamar procedimentos em DLL que exigem que a string tenha um valor nulo (strings terminadas como caractere Null). Esta opção é diferente do emprego de "" (string vazia);
- Módulos Classe permitem apenas o emprego de instruções Declare privadas (utilizando a instrução Private).

Exemplo: O próximo exemplo indica como utilizar a função Declare para declarar procedimentos em DLLs em um módulo do VBA., utilizando DLLs de 16 e 32 bits (DLLs de 16 bits podem ser acessadas apenas em aplicativos 16 bits, como Microsoft Access versão 2 e Visual Basic 4 16 bits).

' Usando Microsoft Windows 16-bits:
Declare Sub MeuBeep Lib "User.DLL" Alias "MessageBeep" (ByVal N As Integer)

' Usando Microsoft Windows 32-bits:
Declare Sub MeuBeep Lib "User32.DLL" Alias "MessageBeep" (ByVal N As Integer)

' Use a posição ordinal do procedimento dentro da DLL
Declare Function GetWinFlags Lib "Kernel" Alias "#132" () As Long

Deftype

Instruções empregadas a nível de módulo para definir o tipo padrão de variáveis, argumentos passados para procedimentos e valores retornados por procedimentos Function e Property Get, cujos nomes se iniciem pelo caractere especificado, utilizando esta sintaxe:

DefType FaixaDeLetras1 [, FaixaDeltras2]...

Onde,

- **DefType:** é o nome da instrução que define o padrão para tipo de dado, podendo ser DefBool (para Boolean), DefByte (Byte), DefInt (para Integer), DefLng (para Long), DefCur (para Currency), DefSng (para Single), DefDbl (para Double), DefDate (para Date), DefStr para (String), DefObj (para Object), DefVar (para Variant);

- **FaixaDeLetras:** argumento obrigatório que especifica a faixa de letras que define a primeira letra de variáveis de um determinado tipo.

As seguintes considerações são válidas para a instrução DefType:
- A instrução DefType utilizada afeta apenas o módulo no qual é declarada;
- Ao especificar uma faixa de letras para um tipo de dado, normalmente supõe-se que as variáveis se iniciem com os primeiros 128 caracteres da tabela ASCII. Porém, ao especificar a faixa A-Z, define-se o tipo padrão de variáveis cujo tipo não foi declarado explicitamente, mesmo que o caractere inicial da variável seja um caractere estendido (situado na faixa de 128-255 da tabela ASCII);
- Uma vez que a faixa A-Z foi especificada, não é mais possível empregar outras instruções DefType, ou ocorrerá um erro de compilação;
- A instrução DefType não afeta membros de variáveis cujo de tipo definido pelo usuário, pois seus elementos devem ser explicitamente declarados.

Exemplo: o exemplo que se segue demonstra como definir que o tipo padrão de todas as variáveis iniciadas com as letras A-F será Long:

```
DefLng A-F
DefInt G-K
DefStr S

Funciont Teste()
  Dim eValor
  Dim iValor
  Dim sTexto

  eValor = 1          ' gValor é do tipo Long, pois recebeu o tipo padrão
  iValor = 1.5        ' iValor é Integer, contendo o valor 1
  sTexto = "Texto"    ' sTexto é do tipo String
End Funtion
```

Dim

Instrução para declaração de variáveis e alocação de espaço de memória, que utiliza esta sintaxe:

Dim [WithEvents] Nome [([índices])] [As [New] Tipo] [, [WithEvents] Nome ...

Onde os argumentos são:
- **WithEvents:** Argumento opcional, a instrução WithEvents é válida apenas em módulos classe, sendo uma palavra-chave que especifica que a variável é uma variável empregada para responder a eventos disparados pelo objeto ActiveX que ela representa. Não é possível declarar variáveis matrizes ou empregar a instrução New com WithEvents;

- **Nome:** Argumento obrigatório indicando o nome da variável;
- **Índices:** Argumento opcional, indica a dimensão de uma variável matriz (array). Você pode declarar até 60 dimensões para uma variável, utilizando a seguinte sintaxe:
  - [MenorDimensão To] MaiorDimensão [, [MenorDimensão To] ...
  - Quando o argumento MenorDimensão não é explicitamente declarado, a menor dimensão de uma matriz é controlada pela instrução Option Base (padrão = 0).
- **New:** Argumento opcional, é uma palavra-chave que permite a criação implícita de um novo exemplar de um objeto na primeira referência feita a ela no seu código (quando uma variável de objeto é declara As New TipoDeObjeto, não é necessário empregar uma instrução Set variável = New TipoDeObjeto para criá-lo durante a execução do código). A palavra-chave New não pode ser empregada para: declarar variáveis que não sejam objetos, para criar exemplares de objetos dependentes de outros objetos ou ser empregada com WithEvents;
- **Tipo:** Argumento opcional, é o tipo de dados do valor retornado por procedimentos Function existentes na DLL, podendo ser Byte, Boolean, Integer, Long, Currency, Single, Double, Date, String (de comprimento variável), Variant, um tipo definido pelo usuário ou um tipo de objeto;

As seguintes considerações são válidas sobre a instrução Dim:

- Variáveis declaradas com Dim a nível de módulo estão disponíveis para todos os procedimentos existentes no módulo. Caso sejam declaradas dentro de um procedimento, estão disponíveis apenas para o procedimento;
- Quando uma variável declarada com Dim não possui o tipo de dados especificado, ela será definida para o tipo de dados Variant, a menos que se empregue uma das instruções DefType para definir o tipo de dados padrão
- Não há distinção entre a instrução Dim e a instrução Private quando a variável é declarada a nível de módulo. Porém, recomenda-se que a nível de módulo você empregue a instrução Private, para tornar seu código mais claro;
- É possível declarar múltiplas variáveis com uma única instrução Dim, utilizando uma mesma linha de código. Entretanto, todas as variáveis deverão ter seu tipo de dados explicitamente declarado, ou serão consideradas como Variant;
- A instrução Dim pode ser empregada para declarar variáveis de objeto com ou sem o emprego da palavra-chave New. Quando New não for utilizado para a declaração de uma variável de objeto, você deverá obrigatoriamente utilizar a instrução Set Variável as New Objeto para criar um novo exemplar do objeto desejado, ou ocorrerá um erro em tempo de execução ao tentar acessar sua interface;
- Quando uma variável de objeto é declarada sem a palavra-chave New, seu valor será a constante Nothing até que a variável seja inicializada com a instrução Set;
- Você pode empregar a instrução Dim Variável() (seguida de parênteses vazios) para declarar uma matriz dinâmica, sem dimensão definida. Dentro do procedimento, empregue a instrução ReDim para redimensionar a matriz para o número de dimensões desejado.

- Quando variáveis de dados são inicializadas, variáveis numéricas possuem o valor zero (0), variáveis String o valor "" (string vazia), e variáveis String de comprimento fixo são preenchidas com zeros. Variáveis Variant são inicializadas com o valor Empty, e cada elemento de um tipo de dado definido pelo usuário é inicializado com o valor padrão do tipo a ele atribuído.
- É boa norma de programação empregar a declaração de variáveis no início do módulo ou procedimento onde elas se aplicam.

Exemplo: O exemplo que se segue demonstra como empregar a instrução Dim para declarar variáveis numéricas, matrizes e objetos. O valor padrão para o índice inferior de uma matriz é zero (0), a menos que explicitamente alterado por uma instrução Option Base.

```
' Variável Valor1 e Valor2 não tem tipo declarado (consideradas Variant)
Dim Valor1, Valor2
' Declaração implícita de variáveis Long.
Dim Valor As Long
' Múltiplas declarações em uma única linha exigem a declaração de tipo individual
Dim Resultado As Boolean, DataNasc As Date
' Dias é uma matriz de 31 elementos pois Option Base = 0, com elementos de 0 a 30
Dim Dias(30)
' Matriz1 é bidimensional de 20 elementos do tipo Integer.
Dim Matriz1(3, 4) As Integer
' Matriz2 é tridimensional do tipo Long com dimensões explicitamente declaradas
Dim MyMatrix(1 To 6, 3 To 10, 4 To 8) As Long
' Matriz3 é uma matriz dinâmica, sem dimensões definidas
Dim Matriz3()
```

Enum

Instrução empregada para declarar tipos enumerados, úteis para criar séries sucessivas de constantes utilizadas em seu código, usando a seguinte sintaxe:

```
[Public | Private] Enum Nome
    Enum1 [= expressão]
    Enum2 [= expressão]
    ...
End Enum
```

- **Public:** Argumento opcional que especifica que o tipo do enumerador é visível em todo o projeto. Enum é público por padrão;
- **Private:** Argumento opcional, especificando que o tipo do enumerador é visível apenas no módulo em que foi declarado.
- **Nome:** Argumento obrigatório, indica o nome do tipo do enumerador
- **Enum1, Enum2...:** Argumento obrigatório, é um nome válido para especificar o nome atribuído a cada um dos elementos enumerados

- **Expressão:** Argumento opcional, indica o valor do elemento enumerado (normalmente do tipo Long). Se a expressão não for especificada, o valor atribuído será zero (0) para o primeiro elemento enumerado e será somado 1 para cada um dos demais elementos imediatamente que o sucedem.

As seguintes considerações são válidas sobre enumeradores:
- A instrução Enum pode aparecer apenas a nível de módulo;
- O valor atribuído a um enumerador é constante, não podendo ser alterado em tempo de execução;
- Uma vez que uma instrução Enum é criada, você pode empregá-la para declarar variáveis, argumentos ou tipos de dados retornados por procedimentos;
- Enum aceita valores negativos para os elementos enumerados;
- O nome atribuído a um enumerador não pode ser o mesmo nome de um módulo;
- Não é possível percorrer um tipo de dado enumerado em um bloco With.

Exemplo: O exemplo a seguir mostra como empregar a instrução Enum para definir uma coleção de constantes sucessivas, onde Anterior recebe −1, Primeiro = 0, Próximo =1 e Último = 2.

```
Public Enum TipoDeAcesso
    Anterior = -1
    Primeiro
    Próximo
    Último
End Enum
```

Erase

Instrução empregada para reinicializar os elementos de uma matriz de tamanho fixo, ou para liberar o espaço de memória atualmente utilizado por matrizes dinâmicas, utilizando a seguinte sintaxe:

Erase ListaDeMatrizes

Onde,
- **ListaDeMatrizes:** Argumento obrigatório consistindo do nome de um ou mais matrizes separadas por vírgulas.

As seguintes considerações são válidas para a instrução Erase:
- A instrução Erase se comporta de forma diferente, dependendo se a matriz é dinâmica ou de tamanho fixo. Matrizes dinâmicas têm a memória alocada recuperada, porém, para se referir novamente à matriz, é obrigatório empregar uma instrução Redim para redimensioná-la ao tamanho desejado;
- Para matrizes de tamanho fixo, a instrução Erase não é capaz de recuperar a memória por elas alocada. Os elementos de uma matriz de tamanho fixo são redefinidos pela instrução Erase da seguinte forma:

Funções de declaração do VBA - 33

- Matriz numérica: elementos são redefinidos para zero;
- Matrizes String (de comprimento variável): elementos redefinidos para string vazia ("");
- Matrizes String (comprimento fixo): elementos redefinidos para zero;
- Matriz de Variants: elementos redefinidos para Empty;
- Matriz de tipo definido pelo usuário: elemento redefinido para o tipo padrão;
- Matriz de objetos: elementos redefinidos para Nothing.

Exemplo: Este exemplo emprega a instrução Erase para reinicializar os elementos de matrizes dinâmicas e de tamanho fixo. Apenas o espaço de memória alocado para a matriz dinâmica é recuperado.

```
' Declaração das matrizes
Dim lngMatriz(20) As Long                 'Matriz de dados Long.
Dim strMatriz(20) As String               ' Matriz de strings de comprimento variável
Dim strMatrizFixa(30) As String * 50      ' Matriz de strings de comprimento fixo.
Dim varMatriz(40) As Variant              ' Matriz de Variants
Dim MatrizDinâmica() As Single            ' Matriz dinâmica
ReDim MatrizDinamica(1000)                ' Aloca espaço de armazenamento
Erase lngMatriz                           ' elementos redefinidos para 0.
Erase strMatriz                           ' elementos redefinidos para string vazia ""
Erase strMatrizFixa                       ' elementos redefinidos para 0.
Erase varMatriz                           ' elementos definidos para Empty.
Erase MatrizDinâmica                      ' Recupera o espaço de memória utilizado
```

Event

Instrução empregada para declarar um evento definido pelo usuário, utilizando esta sintaxe:

[Public] **Event** NomeDoEvento[(Argumentos)]

Onde os argumentos são:

- **Public:** Argumento opcional indicando que o evento é visível por todo o projeto (eventos são públicos por padrão). Eventos podem ser chamados apenas nos módulos onde forem declarados;
- **NomeDoEvento:** Argumento obrigatório, indicando o nome do procedimento de evento a ser executado;
- **Argumentos:** Argumento opcional, especifica o nome dos argumentos a serem fornecidos para o procedimento de evento, constituindo-se das seguinte partes:

    [ByVal | ByRef] Argumento[( )] [As Tipo]

    o **ByVal:** Argumento opcional. Indica que o argumento é passado por valor;
    o **ByRef:** Argumento opcional, indica que o argumento é passado por referência (padrão para o VBA);

- **Argumento:** Argumento obrigatório, indica o nome da variável que representa o argumento recebido pelo procedimento;
- **( ):** Sintaxe opcional, os parênteses vazios indicam que o argumento a ser recebido é uma matriz;
- **Tipo:** Argumento opcional, indica o tipo de dados passado para o argumento, podendo ser Byte, Boolean, Integer, Long, Currency, Single, Double, Date, String (apenas de comprimento variável), Object, Variant ou um tipo de dado definido pelo usuário. Não é permitido o emprego de argumentos opcionais ou do tipo ParamArray.

As seguintes considerações são válidas sobre a instrução Event:

- Após um evento ter sido declarado, empregue a instrução RaiseEvent para disparar o evento no seu código.
- Ocorrerá um erro em tempo de execução se a declaração Event for inserida em um módulo padrão. Eventos podem ser declarados apenas em módulos classe (ou de formulários);
- Um evento jamais poderá retornar um valor;
- Eventos não podem ser chamados com argumentos nomeados.

Exemplo: O exemplo a seguir demonstra o código adicionado a um módulo classe chamado Cliente, que possui duas propriedades (Nome e DataNasc) e um evento, MaiorDeIdade, a ser disparado quando a idade do cliente for maior ou igual a 18 anos. O objetivo é impedir o cadastro de clientes maiores de 18 anos em um formulário de dados criado no Microsoft Access 2000 (o código pode ser empregado também no Visual Basic).

Observe que a propriedade Property Let DataNasc() emprega as funções Date() e DateDiff() do VBA para comparar a data de nascimento recebida como argumento com a data do sistema. Caso a data de nascimento gere uma idade >=18 anos, uma instrução RaiseEvent é empregada para disparar o evento no formulário de dados (observe as linhas em negrito).

```
' Módulo Classe Cliente
Option Compare Database
Option Explicit

Private mstrNome As String
Private mdatDataNasc As Date
```

Public Event MaiorDeIdade()

```
Public Property Get Nome() As String
   Nome = mstrNome
End Property

Public Property Let Nome(ByVal vNewValue As String)
   mstrNome = vNewValue
```

```
End Property

Public Property Get DataNasc() As Date
    DataNasc = mdatDataNasc
End Property

Public Property Let DataNasc(ByVal vNewValue As Date)
    Dim intCancel As Integer

    If DateDiff("yyyy", vNewValue, Date) >= 18 Then
        RaiseEvent MaiorDeIdade()
    Else
        mdatDataNasc = vNewValue
    End If
End Property
```

O formulário de dados foi criado no Microsoft Access 2000 e contém duas caixas de texto: txtNome e txtDataNasc, utilizando uma instrução Dim WithEvents NovoCliente na seção Declaração para se vincular ao módulo classe Cliente, existente no mesmo projeto, através da variável de objeto NovoCliente declarada ao nível do módulo do formulário. Além disso, o formulário também declara uma variável local ao formulário chamada mfCancelou, empregada para impedir o cadastro de datas de nascimento que gerem idades maiores ou iguais a 18 anos:

```
Option Compare Database
Option Explicit

Dim WithEvents NovoCliente As Cliente
Dim mfCancelou As Integer
```

Isto irá fazer com que os eventos gerados pelo objeto Cliente apareçam na lista de eventos da janela de módulo do formulário, permitindo a codificação do evento NovoCliente_MaiorDeIdade, responsável por exibir uma caixa de mensagem para o usuário e alterar o valor da variável mfCancelou para True:

```
Private Sub NovoCliente_MaiorDeIdade()
    Dim strMsg As String
    Dim strTitle As String

    strTitle = "Idade inválida"
    strMsg = "Impossível alterar idade. Cliente é maior de idade."
    MsgBox strMsg, vbCritical, strTitle
    mfCancelou = True
End Sub
```

Funciona da seguinte forma: quando o formulário é aberto, um novo exemplar do objeto Cliente é criado utilizando a instrução Set NovoCliente = New Cliente no evento Form_Load (Ao Carregar):

```
Private Sub Form_Load()
    Set NovoCliente = New Cliente
End Sub
```

A propriedade Nome do objeto Cliente não dispara evento algum, sendo alterada no evento Antes de atualizar do controle txtNome.

```
Private Sub txtNome_BeforeUpdate(Cancel As Integer)
    NovoCliente.Nome = txtNome.Value
End Sub
```

Quando a idade do cliente é digitada na caixa de texto txtDataNasc e pressionada a tecla Enter, seu evento BeforeUpdate é disparado (Antes de atualizar), executando o seguinte código:

```
Private Sub txtDataNasc_BeforeUpdate(Cancel As Integer)
    mfCancelou = False
    NovoCliente.DataNasc = txtDataNasc.Value
    Cancel = mfCancelou
End Sub
```

O código define o valor da variável mfCancelou para False e, em seguida, tenta atribuir à propriedade DataNasc do objeto NovoCliente o valor da data de nascimento digitada, disparando o procedimento Property Let DataNasc() no objeto NovoCliente, que verifica se a idade fornecida é ou não maior do que 18 anos.

Se isto for verdade, o código do procedimento Sub NovoCliente_MaiorDeIdade() será disparado pelo objeto NovoCliente, exibindo uma caixa de mensagem para o usuário e definindo a variável mfCancelou para True. Quando o evento MaiorDeIdade() termina sua execução, a variável Cancel do evento txtDataNasc_BeforeUpdate recebe o valor atualmente contido em mfCancelou, impedindo a atualização do campo txtDataNasc caso a idade do cliente seja >= 18 anos.

Friend

Palavra-chave empregada para modificar a visibilidade de um procedimento em um módulo de um formulário ou em um módulo classe, tornando-o público ao projeto, porém privado ao objeto ActiveX que representa o projeto, utilizando a seguinte sintaxe:

[Private | **Friend** | Public] [Static] [Sub | Função | Property] NomeDoProcedimento

Onde:

- **NomeDoProcedimento** é o nome do procedimento que deverá ser público no projeto atual, mas não visível quando o objeto for utilizado em outro projeto.

As seguintes considerações são válidas para a palavra-chave Friend:

- Um procedimento declarado como Friend não possui visibilidade na interface pública do objeto, mas pode ser acessado publicamente por todo e qualquer procedimento existente no objeto;
- Friend não pode ser empregado em módulos padrão. Apenas em módulos Classe ou módulos de formulários;
- Friend não pode ser empregado na declaração de variáveis ou tipos definidos pelo usuário;
- Procedimentos declarados como Friend não podem ser utilizados com vinculação tardia (late bound) dentro do projeto em que existem.

Exemplo: O exemplo que se segue indica como tornar uma propriedade somente-leitura na interface de um objeto com o usuário, enquanto que a mesma propriedade é leitura-gravação dentro do código do objeto (apenas procedimentos existentes no objeto podem empregar o procedimento Property Let Salário() e alterar o valor da variável mcurSalário:

   Private mcurSalário as Currency

   Public Property Get Salário() As Double
      Balance = curSalário
   End Property

   Friend Property Let Salário(curValor As Double)
      mcurSalário= curValor
   End Property

Function

Instrução de declaração empregada para definir o nome, argumentos e códigos que formam o corpo de um procedimento Function no VBA, utilizando a seguinte sintaxe:

   [Public | Private | Friend] [Static] **Function** NomeDoProcedimento [(Args)] [As Tipo]
      [Instruções]
      [NomeDoProcedimento = expressão]
      [Exit Function]
   End **Function**

Onde os argumentos são:

- **Public:** Argumento opcional que indica que o procedimento Function pode ser acessado por todos os procedimentos de todos os módulos. Se empregado em um módulo que contém uma instrução Option Private, o procedimento se torna indisponível externamente ao projeto;
- **Private:** Argumento opcional que indica que o procedimento pode ser acessado apenas por procedimentos existentes no mesmo módulo onde ele foi declarado;
- **Friend:** Argumento opcional, utilizando apenas em módulos Classe, indica que o procedimento pode ser acessado por todos os módulos do projeto que define o objeto, mas não se encontra disponível em um exemplar do objeto criado em outro projeto;

- **Static:** Argumento opcional, indica que todas as variáveis locais declaradas no procedimento mantém seu valor entre chamadas ao procedimento. Este atributo não afeta variáveis que são declaradas fora do procedimento;
- **Nome:** Argumento obrigatório, define o nome do procedimento declarado;
- **Args:** Argumento opcional, indica a lista de variáveis separadas por vírgulas que representam os argumentos passados para o procedimento Function quando o mesmo é chamado, sendo constituída das seguintes partes:

    [Optional] [ByVal | ByRef] [ParamArray] Variá'vel [( )] [As Tipo] [= ValorPadrão]
    - **Optional:** indica que o argumento é opcional (não é obrigatório). Quando empregado, todos os argumentos subseqüentes também deverão ser declarados com a palavra-chave Optional. Não pode ser empregado com o tipo de argumento ParamArray;
    - **ByVal:** indica que o argumento é passado por valor;
    - **ByRef:** argumento opcional, indica que o argumento é passadoi por referência (padrão para o VBA);
    - **ParamArray:** argumento opcional, empregado apenas como o último argumento da lista de argumentos para indicar que o procedimento recebe um número ilimitado de elementos do tipo Variant como argumentos. Não pode ser empregado com as palavras chave ByVal, ByRef e Optional;
    - **Variável:** argumento obrigatório, indica o nome da variável que representa o argumento;
    - **Tipo;** argumento opcional, indica o tipo de dados do argumento passado para o procedimento, podendo ser Byte, Boolean, Integer, Long, Currency, Single, Double, Date, String (de comprimento variável), Object, Variant, ou qualquer tipo definido pelo usuário desde que não fornecido com a palavar chave Optional;
    - **ValorPadrão:** argumento opcional, indica qualquer constante, enumerador ou expresssão válida apenas para argumentos definidos com a palavra-chave Optional. Se o tipo de dados for Object, o valor padrão explícito deverá ser obrigatoriamente a palavra-chave Nothing.
- **Tipo:** Argumento opcional, indica o tipo de dado retornado pelo procedimento Function, podendo ser Byte, Boolean, Integer, Long, Currency, Single, Double, Date, String (de comprimento variável), Object, Variant, ou qualquer tipo definido pelo usuário;
- **Instruções:** Opcional, indica a seqüência de instruções a serem executadas dentro de um procedimento Function;
- **Expressão:** Argumento opcional, define o valor a ser retornado pelo procedimento Function.

As seguintes considerações são válidas sobre a instrução Function:

- Procedimentos Function são públicos por padrão, mesmo quando não se emprega a palavra-chave Public. Para alterar sua visibilidade dentro do projeto ou na interface de um objeto (quando o procedimento é declarado em um módulo Classe), empregue as palavras-chave Private ou Friend;
- Um procedimento Function não pode ser declarado no interior do código de outro procedimento Function, Sub ou Property;
- Para preservar o valor de todas as variáveis declaradas internamente ao procedimento, entre chamadas efetuadas ao procedimento, empregue a palavra-chave Static em sua declaração.
- Para tornar um procedimento público em um projeto de um componente ActiveX, porém evitar sua exposição na interface do objeto, empregue a palavra-chave Friend no lugar de Public. Isto evitará que o procedimento seja listado em sua Type Library, impedindo seu acesso no Object Browser quando o objeto é referenciado em outro projeto;
- Procedimentos Function podem ser recursivos (chamar a si mesmos). Se a recursividade não for controlada, você poderá gerar um erro de estouro de pilha de chamadas (stack overflow);
- Evite empregar a palavra-chave Static em procedimentos recursivos, pois o consumo de memória pode ficar fora de seu controle;
- Para terminar abruptamente o código de um procedimento Function, empregue a instrução Exit Function. Isto fará com que o código continue a sua execução na linha imediatamente após aquela no qual o procedimento Function foi chamado;
- Você pode empregar um número ilimitado de instruções Exit Function em seu código, porém isto irá torná-lo difícil de ser seguido e mantido. É boa norma de programação empregar apenas uma instrução Exit Function por procedimento;
- Você pode chamar um procedimento Function utilizando a instrução Call. Neste caso, o valor retornado pelo procedimento será descartado pelo VBA;
- Apenas procedimentos Function podem ser empregados no lado direito de uma expressão (após o sinal de igualdade). O valor retornado pelo procedimento Function pode ser empregado na composição de qualquer tipo de expressão, desde é claro, que não retorne tipos incompatíveis com o resultado esperado;
- Você pode chamar um procedimento Function fornecendo seus argumentos entre parênteses dentro de uma expressão. Os parênteses também são obrigatórios quando se emprega o método Call, caso o procedimento exija argumentos.
- Um procedimento Function pode ser chamado em uma linha de código isolada sem o emprego da instrução Call. Neste caso, mesmo que o procedimento possua argumentos, os mesmos devem ser fornecidos sem parênteses, separados por vírgula após o nome do procedimento (nesta situação, apenas o primeiro argumento do procedimento será separado de seu nome por um espaço);
- Para retornar um valor em um procedimento Function, atribua o valor ao nome do procedimento em qualquer lugar de seu código. Se nenhum valor for atribuído a um procedimento, o tipo declarado para o procedimento será seu valor padrão: tipos numéricos (Byte, Integer, Long, Single, Double e Currency) retornam zero; string retorna string vazia (""); Variant retorna Empty; Object retorna Nothing;

- Se um procedimento retorna um tipo de dados Object, é obrigatório o emprego da instrução Set NomeDoProcedimento = Objeto para indicar o valor retornado;
- Variáveis empregadas em procedimentos Function podem ser locais ao procedimentos (aquelas declaradas em seu interior utilizando uma instrução Dim ou Static) ou em sua declaração e as que são locais ao módulo ou públicas ao projeto;
- Se uma variável for declarada no interior de um procedimento com o mesmo nome empregado por uma variável pública (declarada a nível de módulo com a instrução Public), o VBA utilizará apenas o valor da variável declarada no interior do procedimento;
- Quando a opção Option Explicit é empregada na seção Declaração de um módulo, o VBA exige a declaração explícita de todas as variáveis empregadas em cada procedimento;
- O VBA pode rearranjar expressões aritméticas para aumentar a eficiência interna do código compilado. Se um procedimento Function usado em uma expressão emprega como argumento as mesmas variáveis usadas nesta expressão como argumentos passados por referência, você poderá obter resultados inesperados em seu código se o procedimento Function alterar o valor destas variáveis durante sua execução.

Exemplo: O exemplo a seguir demonstra um procedimento Function simples que recebe o valor do raio de uma circunferência como argumento e devolve sua área:

```
Funtion ÁreaDaCircunferência(Raio as single)
    Const Pi = 3.141592
    AreaDaCircunferência = Pi*Raio^2
End Function
```

O próximo exemplo emprega um argumento do tipo ParamArray para permitir que uma função receba um número ilimitado de argumentos:

```
Function SalárioTotal(SalárioBase as Currency, ParamArray OutrasFontes() )
    Dim curTotal as integer
    Dim intI as integer

    For intI = 0 to Ubound(OutrasFontes)
        curTotal = curTotal + OutrasFontes(intI)
    Next
    curTotal = curTotal + SalárioBase
    SalárioTotal = curTotal
End Function
```

GetObject

Função empregada para retornar uma referência a um objeto fornecido por um componente ActiveX, utilizando a seguinte sintaxe:

GetObject([Caminho] [, Classe])

Onde os argumentos são:

- **Caminho:** argumento opcional, do tipo Variant ou String, contendo o caminho completo do arquivo EXE, DLL ou OCX contendo o objeto ActiveX a ser recuperado. Caso seja suprimido, torna-se obrigatório o fornecimento do argumento Classe.
- **Classe:** Argumento opcional, contendo o nome da classe que representa o objeto a ser recuperado, podendo ser dividido nas seguintes partes:

    NomeDoAplicativo.TipoDeObjeto

    o **NomeDoAplicativo:** argumento obrigatório do tipo Variant ou String, contendo o nome do aplicativo que fornece o objeto desejado;

    o **TipoDeObjeto:** argumento obrigatório, indicando o nome do objeto existente no servidor NomeDoAplicativo, a ser criado pela instrução GetObject.

São válidos os seguintes comentários sobre a função GetObject:

- Não é possível empregar a função GetObject para criar um novo exemplar de uma classe existente no projeto atual. Apenas classes existentes em objetos registrados são permitidas;
- A função GetObject deve ser empregada apenas quando você deseja obter uma referência a um objeto já carregado na memória, ou criar um novo objeto com um arquivo padrão já carregado. Empregue a função CreateObject se o seu objetivo for apenas o de criar uma cópia do objeto sem um arquivo aberto.
- Se o argumento Caminho for uma string de comprimento zero (""), GetObject criará um novo exemplar do objeto solicitado;
- Se o argumento Caminho for omitido, a função GetObject tentará retornar uma referência ativa do objeto solicitado. Caso esta referência não se encontre disponível, ocorrerá um erro em tempo de execução;
- Se o objeto criado for do tipo Single-instance (único exemplar), será possível criar apenas um exemplar deste objeto em uma mesma seção do Windows. Neste caso, a função GetObject sempre retornará o mesmo exemplar quando chamada utilizando-se uma string vazia ("") no argumento caminho. Caso você omita a string vazia, ocorrerá um erro em tempo de execução.
- Ao empregar a função GetObject para obter acesso a um objeto a partir do arquivo que o origina (EXE, DLL, OCX etc.), você deverá utilizar obrigatoriamente a instrução Set para atribuí-lo a uma variável de objeto (declarada As Variant ou As Object).

Exemplo: O exemplo a seguir mostra como criar um novo exemplar do Microsoft Excel e atribuí-lo à variável obj:

    Dim obj As Object
    Set obj = GetObject("", Excel.Application")

Entretanto, se você não fornecer aspas simples no primeiro argumento da função GetObjetc, o VBA tentará obter acesso a um exemplar do Excel que já esteja em execução. Para evitar um erro em tempo de execução no código, você terá de iniciar o Excel manualmente antes das instruções serem executadas.

```
Dim obj As Object
Set obj = GetObject(, "Excel.Application")
```

Implements

Instrução empregada para especificar uma interface ou classe a ser implementada no módulo classe no qual é utilizada. A instrução Implements permite que objetos criados com módulos Classe sejam polimórficos, possibilitando também a simulação de herança por implementação no VBA., utilizando a seguinte sintaxe:

Implements [NomeDaInterface | Classe]

Onde,

- **NomeDaInterface ou Classe:** argumento obrigatório, designando o nome de um módulo classe existente no projeto atual ou de uma interface registrada e com uma referência no projeto atual, cujas propriedades e métodos deverão obrigatoriamente ser implementados no módulo onde Implements é declarada.

As seguintes considerações são válidas para a instrução Implements:

- A instrução Implements não pode ser empregada em um módulo padrão, apenas em módulos Classe.
- Em termos de programação orientada à objetos (OOP – Object Oriented Programing), uma interface nada mais é do que uma coleção de procedimentos representando os métodos e propriedades (membros) encapsulados em um objeto utilizando um módulo Classe.

    Toda Classe implementa pelo menos uma interface padrão, cujos procedimentos Property, Function e Sub compreendem a coleção de propriedades e métodos que constituem esta interface, passíveis de serem chamados por outro código que manipula o objeto.

    Isto significa que, quando uma variável de objeto é declarada como sendo do tipo de um objeto específico, apenas objetos que implementam toda a interface do objeto podem ser atribuídos àquela variável via código.

    O VBA permite que você atribua um objeto de um tipo a uma variável de outro tipo, desde que a variável a receber o objeto implemente toda a interface do objeto a ser recebido – o que é feito utilizando-se a instrução Implements, a qual deve ser declarada na seção Declaração do módulo Classe desejado.

- Quando você usa a instrução Implements em um módulo Classe, o objeto da classe implementada passa a aparecer na lista de objetos da janela do módulo, e todas as propriedades e métodos do objeto implementado aparecem na lista de procedimentos associados àquele objeto, tornando obrigatório a criação da estrutura de cada um dos procedimentos públicos (propriedades e métodos) oriundos do objeto implementado na classe que recebe a instrução Implements, mesmo que cada um dos procedimentos implementados *não tenham qualquer código* em seu interior.

Após empregar a instrução Implements ao tentar atribuir um objeto de uma determinada classe a uma variável de outra classe, a ausência da estrutura de qualquer elemento público da interface do objeto implementado irá causar um erro.

Se você não adicionar qualquer código a um procedimento de uma classe implementada, poderá empregar o método Raise do objeto Err para retornar o erro de não-implementação (**Const** E_NOTIMPL = &H80004001), de forma que o usuário de sua classe entenda que apesar de o objeto ser suportado, parte de sua interface não é implementada.

Exemplo: Suponha que você possui um aplicativo que cadastra Nome, Endereço e Telefone de Professores e Alunos. Você pode empregar um módulo Classe chamado DadosPessoais para declarar apenas uma vez as variáveis necessárias para armazenar estes dados e passar esta classe tanto para objetos do tipo Aluno como para objetos do tipo Professor.

O código que se segue demonstra como a classe DadosPessoais foi implementada (repare que a classe possui apenas três propriedades (Nome, Endereço e Telefone) implementadas na forma de variáveis públicas, o que evita a declaração de procedimentos Property Let e Get para cada propriedade):

```
' Classe: Dados Pessoais
' -------------------------------
Public Nome as String
Public Endereço as String
Public Telefone as String
```

A classe Professor pode ser passada para uma variável de objeto declarada como sendo do tipo DadosPessoais, desde que implemente esta interface em seu interior (além de sua própria interface, com propriedades e métodos não citados na listagem). O código que se segue mostra como a classe Professor foi implementada (observe como todos os procedimentos Property Get e Property Let existentes na classe DadosPessoais tiveram de ser obrigatoriamente implementados):

```
' Classe: Professor
' --------------------------
Dim mstrNome as string
Dim mstrEndereço as string
Dim mstrTelefone as string

Implements DadosPessoais

Private Property Let DadosPessoais_Nome(ByVal strNome As String)
    mstrNome = strNome
End Property
```

```
Private Property Get DadosPessoais_Nome() As String
   DadosPessoais_Nome = mstrNome
End Property

Private Property Get DadosPessoais_Endereço () As String
   DadosPessoais_Endereço = mstrEndereço
End Property

Private Property Let DadosPessoais_Endereço(ByVal strEndereço As String)
    mstrEndereço = strEndereço
End Property

Private Property Get DadosPessoais_Telefone () As String
   DadosPessoais_Telefone = mstrTelefone
End Property

Private Property Let DadosPessoais_Telefone (ByVal strTelefone As String)
    mstrTelefone = strTelefone
End Property
```

A classe Aluno, para poder ser passada para um objeto do tipo DadosPessoais deve ser implementada da mesma forma, exibindo as mesmas propriedades e métodos expostos pelo objeto DadosPessoais (além, é claro, de todas as outras propriedades e métodos que ela apresenta e que não estão aqui implementados):

```
' Classe: Aluno
' --------------------
Dim mstrNome as string
Dim mstrEndereço as string
Dim mstrTelefone as string
```

Implements DadosPessoais

```
Private Property Let DadosPessoais_Nome(ByVal strNome As String)
    mstrNome = strNome
End Property

Private Property Get DadosPessoais_Nome() As String
   DadosPessoais_Nome = mstrNome
End Property

Private Property Get DadosPessoais_Endereço () As String
   DadosPessoais_Endereço = mstrEndereço
End Property
```

```vba
Private Property Let DadosPessoais_Endereço(ByVal strEndereço As String)
    mstrEndereço = strEndereço
End Property

Private Property Get DadosPessoais_Telefone () As String
    DadosPessoais_Telefone = mstrTelefone
End Property

Private Property Let DadosPessoais_Telefone (ByVal strTelefone As String)
    mstrTelefone = strTelefone
End Property
```

Em um módulo qualquer, você poderá empregar um objeto do tipo DadosPessoais para receber tanto um objeto da classe Professor como da classe Aluno, já que ambas implementam toda a interface exposta por DadosPessoais.

Isto permite que você crie um formulário de dados centralizado, que se relaciona com a classe DadosPessoais, para o cadastramento de Nome, Endereço e Telefone. O formulário frmDadosPessoais pode ser implementado desta forma:

```vba
Private mDados As DadosPessoais

Private Sub Form_Load()
    With mDados
        txtNome = .Nome
        txtEndereço = .Endereço
        txtTelefone = .Telefone
    End With
End Sub

Public Property Set DadosPessoais(Dados As DadosPessoais)
    Set mDados = Dados
End Property
```

Se você tiver um formulário de dados que possui dois botões, um para capturar os dados de um Professor e outro para capturar os dados de um aluno, o código em cada um destes botões poderá ser escrito da seguinte forma, sem que ocorra um erro Type Mismacth (tipo não-equivalente nos dados), utilizando o formulário frmDadosPessoais:

```vba
Private mProfessor As New Professor
Private mAluno As New Aluno

Private Sub CadastrarProfessor_Click()
    Dim frm As New frmDadosPessoais
    Set frm.DadosPessoais = Professor
    frm.Show 1
```

```
     ' Manipule o objeto Professor a partir daqui!
    End Sub

    Private Sub CadastrarAluno_Click()
        Dim frm As New frmDadosPessoais
        Set frm.DadosPessoais = Aluno
        frm.Show 1

        ' Manipule o objeto Aluno a partir daqui!
    End Sub
```

Let

Instrução que atribui o valor de uma expressão a uma variável ou propriedade, utilizando esta sintaxe:

[**Let**] NomeDaVariável = Expressão

Onde,

- **Let:** argumento opcional (apesar de ser o nome da instrução). O uso explícito da instrução Let constitui-se apenas em um estilo de escrita de código, sendo normalmente omitido. Ela existe na linguagem VBA apenas porque a instrução existe desde as primeiras versões do Basic;
- **NomeDaVariável:** argumento obrigatório, constituindo do nome da variável ou propriedade a receber o valor de Expressão;
- **Expressão**: argumento obrigatório, define o valor a ser atribuído à variável

As seguintes considerações são válidas para a instrução Let:

- Você pode atribuir o valor de uma expressão a uma variável desde que esta seja declarada como uma variável do mesmo tipo de dados retornado pela expressão;
- Não é possível atribuir uma expressão que resulta em uma String a uma variável numérica e vice-versa.
- Apenas variáveis declaradas As Variant podem receber o valor Null (caractere ASCII=0);
- Apenas variáveis declaradas As Variant podem receber números e strings, mas o inverso não é verdadeiro: qualquer valor contido em uma variável Variant pode ser atribuído a uma String, mas apenas valores numéricos contidos em uma variável Variant pode ser atribuído a uma variável numérica (empregue a função IsNumeric() para verificar se uma variável Variant contém um valor numérico válido);

- Não é possível atribuir objetos a variáveis de objeto utilizando-se a instrução Let. Você terá de empregar obrigatoriamente a instrução Set para atribuir objetos a variáveis.

Exemplo: O exemplo a seguir demonstra a atribuição de expressões a variáveis usando a instrução Let de forma explícita (sua ausência não altera o resultado da atribuição):

```
Dim strNome, intIdade
' The following variable assignments use the Let Instrução.
Let strNome = "Flavio Morgado"
Let intIdade = 41
```

Option Base

Instrução empregada a nível de módulo para declarar o limite inferior padrão aplicável a índices de matrizes, utilizando esta sintaxe:

Option Base {0 | 1}

Os seguintes comentários são válidos para a instrução Option Base:

- A instrução Option Base afeta apenas as variáveis declaradas no módulo onde ela aparece;
- O valor padrão para índices de matrizes é 0, indicando que o primeiro elemento de uma matriz unidimensional A() é o elemento A(0), e de uma matriz bidimensional B() é B(0,0);
- O emprego de Option Explicit deve ocorrer apenas quando se deseja alterar o valor do índice aplicado ao primeiro elemento de matrizes para 1, devendo ser obrigatoriamente digitado na seção Declaração do módulo, antes de se declarar quaisquer procedimentos;
- A instrução Option Base pode aparecer apenas uma vez em um módulo, devendo preceder obrigatoriamente a declaração das variáveis matrizes que incluem suas dimensões;
- Você pode contornar o emprego da instrução Option Base usando a cláusula To para indicar a faixa de valores válidos para os índices de uma matriz, como em:

    Dim A (2 To 10) as Currency
    Dim B (1 To 100, 2 To 200) as Long

Exemplo: Este exemplo emprega a instrução Option Base para alterar o valor base dos índices matriciais usados no módulo para 1. Ele emprega a função LBound do VBA para verificar qual é o limite inferior da matriz declarada.

```
' Definir o menor índice matricial para 1.
Option base 1

Dim LimiteInferior
Dim A(30), B(5,6)
```

```
' Sobrescrever o limite inferior para outro valor
Dim C(0 to 20)

' Testar os limites inferiores das matrizes com a instrução LBound
LimiteInferior = LBound(A)        ' Retorna 1.
LimiteInferior = LBound(B, 1)     ' Retorna 1.
LimiteInferior = LBound(C)        ' Retorna 0.
```

Option Compare

Instrução empregada a nível de módulo para definir o método de comparação padrão a ser empregado para comparar duas variáveis String, utilizando esta sintaxe:

Option Compare {Binary | Text | Database}

Os seguintes comentários são válidos sobre a instrução Option Compare:

- A instrução Option Compare deve aparecer na seção Declaração do módulo, como a primeira linha de código (antes da declaração de qualquer variável ou procedimento);
- O método padrão de comparação é Binary, indicando que, se a instrução Option Compare não aparecer em um módulo, as strings serão comparadas binariamente (bit a bit), provocando a diferença entre maiúsculas e minúsculas;
- No Microsoft Access, a instrução Option Compare Binary emprega a ordem de classificação da página de código atualmente empregada para definir a precedência dos caracteres. O padrão ocidental de comparação é:

  A < B < E < Z < a < b < e < z < À < Ê < Ø < à < ê < ø

- Option Compare Text permite efetuar comparações entre variáveis string que não levam em conta a capitalização das letras (maiúsculas/minúsculas). Nesta situação, a precedência dos caracteres é dada por:

  (A=a) < (À=à) < (B=b) < (E=e) < (Ê=ê) < (Z=z) < (Ø=ø)

- Option Compare Database só pode ser empregada em módulos criados pelo Microsoft Access, resultando em comparações de strings que obedecem a localização padrão da instalação do Microsoft Access.

Exemplo: O exemplo que se segue emprega a instrução Option Compare para definir o método padrão de comparação para o módulo atual para binário, garantindo que qualquer equivalência de strings deverá ser efetuada levando-se em consideração a capitalização das letras (nesta situação, a string "FLAVIO" é diferente de "Flavio").

```
' Definir o método de comparação padrão para binário.
Option compare Binary
```

Option Explicit

Instrução empregada a nível do módulo para forçar a declaração explícita de todas as variáveis empregadas em procedimentos utilizados neste módulo, através desta sintaxe:
   Option Explicit

As seguintes considerações são válidas para a instrução Option Explicit:

- A instrução Option Explicit deve aparecer obrigatoriamente na seção Declaração do módulo, antes da declaração de qualquer variável ou procedimento;
- Sempre que a instrução Option Explicit for empregada, será obrigatório declarar cada variável utilizada em seus códigos utilizando instruções do tipo Dim, Private, Public, Redim ou Static, ou ocorrerá um erro em tempo de execução. O emprego da instrução Option Explicit evita a ocorrência de erros de sintaxe em seu código.;
- Caso a instrução Option Explicit seja omitida, todas as variáveis não-declaradas explicitamente serão do tipo Variant;

Exemplo: O exemplo a seguir emprega uma instrução Option Explicit para forçar a declaração explícita de todas as variáveis empregadas em procedimentos deste módulo. Nesta situação, qualquer variável não declarada causará um erro de compilação no VBA.

```
' Forçar a declaração explícita de variáveis
Option explicit
Function Teste()
    Dim strNome            ' Variável declarada explicitamente
    strNome = "Flavio"
    OutroNome = "Morgado"  ' Variável não declarada. Ocorrerá um erro de compilação
End Function
```

Option Private

Instrução usada em módulos empregados em múltiplos projetos, tem por objetivo impedir que o conteúdo de todo um módulo seja visível fora do projeto (como em um componente ActiveX), utilizando esta sintaxe:
   Option Private Module

Os seguintes comentários são válidos sobre a função Option Private:

- A instrução Option Private deve aparecer na seção Declaração do módulo, antes da declaração de qualquer variável ou procedimento;
- Quando um módulo contém uma instrução Option Private Module, todas as variáveis e procedimentos declarados como As Public continuam a ser acessados por todos os demais módulos do projeto, mas jamais fora do projeto;

- A instrução Option Private é útil para aplicativos que suportam a criação de múltiplos projetos independentes, e permitem que os projetos se referenciem mutuamente (referência interprojetos). Um exemplo clássico é o Microsoft Excel, que permite que vários exemplares sejam carregados na memória e que cada exemplar faça referência aos demais. Ao se empregar Option Private Module, restringe-se a visibilidade interprojetos.
- O Visual Basic não permite que múltiplos projetos referenciem-se mutuamente.

Exemplo: Para fazer com que todos os procedimentos e variáveis públicos de um módulo se tornem privados ao projeto, empregue a seguinte instrução na seção Declaração do módulo:

Option Private Module

Private

Instrução usada a nível de módulo para declarar e alocar espaço de memória para variáveis privadas, utilizando esta sintaxe:

Private [WithEvents] Nome[([Índices])] [As [New] tipo] [,[WithEvents] Nome[([índices])] [As [New]...

Onde os argumentos são:
- **WithEvents:** argumento opcional, válido apenas em módulos classe, especificando que a variável representa um objeto, capaz de responder a eventos gerados pelo objeto. Não é possível empregar a instrução New nem declarar variáveis matrizes com With Events;
- **Nome:** argumento obrigatório que indica o nome da variável declarada;
- **Índices:** argumento opcional, especifica as dimensões da matriz declarada, limitado a 60 dimensões, utilizando-se esta sintaxe:

   [x To y], [x To y],...onde x e y são números inteiros que especificam o índice inicial e final de cada dimensão da matriz declarada. Se o índice inferior não for explicitamente declarado, o VBA empregará o valor 0 (zero) para o primeiro índice ou aquele utilizado pela instrução Option Base;
- **New:** argumento opcional empregado apenas para variáveis de objeto, permitindo a criação implícita de um novo exemplar do objeto na primeira referência a ele feita no código, evitando o emprego da instrução Set para criar explicitamente o objeto. A instrução New não pode ser empregada para criar objetos dependentes nem pode ser empregada com a instrução WithEvents;
- **Tipo:** Argumento opcional, indica o tipo de dados retornado pelo procedimento Function, podendo ser Byte, Boolean, Integer, Long, Currency, Single, Double, Date, String (de comprimento variável), Object, Variant, ou qualquer tipo definido pelo usuário;

São válidas as seguintes considerações sobre as variáveis declaradas com a instrução Private:

- Private pode ser usado no lugar da instrução Dim, tanto ao nível do módulo quanto no interior de um procedimento.

    Private mcurSalário as Currency
    Private Registros as New ADODB.RecordSet

- Private e Dim podem ser usados para declarar matrizes de dimensões indeterminadas utilizando-se parênteses vazios após o nome da variável. Para redimensionar a matriz no código, empregue a instrução Redim com ou sem a instrução Preserve:

    Private A( )   ' Matriz de dimensões indeterminadas
    Private B(1 to 5) ' Matriz de uma dimensão e cinco elementos
    Redim A(2,3) 'redimensiona a matriz A para conter duas dimensões e 12 elementos (base 0)

- Variáveis privadas estão disponíveis apenas para os procedimentos localizados no módulo onde são declaradas;
- Se a variável declarada representa um objeto e a instrução New não é empregada na declaração, a variável possuirá o valor especial Nothing até que se empregue obrigatoriamente a instrução Set para atribuir um objeto à variável, ou ocorrerá um erro em tempo de execução;

Exemplo: Os seguintes exemplos ilustram o emprego da instrução Private:

    Private intIdade as integer
    Private rs as ADODB.RecordSet
    Set rs = New ADODB.RecordSet

Property Get

Instrução empregada para declarar o nome, argumentos e código de um procedimento Property Get que recebe o valor da propriedade utilizando esta sintaxe:

    [Public | Private | Friend] [Static] Property Get Nome [(Argumentos)] [As Tipo]
        [Instruções]
        [Nome = expressão]
        [**Exit Property**]
        [Instruções]
        [Nome = expressão]
    End Property

Onde os argumentos são:

- **Public:** argumento opcional que indica que o procedimento Property Get pode ser acessado por todos os procedimentos do projeto atual ou fora do projeto, no caso de módulos classe. Se o módulo tiver uma instrução Option Private, o procedimento ficará restrito ao interior do projeto;

- **Private:** argumento opcional que indica que o procedimento Property Get está disponível apenas para procedimentos declarados no mesmo módulo;
- **Friend:** argumento opcional, empregado apenas em módulos classe para indicar que o procedimento Property Get pode ser acessado por todos os módulos do projeto, mas jamais fora do projeto para objetos ActiveX;
- **Static:** argumento opcional que indica que o valor das variáveis declaradas no interior do procedimento é preservado entre chamadas ao procedimento;
- **Nome:** argumento obrigatório, especifica o nome da variável declarada;
- **Argumentos:** argumento opcional, representa a lista de variáveis recebidas pelo procedimento Property, separadas por vírgulas. Os nomes e o tipo de dados empregado em cada argumento de um procedimento Property Get deverão ser os mesmos empregados no procedimento Property Let correspondente (se houver um). A lista de argumentos recebidos pelo procedimento Property Get é passível de possuir as seguintes instruções:

[Optional] [ByVal | ByRef] [ParamArray] Nome[( )] [As Tipo] [= ValorPadrão]

Onde,
- o **Optional**: instrução que indica que o argumento não é obrigatório. Porém, se usada, exige que todos os argumentos subseqüentes também sejam declarados com a palavra-chave Optional, ou ocorrerá um erro de compilação;
- o **ByVal**: indica que o argumento é passado por valor;
- o **ByRef**: padrão para a passagem de argumentos no VBA, indica que o argumento é passado por referência;
- o **ParamArray:** argumento opcional, passível de ser usado apenas como o último argumento da lista, indica que o argumento é uma matriz, e permite que sejam passados um número ilimitado de argumentos para o procedimento, Esta instrução não pode ser utilizada com as palavras-chave ByVal, ByRef ou Optional;
- o **Nome:** Nome do argumento recebido;
- o **Tipo:** Tipo de dados do argumento recebido, como indicado anteriormente;
- o **ValorPadrão:** qualquer constante, expressão ou valor literal válido, passível de ser atribuído apenas para os argumentos declarados com a palavra-chave Optional. Variáveis de objeto fogem desta regra, podendo ter apenas o valor padrão Nothing atribuído em sua declaração.
- **Tipo:** Argumento opcional, indica o tipo de dados retornado pelo procedimento Property Get, podendo ser Byte, Boolean, Integer, Long, Currency, Single, Double, Date, String (de comprimento variável), Object, Variant, ou qualquer tipo definido pelo usuário;
- O tipo de dado retornado por um procedimento Property Get deverá ser o mesmo empregado no último (ou único) argumento existente no procedimento Property Let correspondente.

Funções de declaração do VBA - 53

- **Instruções:** grupo de instruções a serem executados pelo procedimento Property Get;
- **Expressão:** argumento opcional, indica o valor a ser retornado pelo procedimento Property Get.

As seguintes considerações são válidas para a instrução Property Get:

- Propriedades declaradas como procedimentos Property são públicas por padrão, a menos que tenham sido empregadas as palavras-chave Private ou Friend em sua declaração;
- Não é possível definir um procedimento Property Get dentro de outro procedimento;
- Você pode terminar a execução do código de um procedimento Property Get a qualquer momento utilizando a instrução Exit Property, a qual pode ser utilizada inúmeras vezes no interior do procedimento;
- Procedimentos Property Get, apesar de usados para a definição de propriedades, podem receber um número ilimitado de argumentos, executar instruções e trocar os valores dos argumentos recebidos quando os mesmos são passados por referência (tipo padrão de passagem de argumentos no VBA).
- Procedimentos Property Get podem ser empregados no lado direito de uma expressão, devolvendo seu valor para uma variável ou para ser empregado em um qualquer cálculo, como qualquer procedimento Function criado com o VBA;

Exemplo: O exemplo a seguir emprega um procedimento Property Get para recuperar o valor de uma propriedade armazenada em uma variável privada no módulo onde a mesma foi declarada. O valor da variável é definido no procedimento Property Let equivalente (se houver um):

    Private mstrCaminho as string

    Public Property Get Caminho() as string
        Caminho = mstrCaminho
    End Property

Para recuperar o valor da propriedade Caminho, emprega-se o valor retornado pela propriedade em uma expressão convencional:

Dim strMsg as string

strMsg = "O caminho atual para o banco de dados é: " & Caminho

Property Let

Instrução empregada para declarar o nome, argumentos e código de um procedimento Property Let que altera o valor da propriedade utilizando esta sintaxe:

    [Public | Private | Friend] [Static] Property Let Nome ([Argumentos,] Valor)
    [Instruções]

[Exit Property]
[Instruções]
End Property

Onde os argumentos são:

- **Public:** argumento opcional que indica que o procedimento Property Let pode ser acessado por todos os procedimentos do projeto atual ou fora do projeto, no caso de módulos classe. Se o módulo tiver uma instrução Option Private, o procedimento ficará restrito ao interior do projeto;
- **Private:** argumento opcional que indica que o procedimento Property Let está disponível apenas para procedimentos declarados no mesmo módulo;
- **Friend:** argumento opcional, empregado apenas em módulos classe para indicar que o procedimento Property Let pode ser acessado por todos os módulos do projeto, mas jamais fora do projeto para objetos ActiveX;
- **Static:** argumento opcional que indica que o valor das variáveis declaradas no interior do procedimento é preservado entre chamadas ao procedimento.
- **Nome:** argumento obrigatório, especifica o nome da variável declarada;
- **Argumentos:** argumento opcional, representa a lista de variáveis recebidas pelo procedimento Property, separadas por vírgulas. Os nomes e o tipo de dados empregado em cada argumento de um procedimento Property Let deverão ser os mesmos empregados no procedimento Property Let correspondente (se houver um), passível de possuir as seguintes instruções:

[Optional] [ByVal | ByRef] [ParamArray] Nome[( )] [As Tipo] [= ValorPadrão]

Onde,
- o **Optional:** instrução que indica que o argumento não é obrigatório. Porém, se usada, exige que todos os argumentos subseqüentes também sejam declarados com a palavra-chave Optional, ou ocorrerá um erro de compilação;
- o **ByVal:** indica que o argumento é passado por valor;
- o **ByRef:** padrão para a passagem de argumentos no VBA, indica que o argumento é passado por referência;
- o **ParamArray:** argumento opcional, passível de ser usado apenas como o último argumento da lista, indica que o argumento é uma matriz, e permite que sejam passados um número ilimitado de argumentos para o procedimento, Esta instrução não pode ser utilizada com as palavras-chave ByVal, ByRef ou Optional;
- o **Nome:** Nome do argumento recebido;
- o **Tipo:** Tipo de dados do argumento recebido, como indicado anteriormente;
- o **ValorPadrão:** qualquer constante, expressão ou valor literal válido, passível de ser atribuído apenas para os argumentos declarados com a palavra-chave Optional. Variáveis de objeto fogem desta regra, podendo ter apenas o valor padrão Nothing atribuído em sua declaração.

Funções de declaração do VBA - 55

- **Tipo:** Argumento opcional, indica o tipo de dado recebido pelo procedimento Property Let, podendo ser Byte, Boolean, Integer, Long, Currency, Single, Double, Date, String (de comprimento variável), Object, Variant, ou qualquer tipo definido pelo usuário;
- O tipo de dados recebido por um procedimento Property Let deverá ser o mesmo empregado no último (ou único) argumento existente no procedimento Property Get correspondente.
- **Valor:** argumento obrigatório, indica o nome da variável a receber o valor a ser atribuído à propriedade pelo procedimento Property Let.
- **Instruções:** grupo de instruções a serem executados pelo procedimento Property Let;

As seguintes considerações são válidas para a instrução Property Get:

- Propriedades declaradas como procedimentos Property são públicas por padrão, a menos que tenham sido empregadas as palavras-chave Private ou Friend em sua declaração;
- Todo procedimento Property Let deve definir pelo menos um argumento (ou variável) capaz de receber o valor a ser atribuído à propriedade. Se houver mais de um argumento, o último argumento é o que receberá o valor da propriedade quando a mesma for definida no código;
- Não é possível definir um procedimento Property Let dentro de outro procedimento;
- Você pode terminar a execução do código de um procedimento Property Let a qualquer momento utilizando a instrução Exit Property, a qual pode ser utilizada inúmeras vezes no interior do procedimento;
- Procedimentos Property Let, apesar de usados para recuperar o valor de uma propriedade, podem receber um número ilimitado de argumentos, executar instruções e trocar os valores dos argumentos recebidos quando os mesmos são passados por referência (tipo padrão de passagem de argumentos no VBA).
- Procedimentos Property Let podem ser empregados apenas no lado esquerdo de uma expressão, recebendo como resultado o valor a ser atribuído à propriedade. O resultado da expressão deverá ser do mesmo tipo de dado declarado para o argumento Valor (último argumento do procedimento Property Let), ou ocorrerá um erro em tempo de execução do tipo Type Mismatch (tipo incompatível);

Exemplo: O exemplo a seguir emprega um procedimento Property Let para definir o valor de uma propriedade armazenada em uma variável privada no módulo onde a mesma foi declarada. O valor da variável pode ser recuperado no procedimento Property Get equivalente (se houver um):

Private mstrCaminho as string

Public Property Let Caminho(vNewValue as string)
    mstrCaminho = vNewValue
End Property

Para definir o valor da propriedade Caminho, emprega-se uma expressão que retorne uma string válida:
Caminho = "C:\EasyBank\Dados.MDB"

Property Set

Instrução empregada para declarar o nome, argumentos e código de um procedimento Property que define uma referência a um objeto (ou seja, uma Propriedade que define um objeto), e não um valor, utilizando esta sintaxe:

[Public | Private | Friend] [Static] Property **Set** Nome ([Argumentos,] Referência)
   [Instruções]
   [Exit Property]
   [Instruções]
End Property

Onde os argumentos são:

- **Public:** argumento opcional que indica que o procedimento Property Set pode ser acessado por todos os procedimentos do projeto atual ou fora do projeto, no caso de módulos classe. Se o módulo tiver uma instrução Option Private, o procedimento ficará restrito ao interior do projeto;
- **Private:** argumento opcional que indica que o procedimento Property Set está disponível apenas para procedimentos declarados no mesmo módulo;
- **Friend:** argumento opcional, empregado apenas em módulos classe para indicar que o procedimento Property Set pode ser acessado por todos os módulos do projeto, mas jamais fora do projeto para objetos ActiveX;
- **Static:** argumento opcional que indica que o valor das variáveis declaradas no interior do procedimento é preservado entre chamadas ao procedimento.
- **Nome:** argumento obrigatório, especifica o nome da variável declarada;
- **Argumentos:** argumento opcional, representa a lista de variáveis recebidas pelo procedimento Property, separadas por vírgulas. Os nomes e o tipo de dado empregado em cada argumento de um procedimento Property Set deverão ser os mesmos empregados no procedimento Property Get correspondente (se houver um). A: lista de argumentos recebidos pelo procedimento Property Set é passível de possuir as seguintes instruções:

[ByVal | ByRef] [ParamArray] Nome[( )] [As Tipo] [= ValorPadrão]

Onde,
- o **ByVal:** indica que o argumento é passado por valor;
- o **ByRef:** padrão para a passagem de argumentos no VBA, indica que o argumento é passado por referência;
- o **ParamArray:** argumento opcional, passível de ser usado apenas como o último argumento da lista, indica que o argumento é uma matriz, e permite que sejam passados um número ilimitado de argumentos para o procedimento.

Esta instrução não pode ser utilizada com as palavras-chave ByVal, ByRef ou Optional;
- o **Nome:** Nome do argumento recebido;
- o **Tipo:** Tipo de dado do argumento recebido, como indicado anteriormente;
- o **ValorPadrão:** qualquer constante, expressão ou valor literal válido, passível de ser atribuído apenas para os argumentos declarados com a palavra-chave Optional. Variáveis de objeto fogem desta regra, podendo ter apenas o valor padrão Nothing atribuído em sua declaração.

- **Referência:** Argumento obrigatório, declara a variável que irá receber a referência do objeto utilizado no lado direito da expressão de atribuição da propriedade;

  O tipo de objeto definido por um procedimento Property Set deverá ser o mesmo empregado no último (ou único) argumento existente do procedimento Property Get correspondente.

- **Instruções:** grupo de instruções a serem executados pelo procedimento Property Get;

As seguintes considerações são válidas para a instrução Property Set:

- Propriedades declaradas como procedimentos Property são públicas por padrão, a menos que tenham sido empregadas as palavras-chave Private ou Friend em sua declaração;
- É obrigatório o emprego da instrução Set quando se deseja atribuir uma referência a um objeto à uma propriedade declarada com a instrução Property Set;
- Todo procedimento Property Set deve definir pelo menos um argumento (ou variável) capaz de receber a referência ao objeto a ser atribuído à propriedade. Se houver mais de um argumento, o último argumento é o que receberá o valor da propriedade quando a mesma for definida no código;
- Não é possível definir um procedimento Property Set dentro de outro procedimento;
- Você pode terminar a execução do código de um procedimento Property Set a qualquer momento utilizando a instrução Exit Property, a qual pode ser utilizada inúmeras vezes no interior do procedimento;
- Procedimentos Property Set, apesar de usados para a atribuir uma referência a um objeto para uma propriedade, podem receber um número ilimitado de argumentos, executar instruções e trocar os valores dos argumentos recebidos quando os mesmos são passados por referência (tipo padrão de passagem de argumentos no VBA).
- Procedimentos Property Set podem ser empregados apenas no lado esquerdo de uma expressão, recebendo como resultado uma referência a um objeto válido a ser atribuído à propriedade. O resultado da expressão deverá ser um objeto do mesmo tipo declarado para o argumento Valor (último argumento do procedimento Property Get), ou ocorrerá um erro em tempo de execução do tipo Type Mismatch (tipo incompatível);

Exemplo: O exemplo a seguir emprega um procedimento Property Set para definir o valor de uma propriedade armazenada em uma variável privada no módulo onde a mesma foi declarada. O valor da variável pode ser recuperado no procedimento Private mrs as DAO.RecordSet

```
Public Property Set ConjuntoDeRegistros(rs as DAO.RecordSet)
    mrs= rs
End Property

Function Teste(rs as DAO.RecordSet)
    Set ConjuntoDeRegistros = rs
End Function
```

Public

Instrução empregada a nível de modulo para declarar e alocar espaço de armazenamento para variáveis públicas ou procedimentos passíveis de serem acessados por todos os procedimentos de um projeto, utilizando esta sintaxe.

Public [WithEvents] Nome[([Índices])] [As [New] Tipo] [,[WithEvents] Nome[([Índices])] [As [New] ...

Onde os argumentos são:

- **WithEvents:** Argumento opcional, a instrução WithEvents é válida apenas em módulos classe, sendo uma palavra-chave que especifica que a variável é uma variável empregada para responder a eventos disparados pelo objeto ActiveX que ela representa. Não é possível declarar variáveis matrizes ou empregar a instrução New com WithEvents;
- **Nome:** Argumento obrigatório indicando o nome da variável ou procedimento declarado como público ao projeto;
- **Índices:** Argumento opcional, indica a dimensão de uma variável matriz (array). Você pode declarar até 60 dimensões para uma variável, utilizando a seguinte sintaxe:

    [MenorDimensão To] MaiorDimensão [, [MenorDimensão To] ...

    Quando a MenorDimensão não é explicitamente declarada, a menor dimensão de uma matriz é controlada pela instrução Option Base (padrão = 0).
- **New:** Argumento opcional, é uma palavra-chave que permite a criação implícita de um novo exemplar de um objeto na primeira referência feita a ela no seu código (quando uma variável de objeto é declarada As New TipoDeObjeto, não é necessário empregar uma instrução Set variável = New TipoDeObjeto para criá-lo durante a execução do código). A palavra-chave New não pode ser empregada para declarar variáveis que não sejam objetos, para criar exemplares de objetos dependentes de outros objetos ou ser empregada com WithEvents;
- **Tipo:** Argumento opcional, é o tipo de dado a ser armazenado na variável ou retornado por um procedimento Function, podendo ser Byte, Boolean, Integer, Long, Currency, Single, Double, Date, String (de comprimento variável), Variant, um tipo definido pelo usuário ou um tipo de objeto;

As seguintes considerações são válidas sobre a instrução Public:
- A instrução Public só pode ser empregada na seção Declaração de um módulo;
- Variáveis declaradas com Public estão disponíveis para todos os procedimentos existentes no projeto;
- A instrução Public não pode ser empregada em um módulo classe para declarar variáveis String de comprimento fixo;
- Quando uma variável declarada como Public não possui o tipo de dados especificado, ela será definida para o tipo de dado Variant, a menos que se empregue uma das instruções DefType para definir o tipo de dado padrão
- É possível declarar múltiplas variáveis com uma única instrução Public, utilizando uma mesma linha de código. Entretanto, todas as variáveis deverão ter seu tipo de dados explicitamente declarado, ou serão consideradas como Variant;
- A instrução Public pode ser empregada para declarar variáveis de objeto com ou sem o emprego da palavra-chave New. Quando New não for utilizado para a declaração de uma variável de objeto, você deverá obrigatoriamente utilizar a instrução Set Variável as New Objeto para criar um novo exemplar do objeto desejado, ou ocorrerá um erro em tempo de execução ao tentar acessar sua interface;
- Quando uma variável pública de objeto é declarada sem a palavra-chave New, seu valor será a constante Nothing até que a variável seja inicializada com a instrução Set;
- Você pode empregar a instrução Public Variável() (seguida de parênteses vazios) para declarar uma matriz dinâmica, sem dimensão definida. Dentro do procedimento, empregue a instrução ReDim para redimensionar a matriz para o número de dimensões desejado.
- Quando variáveis de dados são inicializadas, variáveis numéricas possuem o valor zero (0), variáveis String o valor "" (string vazia), e variáveis String de comprimento fixo são preenchidas com zeros. Variáveis Variant são inicializadas com o valor Empty, e cada elemento de um tipo de dados definido pelo usuário é inicializado com o valor padrão do tipo a ele atribuído.
- É boa norma de programação empregar a declaração de variáveis no início do módulo ou procedimento onde elas se aplicam. Variáveis Públicas normalmente possuem o prefixo "g", de "global" para indicar que estão disponíveis por todo o projeto.

Exemplo: O exemplo que se segue demonstra como empregar a instrução Public para declarar variáveis públicas de vários tipos:

    Public gintContador as Integer
    Public grsRecordSet as ADODB.RecordSet
    Public gstrMatrizDeNomes(1 to 100) as String

ReDim

Instrução empregada ao nível do procedimento para realocar espaço de armazenamento de memória para variáveis declaradas como matrizes dinâmicas (ou seja, sem dimensão determinada), utilizando a seguinte sintaxe:

ReDim [Preserve] Nome(Índices) [As Tipo] [, Nome(Índices) [As Tipo]] . . .

Onde os argumentos são:
- **Preserve**: argumento opcional, indica ao VBA que, ao redimensionar a matriz, todos os dados armazenados nas dimensões preservadas pelo rescalonamento, deverão ser mantidos nos mesmos índices;
- **Nome**: argumento obrigatório, indica o nome da variável matriz a ser redimensionada;
- **Índices**: Argumento opcional, indica as novas dimensões a serem atribuídas à variável matriz a ser redimensionada. Você pode declarar até 60 dimensões para uma variável, utilizando a seguinte sintaxe:

  [MenorDimensão To] MaiorDimensão [, [MenorDimensão To]] ...

  Quando a MenorDimensão não é explicitamente declarada, a menor dimensão de uma matriz é controlada pela instrução Option Base (padrão = 0).
- **Tipo**: Argumento opcional, é o tipo de dado a ser armazenado na variável ou retornado por um procedimento Function, podendo ser Byte, Boolean, Integer, Long, Currency, Single, Double, Date, String (de comprimento variável), Variant, um tipo definido pelo usuário ou um tipo de objeto;

As seguintes considerações são válidas para a instrução Redim:
- Empregue Redim para redimensionar uma matriz dinâmica, que já tenha sido previamente declarada com uma instrução Dim, Private ou Public, com seu nome seguido de parênteses vazios (condição para denotar matrizes dinâmicas);
- Redim pode ser empregada sucessivamente para alterar as dimensões da matriz no código, mantendo o valor das variáveis de sua última dimensão, desde que se empregue a instrução Preserve (Redim Preserve);
- Se a matriz a ser redimensionada for do tipo Variant, ou estiver contida em uma variável do tipo Variant, e você não estiver utilizando a instrução Preserve, a instrução Redim poderá ser empregada para alterar o tipo de dados dos elementos da matriz, utilizando-se uma instrução As [Tipo];
- Para redimensionar uma matriz contida em uma variável Variant, a variável deverá ter sido explicitamente declarada antes de se tentar redimensioná-la;
- Ao empregar a instrução Preserve, você poderá alterar apenas a última dimensão da matriz, mantendo todos os valores armazenados intactos;
- Ao empregar a instrução Preserve pode-se alterar apenas o limite superior da última dimensão dos elementos da matriz utilizando-se a instrução To. A tentativa de alterar o limite inferior provocará a ocorrência de um erro em tempo de execução;

- A alteração da última dimensão de uma matriz para um valor inferior ao declarado anteriormente utilizando a instrução Preserve provocará a eliminação dos elementos armazenados nos índices suprimidos;
- Se você passar uma matriz por referência para outro procedimento, esta matriz não poderá ser redimensionada no interior deste procedimento, ou ocorrerá um erro em tempo de execução;
- A instrução Redim também pode ser empregada como instrução de declaração de variáveis caso não exista outra variável com mesmo nome a nível de módulo ou de procedimento. Ou seja, se a variável não houver sido declarada com uma instrução Dim, Private ou Public. Regra geral, não é boa norma de programação empregar Redim para a declaração de variáveis matrizes, mas apenas para redimensioná-las;

Exemplo: Os exemplos que se seguem empregam a instrução Redim para redimensionar os elementos de matrizes já declaradas;

  Dim Matriz() As String ' Matriz dinâmica, sem número de elementos definido.
  Redim Matriz(20)' Realoca o tamanho de Matriz para 21 elementos (base zero).
  For I = 1 To 20
    Matriz(I) = "Elemento " & I ' Inicializa os elementos da matriz.
  Next I

  ' Redimensione a matriz para 100 elementos, mantendo os elementos inicializados
  Redim Preserve Matriz(100) ' Redimensiona a matriz para 100 elements.
  For I = 21 To 100   ' Loop 10 times.
    Matriz(I) = "Elemento " & I ' Inicializa os novos elementos da matriz.
  Next I

  ' Redimensione a matriz para 1000 elementos, mas perdendo todos os valores inicializados
  Redim Matriz(1000)

Rem

Instrução empregada para incluir instruções de comentários em programas escritos no VBA, com as seguintes sintaxes:

  Rem Comentário

Ou

  ' Comentário

Exemplo:

  Dim mMatrizA() as integer Rem Matriz dinâmica declarada
  Dim mMatrizB() as integer ' Matriz dinâminca declarada

  Rem O programa se inicia aqui

Redim Prezerve MatrizA(100), MatrizB(200)

Set

Instrução empregada para atribuir uma referência de um objeto para uma variável de objeto ou propriedade declarada com a instrução Property Set, utilizando a seguinte sintaxe:

Set VariávelDeObjeto= {[New] ExpressãoDeObjeto | Nothing}

Onde os argumentos são:

- **VariávelDeObjeto:** argumento obrigatório, consitindo no nome de uma variável declarada como sendo um tipo de objeto válido, que receberá a referência do objeto;
- **New:** Argumento opcional, é uma palavra-chave que permite a criação implícita de um novo exemplar de um objeto na primeira referência feita a ela no seu código (quando uma variável de objeto é declara As New TipoDeObjeto, não é necessário empregar uma instrução Set variável = New TipoDeObjeto para criá-lo durante a execução do código). A palavra-chave New não pode ser empregada para: declarar variáveis que não sejam objetos, criar exemplares de objetos dependentes de outros objetos ou ser empregada com WithEvents;
- **ExpressãoDeObjeto:** argumento obrigatório, consistindo no nome de outra variável, procedimento Function, Propriedade ou Método que retorne um objeto do mesmo tipo definido para VariávelDeObjeto;
- **Nothing:** argumento opcional, permite remover a associação da variável VariávelDeObjeto com um objeto existente, liberando todos os recursos de memória previamente associados com o comando Set a esta variável (desde que nenhuma outra variável no seu objeto contenha uma referência ao objeto associado).

Os seguintes comentários são válidos para a instrução Nothing:

- Apenas objetos de mesmo tipo podem ser atribuídos entre VariávelDeObjeto e ExpressãoDeObjeto utilizando-se a instrução Set. Esta regra não se aplica se a variável VariávelDeObjeto tiver sido declarada como As Object;
- As instruções Dim, Static, Private, Public e Redim apenas declaram variáveis de objeto, mas não atribuem qualquer referência às variáveis. As variáveis de objeto assim declaradas deverão ser obrigatoriamente inicializadas com o emprego da instrução Set;
- É possível evitar o emprego da instrução Set para variáveis de objeto declaradas com as instruções Dim, Static, Private, Public e Redim, desde que se empregue a instrução New em sua declaração. Nesta situação, a primeira referência à variável de objeto no interior do código criará o objeto e alocará recursos de memória para ele.
- Quando se emprega a instrução Set para atribuir uma referência de um objeto a uma variável, não é feita uma cópia do objeto para a variável, apenas cria-se uma referência (ou ponteiro de memória) ao objeto criado;

- Mais de uma variável de objeto pode se referenciar ao mesmo objeto ao mesmo tempo. Nesta situação, qualquer alteração nas propriedades do objeto propagam-se para todas as referências existentes.

Exemplo: O exemplo a seguir emprega uma matriz de formulários para criar diversas cópias de um mesmo formulário existente em um projeto:

```
Dim maForms(5) As frmClientes
Set maForms (0) = New Form1
Set maForms (1) = New Form1
Set maForms (2) = New Form1
Set maForms (3) = New Form1
Set maForms (4) = New Form1
Set maForms (5) = New Form1
```

Static

Instrução empregada ao nível do módulo para declarar e alocar espaço de armazenamento na memória para variáveis estáticas, ou seja, aquelas que não perdem seu valor entre chamadas de um procedimento, utilizando esta sintaxe:

Static Nome[([Índices])] [As [New] Tipo] [,Nome[([Índices])] [As [New] Tipo]]. . .

Onde os argumentos são:

- **Nome**: Argumento obrigatório indicando o nome da variável ou procedimento declarado como público ao projeto;
- **Índices**: Argumento opcional, indica a dimensão de uma variável matriz (array). Você pode declarar até 60 dimensões para uma variável, utilizando a seguinte sintaxe:

   [MenorDimensão To] MaiorDimensão [, [MenorDimensão To] ...

   Quando a MenorDimensão não é explicitamente declarada, a menor dimensão de uma matriz é controlada pela instrução Option Base (padrão = 0).
- **New**: Argumento opcional, é uma palavra-chave que permite a criação implícita de um novo exemplar de um objeto na primeira referência feita a ela no seu código (quando uma variável de objeto é declara As New TipoDeObjeto, não é necessário empregar uma instrução Set variável = New TipoDeObjeto para criá-lo durante a execução do código). A palavra-chave New não pode ser empregada para declarar variáveis que não sejam objetos, criar exemplares de objetos dependentes de outros objetos ou ser empregada com WithEvents;
- **Tipo**: Argumento opcional, é o tipo de dado a ser armazenado na variável ou retornado por um procedimento Function, podendo ser Byte, Boolean, Integer, Long, Currency, Single, Double, Date, String (de comprimento variável), Variant, um tipo definido pelo usuário ou um tipo de objeto;

As seguintes considerações são válidas para a instrução Static:

- Static pode ser empregada apenas na declaração de procedimentos ou variáveis existentes no interior destes procedimentos;
- A visibilidade das variáveis declaradas como Static restringe-se ao procedimento onde foram declaradas. Sua vida útil é a mesma do módulo onde existem;
- Todas as variáveis declaradas como Static mantêm seu valor entre chamadas da função, enquanto o código de um projeto estiver em execução;
- Quando as variáveis Static forem declaradas em módulos classe, elas reterão seu valor até que o exemplar da classe a que pertencem seja destruído;
- Em módulos de formulários, as variáveis Static mantêm seu valor enquanto o formulário está aberto;
- Ao se empregar a instrução Static na declaração de um procedimento, todas as variáveis declaradas no interior deste procedimento serão obrigatoriamente estáticas, ou seja, manterão seu valor entre chamadas do procedimento;
- Se a instrução New não for empregada na declaração de uma variável estática de objeto, será obrigatório utilizar a instrução Set para atribuir o objeto à variável antes da mesma ser utilizada. Nesta condição, para manter a mesma referência ao objeto em chamadas subseqüentes do procedimento, empregue a comparação Is Nothing para verificar se a variável estática já contém uma referência a um objeto.
- É boa norma de programação agrupar a declaração de todas as variáveis empregadas em um procedimento no início deste procedimento.

Exemplo: O exemplo que se segue emprega uma variável estática para acumular um valor inúmeras vezes, enquanto o procedimento for chamado. O valor contido em sdblValor se tornará disponível enquanto o módulo onde ele se encontra estiver ativo.

```
Function SomarValor(dblValor as Double) as Double
    Static sdblValorAcumulado as Double

    sdblValorAcumulado = sdblValorAcumulado + dblValor
    SomarValor = sdblValorAcumulado
End Function
```

O próximo exemplo emprega a instrução Static para declarar todas as variáveis contidas no procedimento como estáticas. Nesta situação, além de o procedimento retornar o valor acumulado entre chamadas ao procedimento, também retorna o número de vezes em que o valor foi acumulado na variável opcional NumVezes:

```
Static Function SomarValor(dblValor as Double, Optional NumVezes as Integer) as Double
    Dim dblAcumulado as Double
    Dim intNumVezes as integer

    dblValorAcumulado = dblValorAcumulado + dblValor
    intNumVezes = intNumVezes + 1

    NumVezes = intNumVezes
    SomarValor = dblValorAcumulado
```

End Function

Sub

Instrução empregada para declarar o nome, argumentos e código que compreendem o corpo de um procedimento Sub (que não retorna valor), utilizando esta sintaxe:
[Private | Public | Friend] [Static] **Sub** Nome [(Argumentos)]
[Instruções]
[Exit Sub]
[Instruções]
End **Sub**

Onde os argumentos são:
- **Public**: argumento opcional que indica que o procedimento Sub pode ser acessado por todos os procedimentos do projeto atual ou fora do projeto, no caso de módulos classe. Se o módulo tiver uma instrução Option Private, o procedimento ficará restrito ao interior do projeto;
- **Private**: argumento opcional que indica que o procedimento Sub está disponível apenas para procedimentos declarados no mesmo módulo;
- **Friend**: argumento opcional, empregado apenas em módulos classe para indicar que o procedimento Sub pode ser acessado por todos os módulos de o projeto, mas jamais fora do projeto para objetos ActiveX;
- **Static**: argumento opcional que indica que o valor das variáveis declaradas no interior do procedimento é preservado entre chamadas ao procedimento.
- **Nome**: argumento obrigatório, especifica o nome da variável declarada;
- **Argumentos**: argumento opcional, representa a lista de variáveis recebidas pelo procedimento Sub, separadas por vírgulas. A lista de argumentos recebidos pelo procedimento Property Sub é passível de possuir as seguintes instruções:
[ByVal | ByRef] [ParamArray] Nome[( )] [As Tipo] [= ValorPadrão]

Onde,
  o **ByVal**: indica que o argumento é passado por valor;
  o **ByRef**: padrão para a passagem de argumentos no VBA, indica que o argumento é passado por referência;
  o **ParamArray**: argumento opcional, passível de ser usado apenas como o último argumento da lista, indica que o argumento é uma matriz, e permite que sejam passados um número ilimitado de argumentos para o procedimento. Esta instrução não pode ser utilizada com as palavras-chave ByVal, ByRef ou Optional;
  o **Nome**: Nome do argumento recebido;
  o **Tipo**: Argumento opcional, é o tipo de dados a ser armazenado na variável, podendo ser Byte, Boolean, Integer, Long, Currency, Single, Double, Date,

String (de comprimento variável), Variant, um tipo definido pelo usuário ou um tipo de objeto;

o **ValorPadrão**: qualquer constante, expressão ou valor literal válido, passível de ser atribuído apenas para os argumentos declarados com a palavra-chave Optional. Variáveis de objeto fogem desta regra, podendo ter apenas o valor padrão Nothing atribuído em sua declaração.

As seguintes considerações são válidas sobre a instrução Function:

- Procedimentos Sub não podem retornar um valor;
- Você pode obter um valor retornado por um procedimento Sub, utilizando um argumento opcional por referência na sua declaração, e atribuindo o resultado de uma expressão a este argumento. Ficará ao programador a conveniência de utilizar ou não o valor retornado;
- Procedimentos Sub são públicos por padrão, mesmo quando não se emprega a palavra-chave Public. Para alterar sua visibilidade dentro do projeto ou na interface de um objeto (quando o procedimento é declarado em um módulo Classe), empregue as palavra-chave Private ou Friend;
- Um procedimento Sub não pode ser declarado no interior do código de outro procedimento Function, Sub ou Property;
- Para preservar o valor de todas as variáveis declaradas internamente ao procedimento, entre chamadas efetuadas ao procedimento, empregue a palavra-chave Static em sua declaração.
- Para tornar um procedimento público em um projeto de um componente ActiveX, porém evitar sua exposição na interface do objeto, empregue a palavra-chave Friend no lugar de Public. Isto evitará que o procedimento seja listado em sua Type Library, impedindo seu acesso no Object Browser quando o objeto é referenciado em outro projeto;
- Procedimentos Sub podem ser recursivos (chamar a si mesmos). Se a recursividade não for controlada, você poderá gerar um erro de estouro de pilha de chamadas (stack overflow);
- Evite empregar a palavra-chave Static em procedimentos recursivos, pois o consumo de memória pode ficar fora de seu controle;
- Não é possível empregar GoSub, Goto ou Return para entrar ou sair de um procedimento Sub;
- Para terminar abruptamente o código de um procedimento Sub, empregue a instrução Exit Sub. Isto fará com que o código continue a sua execução na linha imediatamente após aquela no qual o procedimento Sub foi chamado;
- Você pode empregar um número ilimitado de instruções Exit Sub em seu código, porém isto irá torná-lo difícil de ser seguido e mantido. É boa norma de programação empregar apenas uma instrução Exit Sub por procedimento;
- Você pode chamar um procedimento Sub utilizando a instrução Call.
- Um procedimento Sub pode ser chamado em uma linha de código isolada sem o emprego da instrução Call. Neste caso, mesmo que o procedimento possua argumentos, os mesmos devem ser fornecidos sem parênteses, separados por

vírgula após o nome do procedimento (nesta situação, apenas o primeiro argumento do procedimento será separado de seu nome por um espaço);

- Variáveis empregadas em procedimentos Sub podem ser locais ao procedimentos (aquelas declaradas em seu interior utilizando uma instrução Dim ou Static) ou em sua declaração e as que são locais ao módulo ou públicas ao projeto;
- Se uma variável for declarada no interior de um procedimento com o mesmo nome empregado por uma variável pública (declarada a nível de módulo com a instrução Public), o VBA utilizará apenas o valor da variável declarada no interior do procedimento;
- Quando a opção Option Explicit é empregada na seção Declaração de um módulo, o VBA exige a declaração explícita de todas as variáveis empregadas em cada procedimento;

Exemplo: O exemplo a seguir demonstra um procedimento Sub simples pode receber o valor do raio de uma circunferência como argumento obrigatório e a área com um argumento opcional, o qual conterá o valor da área calculada:

Sub ÁreaDaCircunferência(Raio as single, Optional Área as Double)
Const Pi = 3.141592
Área= Pi*Raio^2
End Sub

Type

Instrução empregada a nível de módulo para criar um tipo de dados definido pelo usuário, contendo um ou mais elementos, utilizado esta sintaxe:

[Private | Public] **Type** Nome
NomeDoElemento [([Índices])] As Tipo
NomeDoElemento [([Índices])] As Tipo
...
End **Type**

Onde os argumentos são:

- **Public**: argumento opcional que indica que o procedimento Property Let pode ser acessado por todos os procedimentos do projeto atual ou fora do projeto, no caso de módulos classe. Se o módulo tiver uma instrução Option Private, o procedimento ficará restrito ao interior do projeto;
- **Private**: argumento opcional que indica que o procedimento Property Let está disponível apenas para procedimentos declarados no mesmo módulo;
- **Nome**: argumento obrigatório, indica o nome do tipo de dados definido pelo usuário;
- **NomeDoElemento**: argumento obrigatório, indica o nome do subtipo ou elemento do tipo declarado pelo usuário

- **Índices**: Argumento opcional, indica as novas dimensões a serem atribuídas à variável matriz a ser redimensionada. Você pode declarar até 60 dimensões para uma variável, utilizando a seguinte sintaxe:

  [MenorDimensão To] MaiorDimensão [, [MenorDimensão To] ...

  Quando a MenorDimensão não é explicitamente declarada, a menor dimensão de uma matriz é controlada pela instrução Option Base (padrão = 0).

- **Tipo**: Argumento opcional, é o tipo de dado a ser armazenado no subtipo NomeDoElemento, podendo ser Byte, Boolean, Integer, Long, Currency, Single, Double, Date, String (de comprimento variável), Variant, um tipo definido pelo usuário ou um tipo de objeto;

As seguintes considerações são válidas para a instrução Type:

- Type pode ser empregada apenas a nível de módulo;
- Tipos definidos pelo usuário são públicos por padrão. Empregue a palavra-chave Private para permitir sua visibilidade apenas no módulo onde foram declarados;
- Uma vez que um tipo de dado tenha sido declarado com a instrução Type, você poderá declarar uma variável deste tipo em qualquer procedimento válido no escopo da declaração;
- Tipos definidos pelo usuário são empregados como registros de dados, normalmente contendo diversos tipos de dados diferentes relacionados, como os campos que identificam todos os dados de um cliente de uma empresa;
- É possível empregar matrizes de tamanho fixo em tipos de dados criados com a instrução Type. Nesta situação, as dimensões da matriz deverão ser obrigatoriamente declaradas com números literais ou constantes, jamais com variáveis.

Exemplo: Os exemplos que se seguem demonstram como empregar a instrução Type para criar tipos de dados definidos pelo usuário.

```
    Private Type Cliente
        Nome as String
        Endereço as String
        DataNasc as Date
    End Type

    Public NovoCliente as Cliente

    Function Teste
        NovoCliente.Nome = "Flavio Morgado"
        NovoCliente.Endereço = "Rua Manoel Bandeira 80"
        NovoCliente.DataNasc = 25/04/61
    End Function
```

Funções de conversão

Neste capítulo você encontra informações sobre as funções do VBA empregadas para converter um tipo de dados em outro. Elas são úteis para validar dados, alterar a precisão de valores numéricos, obter o código ASCII de um caractere ou o caractere representado por um determinado código etc.

Índice do capítulo

Asc	69	CLng	74
Cbool	70	CSng	75
Cbyte	70	CStr	75
Ccur	71	Cvar	76
Cdate	72	CVErr	76
CDbl	73	Val	77
CInt	73		

Asc

Função empregada para retornar um valor inteiro, que representa o código ASCII do primeiro caractere do argumento recebido, utilizando uma destas sintaxes:

Asc(Caractere)
AscB(Caractere)
AscW(Caractere)

Onde,

- **Caractere**: argumento obrigatório, indicando uma string contendo um ou mais caracteres ou qualquer expressão válida que retorne uma string.

As seguintes considerações são válidas sobre a função Asc():

- Se String for uma string de comprimento zero, ocorrerá um erro em tempo de execução;
- O valor retornado por Asc() será um código numérico entre 0 e 255 para códigos Asc ou um código entre −32768 − 32767 para valores Unicode (empregados em linguagens chinesa, cirílica e outras;
- A função AscB() é empregada quando a string contém bytes, retornando o primeiro byte da string no lugar do código ASCII do primeiro caractere;
- A função AscW() retorna o caractere Unicode do primeiro caractere contido no argumento recebido.

Exemplo: O exemplo a seguir demonstra como empregar a função Asc() para retornar o código Asc de um ou mais caracteres recebidos como argumento:

Dim bytCódigo as Byte
bytCódigo = Asc("0")   'Retorna 48 (código AscII do número 0 − zero)
bytCódigo = Asc("9 ")   'Retorna 57 (código AscII do número 9 − zero)
bytCódigo = Asc("Abacaxi")   'Retorna 65 (código AscII da letra "A")

Cbool

Função empregada para converter o valor retornado por uma expressão lógica em um valor boleano, utilizando esta sintaxe:

Cbool(Expressão)

Onde,

- **Expressão**: argumento obrigatório que deve ser obrigatoriamente avaliado para um número. Se Expressão = 0, Cbool = False; Se Expressão <> 0, Cbool = True.

Exemplo: os exemplos que se seguem demonstram como empregar a função Cbool para converter uma expressão em um valor verdadeiro ou falso:

Dim A, B, C, Retorno
A = 10, B= 5, C = 5
Retorno = Cbool(A = B)   'Retorna False
Retorno = Cbool(A = B + C)   'Retorna True
Retorno = Cbool(A − B - C)   'Retorna False

Cbyte

Função empregada para converter um valor numérico retornado por uma expressão em um valor Byte, utilizando esta sintaxe:

Cbyte(Expressão)
Onde,

- **Expressão**: argumento obrigatório que deve ser obrigatoriamente avaliado para um número situado entre 0 e 255.

As seguintes considerações são válidas para a função Cbyte:

- Se Expressão > 255, ou Expressão < 0, ocorrerá um erro de estouro de capacidade;
- Se Expressão for um número decimal, Cbyte irá arredondá-lo para o próximo número inteiro, empregando as seguintes regras:
  - Se a parte decimal for maior que 0.5, o número é arrendodado para o próximo valor inteiro;
  - Se a parte decimal for menor que 0.5, o número é arredondado para o valor inteiro imediatamente anterior;
  - Se a parte decimal é igual a 0.5, o número é arredondado para o próximo número inteiro par.

Exemplo: os exemplos que se seguem demonstram como empregar a função Cbytel para converter uma expressão em um valor verdadeiro ou falso:

```
Dim bytRetorno as byte
bytRetorno = Cbyte(0.5)      'Retorna 0
bytRetorno = Cbyte(1.5)      'Retorna 2
bytRetorno = Cbyte(1.342)    'Retorna 1
bytRetorno = Cbyte(5.5)      'Retorna 6
```

Ccur

Função empregada para converter um valor numérico ou expressão que resulte em um valor numérico, em um valor monetário, arredondado para quatro casas decimais, utilizando esta sintaxe:

Ccur(Expressão)

Onde,

- **Expressão**: argumento obrigatório que deve ser obrigatoriamente avaliado para um valor numérico entre −922.337.203.685.477,5808 a 922.337.203.685.477,5807.

As seguintes considerações são válidas para a função Ccur:

- Empregue a função Ccur() para arredondar números decimais para quatro casas decimais antes de efetuar operações matemáticas complexas ou sucessivas, evitando a ocorrência de erros de arredondamento em seu código;
- Ccur pode receber valores empregando diferentes tipos de separadores de milhar e decimais, com ou sem um caractere monetário adicionado como sufixo ou prefixo, desde que os mesmos estejam de acordo com as definições de localização atualmente empregadas pelo Windows.
- Se Expressão contiver um número com mais de quatro casas decimais, Cbyte irá arredondar a parte decimal, empregando as seguintes regras:
  - Se o quinto caractere decimal for maior que 5 (>0.00006), o quarto decimal será arredondado para o próximo valor inteiro;
  - Se o quinto caractere decimal for menor que 5 (<0.00004), o quarto decimal será arredondado para o valor inteiro imediatamente anterior;

o   Se o quinto caractere decimal for igual a 5 (0.0005), o quarto decimal será arredondado para o próximo número inteiro par.

Exemplo: Os exemplos a seguir demonstram como a função Ccur pode ser empregada para converter diversos valores decimais ou string em valores monetários válidos:

Dim curValor as Currency
curValor = Ccur("123.456789")   'Retorna 123.4568
curValor = Ccur(1.12305)   'Retorna 1.1230
curValor = Ccur(1.12315)   'Retorna 1.1232

Cdate

Função empregada para converter um campo Data/Hora, uma string, expressão que resulte em uma string, ou data literal em uma data válida, utilizando esta sintaxe:
Cdate(Expressão)

Onde,

- **Expressão**: argumento obrigatório que deve ser obrigatoriamente avaliado para uma data válida.

As seguintes considerações são válidas para a função Cdate:

- Empregue a função Cdate quando quiser retirar a data de um campo de dados do Microsoft Access contendo os valores Data/Hora;
- Evite codificar strings na forma textual, fornecendo-as como uma data literal envolvida pelos caracteres "#" (Ex.: Em vez de empregar "25/04/1961", utilize #04/25/1961#);
- Quanto Expressão for uma data literal, lembre-se de fornecê-la entre um par de caracteres "#", empregando o formato #mm/dd/aaaa#;
- Cdate reconhece strings que contenham datas formatadas com as características de localização do seu sistema, com a ordem correta de dia, mês e ano;
- Cdate não reconhece strings que contenham o dia literal da semana;
- Cdate também reconhece como datas válidas números inteiros que se situem dentro da faixa aceitável de datas do VBA. Quando números são convertidos para datas, apenas a faixa inteira é empregada, sendo a faixa fracionária convertida para a hora, com o valor 0 (zero) decimal sendo considerado 0:00)
- Você pode empregar a função IsDate() para verificar se uma string contém uma data válida antes de empregar a função Cdate para convertê-la;
- A função CVDate() também pode ser utilizada pelo VBA para converter um argumento em uma data válida. Ela existe apenas por compatibilidade para trás com outras versões do VBA. A diferença entre CVDate e Cdate, é que a primeira retorna um valor Variant, cujo subtipo é Date, enquanto que a segunda retorna um tipo de dados Date.

Exemplo: Os exemplos a seguir empregam a função Cdate para converter diversos argumentos em datas válidas:

Dim datData as Date

datData = Cdate("25/04/1961")   'Retorna a data válida 25/04/1961
datData = CDate("25, abril, 1961")   'Retorna a data válida 25/04/1961
datData = CDate(22396)   'Retorna a data válida 25/04/1961
datData = Cdate("30/02/2000")   'Provoca um erro, pois a data é inválida

CDbl

Função empregada para converter um valor numérico ou expressão que resulte em um valor numérico, em um valor de dupla precisão, contendo quinze casas decimais, utilizando esta sintaxe:

Cdbl(Expressão)

Onde,

- **Expressão**: argumento obrigatório que deve ser avaliado para um valor numérico, entre -1.79769313486231E308 a 4.94065645841247E-324 para valores negativos e entre 4.94065645841247E-324 e 1.79769313486232E308 para valores positivos.

Exemplo: Os próximos exemplos indicam como empregar a função CDbl para converter diversos valores para um valor real de dupla precisão:

Dim curValor as Currency
Dim dblValor as Double
curValor = 123.4567
dblValor = CDbl(curValor)   ' dblValor contém agora um número com 15 casas decimais

CInt

Função empregada para converter um valor numérico ou expressão que resulte em um valor numérico, em um valor inteiro, utilizando esta sintaxe:

CInt(Expressão)

Onde,

- **Expressão**: argumento obrigatório que deve ser avaliado para um valor numérico, entre –32.768 to 32.767.

As seguintes considerações são válidas para a função CInt;

- Se Expressão for um número decimal, CInt irá arredondá-lo para o próximo número inteiro, empregando as seguintes regras:
    - Se a parte decimal for maior que 0.5, o número é arredondado para o próximo valor inteiro;
    - Se a parte decimal for menor que 0.5, o número é arredondado para o valor inteiro imediatamente anterior;
    - Se a parte decimal é igual a 0.5, o número é arredondado para o próximo número inteiro par;

o   CInt difere das funções Fix e Int do VBA por arredondar o número para o inteiro mais próximo enquanto, enquanto Fix e Int truncam o número retornando apenas sua parte inteira, sem qualquer arredondamento.

Exemplo: Os próximos exemplos indicam como empregar a função CInt para converter diversos valores para um valor real de dupla precisão:

Dim intValor as Integer
Dim A, B, C
A = 120.5: B = 121.5: C = 120.6: D = 40000
intValor = CInt (A)   'intValor contém 120
intValor = CInt (B)   'intValor contém 122
intValor = CInt (C)   'intValor contém 121
intValor = CInt (D)   'Provoca um erro de overflow

CLng

Função empregada para converter um valor numérico ou expressão que resulte em um valor numérico, em um valor inteiro longo, utilizando esta sintaxe:

CLng(Expressão)

Onde,

- **Expressão**: argumento obrigatório que deve ser avaliado para um valor numérico, entre –2.147.483.648 e 2.147.483.647.

As seguintes considerações são válidas para a função CLng;

- Se Expressão for um número decimal, CLng irá arredondá-lo para o próximo número inteiro, empregando as seguintes regras:
    - o Se a parte decimal for maior que 0.5, o número é arredondado para o próximo valor inteiro;
    - o Se a parte decimal for menor que 0.5, o número é arredondado para o valor inteiro imediatamente anterior;
    - o Se a parte decimal é igual a 0.5, o número é arredondado para o próximo número inteiro par;
- CLng difere das funções Fix e Int do VBA por arredondar o número para o inteiro mais próximo enquanto, enquanto Fix e Int truncam o número apenas sua parte inteira, sem qualquer arredondamento.
- **Exemplo**: Os próximos exemplos indicam como empregar a função CLng para converter diversos valores para um valor real de dupla precisão:

Dim lngValor as Long
Dim intValor as Integer
Dim A, B, C
A = 120.5: B = 121.5: C = 120.6
lngValor = CLng(A)   'intValor contém 120
lngValor = CLng(B)   'intValor contém 122

intValor = CLng(C)   'Provoca um erro de estouro de capacidade, pois intValor é Integer

CSng

Função empregada para converter um valor numérico ou expressão que resulte em um valor numérico, em um valor de dupla precisão, contendo quinze casas decimais, utilizando esta sintaxe:

CSng(Expressão)

Onde,

- Expressão: argumento obrigatório que deve ser avaliada para um valor numérico, entre -3.402823E38 e -1.401298E-45 para valores negativos e entre 1.401298E-45 e 3.402823E38 para valores positivos.

Exemplo: Os próximos exemplos indicam como empregar a função CSng para converter diversos valores para um valor real de dupla precisão:

Dim curValor as Currency
Dim sngValor as Single
curValor = 123.4567
sngValor = CSng(curValor)   ' dblValor contém agora um número com 15 casas decimais

CStr

Função empregada para converter um valor ou expressão em uma string, utilizando esta sintaxe:

CStr(Expressão)

Onde,

- **Expressão**: argumento obrigatório que pode ser de qualquer tipo numérico, Boolean, Date, Null, Empty ou Error.

As seguintes considerações são válidas para a função CLng;

- A função CStr retornará diferentes valores de acordo com o argumento que recebe, obedecendo às regras abaixo:
    - Se Expressão for um valor boleano, CStr irá retornar uma string contendo "Verdadeiro" ou "Falso";
    - Se Expressão for uma data válida, CStr irá retornar uma string contendo a data no formato de data abreviada;
    - Se Expressão for Null, CStr retornará um erro em tempo de execução;
    - Se Expressão for Empty, CStr retornará uma string de comprimento zero;
    - Se Expressão for um objeto Error, CStr irá retornará a palavra "Error" seguida do número do erro ocorrido
    - Se Expressão for um número, CStr irá retornará uma string contendo um número.

76 - Guia de Referência do VBA

Exemplo: Os exemplos que se seguem empregam a função CStr para converter diversos tipos de valores em strings:

Dim strValor as string
strValor = Cstr(10)   'Retorna "10"
strValor = Cstr(Error(9))   'Retorna "Subscrito fora do intervalo"
strValor = Cstr(#25/4/61#)   'Retorna "25/04/1961"
strValor = Cstr(10)   'Retorna "10"

CVar

Função empregada para converter uma expressão em um valor Variant, utilizando esta sintaxe:

CVar(Expressão)

Onde,

- **Expressão**: argumento obrigatório podendo ser uma data, Null, Empty, uma string, de até 64.000 caracteres ou um número entre -1.79769313486231E308 a 4.94065645841247E-324 para valores negativos e entre 4.94065645841247E-324 e 1.79769313486232E308 para valores positivos.

Exemplo: Os exemplos abaixo demonstram como empregar a função CVar para converter valores string e numéricos para Variant:

Dim varValor as variant
varValor = CVar(Me.txtValor)   'Se txtValor está vazio, varValor contém Null
varValor = CVar(2*10 & "0000")   'Retorna 2000000

CVErr

Função empregada para converter valor numérico ou uma expressão que resulte em um valor numérico para um número de erro especificado pelo usuário (valor Variant com subtipo definido VarType=vbError), utilizando esta sintaxe:

CVErr(Expressão)

Onde,

- **Expressão**: argumento obrigatório, que após avaliado contenha um número capaz de ser avaliado para um código de erro válido. CVErr retornará a expressão "Erro x", onde x é o código numérico do erro ocorrido.

As seguintes considerações são válidas sobre a função CVErr:

- Use a função CVErr para criar erros definidos pelo usuário nos seus procedimentos, validando os argumentos recebidos e, na eventualidade de eles estarem errados, retornar um valor de erro desejado, impedindo que o código forneça um erro em tempo de execução.

Exemplo: O exemplo a seguir demonstra como empregar a função Divide() para dividir dois números e, se ocorrer uma divisão por zero, retornar o erro equivalente:

```
Function Divide(Numerador, Denominador) as Variant
    If Denominador = 0 then
        Divide = CVErr(11)      ' Erro divisão por zero, retorna "Erro 11"
    Else
        Divide = Numerador/Denominador
End Function
```

Val

Função empregada para retornar o valor numérico de uma string que contenha números, com o tipo de dados adequado à magnitude do número retornado, utilizando esta sintaxe:

Val(Expressão)

Onde,

- **Expressão**: argumento obrigatório, indicando qualquer expressão string válida que retorne um número.

As seguintes considerações são válidas para a função Val:

- A função Val tentará ler a string da esquerda para a direita identificando seus valores numéricos até o primeiro caractere não numérico, retornado então o valor numérico encontrado;
- Símbolos e outros caracteres considerados como parte de valores numéricos, como ponto, vírgula e cifrão não são reconhecidos;
- Val reconhece os prefixos &O para números octais e &H para números hexadecimais;
- Caracteres de espaço, tabulação, e de quebra de linha são ignorados por Val.
- Val reconhece apenas o caractere "." como separador decimal válido. Se a string empregar outro tipo de formatação, utilize a função CDbl para convertê-lo para um número válido.

Exemplo: O exemplo a seguir demonstra como empregar a função Val para converter valores contidos em strings em valores numéricos correspondentes:

```
Dim varDbl as Double
varDbl = Val("12345")           'Retorna o número 12345
valDbl = Val("25 de abril")     'Retorna 25
valDbl = Val(&HAB10)            'Retorna –21744
```

Funções de verificação de conteúdo

Neste capítulo você encontra informações sobre as funções do VBA que permitem avaliar o conteúdo de uma variável e verificar o tipo de dado nela contido.

Índice do capítulo

IsArray 79	IsNull 83
IsDate 80	IsNumeric 84
IsEmpty 80	IsObject 84
IsError 81	TypeName 85
IsMissing 81	VarType 86

IsArray

Função empregada para verificar se uma variável contém uma matriz, utilizando esta sintaxe:

IsArray(NomeDaVariável)

Onde,

- **NomeDaVariável**: argumento obrigatório, especificando o nome da variável a ser examinada.

Exemplo: Use IsArray() para verificar se um argumento, normalmente declarado como Variant, contém um valor ou uma matriz, mudando a forma de processamento do argumento.

Function ValorAoQuadrado(varValor as Variant) as Variant

```
            Dim inI as integer

            If IsArray(varValor) then
                For intI = 0 to Ubound(varValor)
                    varValor(intI) = varValor(intI) ^ 2
                Next
                ValorAoQuadrado = varValor
            Else
                ValorAoQuadrado = varValor ^ 2
            End If
    End Function
```

IsDate

Função empregada para indicar se uma expressão contém uma data válida, utilizando esta sintaxe:

IsDate(Expressão)

Onde,

- **Expressão**: qualquer argumento que, após ser avaliado, resulte em uma data ou hora válida. O VBA reconhece como datas válidas a faixa situada entre 1/1/100 e 31/12/9999,

Exemplo: O exemplo a seguir contém diversas expressões diferentes que, quando avaliadas por IsDate(), podem ser ou não consideradas como datas válidas.

```
Resultado = IsDate("Abril, 25, 1961":)    ' Retorna True
Resultado = IsDate("25, Abril, 1961":)    ' Retorna True
Resultado = IsDate("1961,Abril, 25":)     ' Retorna True
Resultado = IsDate(#4/25/1961#)           ' Retorna True
Resultado = IsDate(#25/4/1961#)           ' Retorna True
Resultado = IsDate(#1961/25/4#)           ' Retorna True
Resultado = IsDate("25.4.1961")           ' Retorna False
```

IsEmpty

Função empregada para indicar se uma variável declarada As Variant já foi inicializada, retornando True ou False, usando esta sintaxe:

IsEmpty(NomeDaVariável)

Onde,

- **NomeDaVariável**: argumento obrigatório, indicando o nome da variável declarada As Variant, que se pretende verificar. IsEmpty retorna True se a variável foi apenas declarada, mas ainda não foi inicializada (ou seja, não recebeu qualquer valor, pois o valor Empty é diferente do valor Null (Chr$(0)).

Exemplo: Verificando o conteúdo de uma variavel declarada As Variant:
Dim varValor as Variant
Dim bolTeste as Boolean
bolTeste = IsEmpty(varValor)   ' Retorna True
varValor = Null   ' varValor recebe Null
bolTeste = IsEmpty(varValor)   ' Retorna False
varValor = Empty   ' varValor recebe Empty (ou vazio)
bolTeste = IsEmpty(varValor)   ' Retorna True

IsError

Função empregada para indicar se o resultado de uma expressão gera um valor de erro, retornando True ou False, utilizando esta sintaxe:

IsError(Expressão)

Onde,

- **Expressão**: argumento obrigatório, consistindo do nome de uma variável ou qualquer expressão válida entre variáveis e/ou valores.

As seguintes considerações são válidas para a função IsError:

- Valores de erro, apesar de serem códigos numéricos, são criados pelo VBA empregando-se a função CVErr, a qual produz um valor Variant subtipo Error. Normalmente, emprega-se IsError() para verificar o valor retornado por um procedimento Function.

Exemplo: No exemplo a seguir, IsError() é empregada para verificar se o procedimento chamado Teste() retorna um valor de erro.

Dim varRetVal as Variant

On Error Resume Next

varRetVal = Teste()
If IsError(varRetVal) then
    ' ocorreu um erro, trate-o aqui
    ...
End If

IsMissing

Função empregada para indicar se um argumento opcional declarado com As Variant foi ou não passado para um procedimento, retornando True ou False, utilizando esta sintaxe:

IsMissing(NomeDoArgumento)

Onde,

- **NomeDoArgumeno**: argumento obrigatório, consistindo no nome de um argumento declarado como "Optional ... As Variant".

As seguintes considerações são válidas para a função Is Missing:

- IsMissing deve ser usada para verificar se um argumento opcional foi recebido por um procedimento, porém, IsMissing retornará True apenas se o argumento for declarado como As Variant. Todos os outros tipos de dados irão falhar ao se empregar IsMissing (principalmente porque os demais tipos de dados são automaticamente inicializados para seus valores padrão – números para zero, string para "");
- Para tipos de dados diferentes de Variant, empregue a sintaxe de declaração de argumentos opcionais com um valor padrão. Nesta situação, você poderá testar o argumento contra um valor determinado para indicar se o mesmo foi ou não recebido;
- É muito mais eficaz empregar um valor padrão determinado para uma argumento de procedimento e evitar testá-lo no interior do código no caso de o mesmo não ter sido recebido.
- Se IsMissing for empregada em um argumento declarado como ParamArray, sempre retornará o valor False.
- Para verificar se um argumento declarado como ParamArray foi ou não recebido, empregue as funções Lbound e Ubound para verificar os limites da matriz recebida.

Exemplo: No próximo exemplo, a função IsMissing é empregada para verificar se os argumentos opcionais esperados pelo procedimento foram ou não recebidos.

```
Public Function TesteDeArgumentos(Optional varValor as Variant, _
                                  Optional intValor as Integer = -1)
    ...
    If IsMissing(varValor) Then
        ' O procedimento irá passar por aqui se varValor não for fornecido
        ...
    End If

    If intValor = -1 Then
        ' Como intValor é não Variant, verifica-se se a variável possui o valor padrão como
        ' forma de especificar se ela foi ou não recebida
        ...
    End If
```

IsNull

Função empregada para indicar se uma variável declarada As Variant, ou uma expressão, contém ou propaga o valor Null (chr$(0)), retornando True ou False, utilizando esta sintaxe:

   IsNull(Expressão)
Onde,

- **Expressão**: argumento obrigatório, indicando o nome de uma variável declarada como As Variant, ou uma expressão numérica ou string capaz de resultar em Null.

As seguintes considerações são válidas para a função IsNull:

- Apenas as variáveis declaradas como As Variant podem conter o valor Null. A tentativa de associar Null a outros tipos de variáveis gera um erro em tempo de execução;
- Se numa expressão contendo várias variáveis e valores, uma delas contiver o valor Null, a expressão redundará no valor Null. Este comportamento é chamado "Propagação do Null";
- Muitas funções de agregação do Microsoft Access, como Dcount, Dsum etc., retornam Null quando nenhum registro é encontrado com as condições especificadas. Sempre verifique com a função IsNull se estas funções retornam um valor válido, ou você poderá gerar eventuais e imprevisíveis erros em seus aplicativos que empregam bancos de dados.
- Null não é igual a Empty. Empty (ou vazio) indica ausência de valor, enquanto que a expressão Null refere-se ao código ASCII = 0 (primeiro caractere da tabela ASCII).

Exemplo: O exemplo a seguir demonstra como empregar a função IsNull para verificar se uma variável contém ou não o valor Null. Nesta situação, emprega-se a tabela "Valores", que contém os campos DataLançamento e Valor, junto da função de agregação DSum do Microsoft Access, que irá somar todos os valores do campo Valor desta tabela, para registros que possuam a data especificada. Note que na função de agregação, todos os argumentos são strings, e que as datas devem ser fornecidas no formato mm/dd/aaaa.

   Dim varValor as Variant
   varValor = Dsum("Valor", "Valores", "DataLançamento >= #12/25/2002#")
   If IsNull(varValor) Then
       ' A função irá passar por aqui se nenhum registro for encontrado.
       ' Nesta situação, atribua zero ao valor da variável!
       varValor = 0
   End If

IsNumeric

Função empregada para verificar se uma variável declarada As Variant, As String ou uma expressão, pode ser avaliada como um valor numérico, retornando True ou False, utilizando esta sintaxe:

IsNumeric(Expressão)

Onde,

- **Expressão**: argumento obrigatório, consistindo no nome de uma variável ou em uma expressão válida envolvendo variáveis e/ou valores numéricos.

Exemplo: IsNumeric permite verificar o conteúdo de uma variável antes de efetuar uma operação. Ela é útil quando se emprega a função InputBox() para recuperar um valor digitado pelo usuário e verificar se este valor é ou não numérico (pois InputBox sempre retorna uma string).

```
Function SomaValores()
    Dim strValor as String
    Dim strMsg as String
Dim strTitle as String

    strMsg = "Digite o ano a partir do qual os valores devem ser somados (formato '2003'):"
    strTitle = "Ano para totalização?"
    strValor = InputBox(strMsg, strTitle)
    If IsNumeric(strValor) then
        ' A função irá passar por aqui apenas se o usuário digitar um valor numérico válido
        ...
    End If
```

IsObject

Função empregada para indicar se uma variável declarada como As Variant, já foi inicializada, contendo um ponteiro para um objeto válido no sistema, utilizando esta sintaxe:

IsObject(NomeDaVariável)

Onde,

- **NomeDaVariável**: nome de uma variável declarada como As Variant

As seguintes considerações são válidas para a função IsObject:

- IsObject deve ser utilizada apenas para variáveis declaradas como As Variant, retornando True (Verdadeiro) se NomeDaVariável se referenciar a uma variável cujo subtipo seja vbObject;

Funções de verificação de conteúdo - 85

- Uma variável Variant possui subtipo vbObject se ela contiver um ponteiro válido para um objeto, ou se contiver o valor Nothing (obtido após a referência ao objeto ter sido terminada);
- IsObject retorna True mesmo para variáveis que possuam o valor Nothing

Exemplo:
```
Dim objObjeto as Object
Dim varObjeto as Variant
Dim bolResultado as Boolean
bolResultado = IsObject(varObjeto)     ' Retorna False
Set varObjeto = objObjeto
bolResultado = IsObject(varObjeto)     ' Retorna True
Set varObjeto = Nothing
bolResultado = IsObject(varObjeto)     ' Retorna True
```

TypeName

Função empregada para retornar uma string que fornece informações do tipo de dados contido em uma variável, utilizando esta sintaxe:

TypeName(NomeDaVariável)

Onde,

- **NomeDaVariável**: argumento obrigatório, indicando o nome da variável cujo tipo de dado se pretende avaliar.

As seguintes considerações são válidas para a função TypeName:

- TypeName não pode ser utilizada com tipos de dados definidos pelo usuário;
- TypeName é normalmente empregada para verificar o tipo de dados contido em variáveis declaradas como As Variant, retornando uma string definida na tabela que se segue;

String retornada	Tipo de dados
Object	Variável com ponteiro para um objeto
Byte	Byte
Integer	Integer
Long	Long integer
Single	Número flutuante de simples precisão
Double	Número flutuante de dupla precisão
Currency	Moeda
Decimal	Decimal
Date	Date
String	String

Boolean	Boolean
Error	Código de erro
Empty	Não inicializada
Null	Ausência de dados válidos
Unknown	Objeto de tipo desconhecido
Nothing	Variável de objeto sem qualquer ponteiro a um objeto válido

- Se a variável contiver uma matriz, o valor retornado por TypeName poderá ser uma das strings indicadas na tabela anterior, sucedido de parênteses vazios "()" para indicar uma matriz;

Exemplo:
    Dim strTipo as String
    Dim varVariant as Variant
    Dim strTexto As String
    Dim intValor As Integer
    Dim curValor As Currency
    Dim aintMatriz(1 To 5) As Long
    strTipo = TypeName(varVariant)   ' Retorna "Empty"
    varVariant = Null
    strTipo = TypeName(varVariant)   ' Retorna "Null".
    strTipo = TypeName(strTexto)   ' Retorna "String"
    strTipo = TypeName(intValor)   ' Retorna "Integer"
    strTipo = TypeName(curValor)   ' Retorna "Currency"
    strTipo = TypeName(aintMatriz)   ' Retorna "Long()"

VarType

Função empregada para indicar o subtipo de uma variável Variant, utilizando esta sintaxe:

VarType(NomeDaVariável)

Onde,

- **NomeDaVariável**: argumento obrigatório, indicando o nome de uma variável declarada como As Variant

As seguintes considerações são válidas para a função VarType:

- VarType não pode ser utilizada com uma variável Variant que contenha um tipo de dado definido pelo usuário;
- VarType retornará uma das constantes exibidas na próxima tabela;
- Se VarType se referenciar a uma variável Variant, contendo uma matriz, VarType irá retornar a constante vbArray somada à constante que indica o subtipo de dados

da matriz. Por exemplo, se a matriz for declarada As Long, VarType retornará vbArray + vbLong;

Constante	Valor	Descrição
vbEmpty	0	Empty (não inicializada)
vbNull	1	Null
vbInteger	2	Integer
vbLong	3	Long
vbSingle	4	Ponto flutuante de simples precisão
VbDouble	5	Ponto flutuante de dupla precisão

Constante	Valor	Descrição
vbCurrency	6	Valor monetário (precisão de quatro casas decimais)
vbDate	7	Data
vbString	8	String
vbObject	9	Variável de objeto
vbError	10	Valor de erro
vbBoolean	11	Valor boleando
vbVariant	12	Variant usada em matriz de Variants
vbDataObject	13	Objeto de acesso a dados
vbDecimal	14	Valor decimal
vbByte	17	Byte
vbUserDefinedType	36	Tipos definidos pelo usuário
vbArray	8192	Matrizes

Exemplo:

Dim varValor as Variant
Dim intTipoDeDados as Integer

varValor = 973
intTipoDeDados = VarType(varValor)   ' Retorna 2 (vbInteger)
varValor = "Flavio Morgado"
intTipoDeDados = VarType(varValor)   ' Retorna 8 (vbString)

```
varValor = #25/04/1961#
intTipoDeDados = VarType(varValor)    ' Retorna 7 (vbDate)
```

Funções e Instruções de controle do fluxo de execução

Neste capítulo você obtém informações sobre as instruções que compõem o cerne do VBA: aquelas utilizadas pela linguagem para controlar o fluxo de execução em um procedimento, como estruturas de tomada de decisão (If...Then...Else, Select Case), de laço (Do...Loop), de execução por um número determinado de vezes (For...Next), e algumas funções especiais que permitem retornar um valor específico (Choose e Switch), executar um programa externo (Shell) e obter o endereço de memória de um procedimento (AddressOf).

Índice do capítulo

AddressOf 90	GoTo 101
Assert 91	If...Then...Else 102
Call 92	IIf 104
Choose 93	On...GoSub, On...GoTo 105
DoEvents 94	Partition 106
Do...Loop 95	RaiseEvent 108
End 96	Select Case 109
Exit 97	Shell 111
For Each...Next 98	Stop 112
For...Next 99	Switch 113
GoSub...Return 100	While...Wend 114

AddressOf

Operador unário que transfere o endereço de memória de um procedimento para uma função API que espera receber o ponteiro do procedimento em um de seus argumentos, utilizando esta sintaxe:
    AddressOf NomeDoProcedimento

Onde,

- **NomeDoProcedimento:** argumento obrigatório, especifica o nome de um procedimento existente em um módulo padrão do projeto onde a chamada é efetuada, cujo endereço deve ser passado para a API.

As seguintes considerações são válidas para o operador AddressOf:

- AddressOf é normalmente empregada em funções de call-back: uma função API existente em uma DLL, que recebe o endereço do procedimento a ser executado em um momento posterior;
- AddressOf pode aparecer apenas em listas de argumentos de função – jamais como uma linha de código que atribui seu valor a uma variável;
- Para capturar o endereço de memória de um procedimento utilizando a instrução AddressOf, atribua o resultado a um argumento de função do tipo Long;
- O emprego de AddressOf pode provocar resultados imprevisíveis, de depuração difícil ou até mesmo impossível, devido a ambos os procedimentos (API em DLL e procedimento em VBA) executarem-se no mesmo processo do ambiente de desenvolvimento;
- Para criar protótipos de funções que empregam call-back em DLLs, você deverá utilizar o Microsoft Visual C++ ou ferramentas similares, utilizando as convenções de chamada de procedimento __stdcall (__cdecl não funciona com AddressOf);
- Empregue sempre uma instrução On Error Resume Next para evitar que qualquer erro proveniente do procedimento de call-back, escrito em VBA, se propague no procedimento externo (API);

Exemplo: O exemplo a seguir demonstra como empregar as API do Windows SetTimer e KillTimer para criar um cronômetro a partir de qualquer aplicativo COM compatível (como Visual Basic, Access, Excel etc.). O cronômetro é disparado utilizando-se a função SetTimer e passando-lhe o endereço de um procedimento que deverá ser chamado quando o intervalo de tempo desejado tiver sido atingido, o que é feito utilizando-se a função AddressOf do VBA.

```
Declare Function SetTimer Lib "user32" (ByVal hwnd As Long, ByVal nIDEvent As Long, ByVal uElapse As Long, ByVal lpTimerFunc As Long) As Long
Declare Function KillTimer Lib "user32" (ByVal hwnd As Long, ByVal nIDEvent As Long) As Long
Dim lngTimerID As Long

Public Sub AtivaCronômetro(Optional lngTempo As Long = 5000)
    'lngTempo = Tempo em milisegundos
```

Funções e Instruções de controle de execução - 91

```
    lngTimerID = SetTimer(0, 0, lngTempo, AddressOf MinhaFunção)
End Sub

Public Sub MinhaFunção(ByVal hwnd&, ByVal msg&, ByVal ID&, ByVal CurrentTime&)
    Call KillTimer(0, lngTimerID)
    MsgBox "O evento ocorreu após o tempo especificado!"
End Sub
```

Para verificar o funcionamento do procedimento de Call-Back, basta efetuar uma chamada ao procedimento AtivaCronômetro() passando-lhe um valor em milisegundos (o valor padrão é de 5 milisegundos). Após o intervalo fornecido (5 segundos), você obterá uma MsgBox indicando que o tempo esperado já passou.

Assert

Método do objeto Debug, empregado para suspender condicionalmente a execução de um procedimento na linha na qual aparece, utilizando a seguinte sintaxe:

Debug.**Assert** Expressão

Onde,

- **Expressão**: argumento obrigatório, constituindo-se de uma expressão booleana, que sempre avalia para verdadeiro ou falso (no VBA, o valor zero é sempre falso e qualquer outro valor é verdadeiro).

São válidas as seguintes considerações sobre o método Assert:

- Assert funciona apenas no ambiente de desenvolvimento do VBA. Quando o módulo é compilado para um executável (arquivos MDE no Access) todas as instruções contendo o método Assert são ignoradas;

Exemplo: O exemplo a seguir demonstra como empregar o método Assert para interromper temporariamente a execução do código de um procedimento que retorna a razi quadrada de um número, tornando mais fácil depurá-lo. O procedimento será interrompido sempre que o argumento dblValor for negativo:

```
Option Explicit

Function RaizQuadrada(dblValor as Double) as Double
    Debug.Assert dblValor < 0
    RaizQuadrada = dblValor^(1/2)
End If
```

Call

Instrução empregada para transferir o fluxo de execução de um procedimento para outro procedimento Sub, Function ou API em uma DLL, utilizando esta sintaxe:

[**Call**] Nome [Argumentos]

Onde,

- **Call**: argumento opcional que, quando especificado, exige que os argumentos do procedimento Sub ou Function referenciado sejam necessariamente envolvidos entre parênteses;
- **Nome**: argumento obrigatório, indica o nome do procedimento cujo código deseja-se executar;
- **Argumentos**: argumento opcional, indica a lista de variáveis delimitadas por vírgulas, que o procedimento espera receber.

As seguintes considerações são válidas para a instrução Call:

- O uso da instrução Call não é obrigatório, constituindo-se apenas uma questão de estilo de programação ao se executar chamadas a um procedimento no interior de outro (sub-rotinas);
- Ao se empregar a instrução Call para chamar um procedimento que exige a passagem de argumentos, é obrigatório fornecê-los entre parênteses. Entretanto, quando se efetua uma chamada a um procedimento qualquer sem o emprego de Call, os parênteses deverão ser omitidos, separando-se o primeiro argumento do nome do procedimento por um espaço e os demais argumentos por vírgulas;
- Para passar uma matriz como argumento de um procedimento, o nome da variável contendo a matriz deverá ser sucedido de parênteses vazios;
- Quando Call for empregado para chamar um procedimento API em uma DLL, pode-se empregar as instruções ByVal e ByRef para especificar que os argumentos são passados por valor ou por referência, respectivamente;
- Quando se emprega a instrução Call para se chamar um procedimento Function, o valor retornado pelo procedimento é descartado.

Exemplo: O exemplo a seguir ilustra como a função Call é empregada para transferir o controle do fluxo de execução do procedimento atual para um procedimento Sub, cujo único objetivo é fornecer uma mensagem padronizada de erro. O procedimento Dividir tenta dividir o numerador pelo denominador. Se o denominador for zero, ou ocorrer um erro de overflow (estouro de capacidade) a rotina padrão de exibição de erro MsgErro será chamada, exibindo o erro ocorrido:

```
Sub MsgErro(intErro as Integer, Optional Procedimento as String)
    Dim strMsg as string
    Dim strTitle as string

    strTitle = "Erro " & intErro
    If Len(Procedimento) > 0 then
```

```
                strMsg = strMsg & " em " & Procedimento
            End If

            strMsg = Error(Err)
            MsgBox strMsg, vbOK + vbCritical, strTitle
        End Sub

        Function Dividir(Numerador as double,Denominador Y as Double)
            On Error Goto Dividir_Erro
            Dividir = Numerador/Denominador

            Dividir_Fim:
                Exit Function
            Dividir_Erro:
                Call MsgErro(Err, "Função Dividir")
                Resume Dividir_Fim
        End Function
```

Choose

Função empregada para selecionar e retornar um valor a partir de uma lista de argumentos, utilizando esta sintaxe:

Choose(Índice, Opção 1[, Opção 2, ... [, Opção n]])

Onde,

- **Índice:** argumento obrigatório, constituído de uma expressão que resulte em um valor entre 1 e o número de opções disponíveis na lista;
- **Opção:** argumento obrigatório, consiste em uma lista de constantes, valores, ou expressões passíveis de serem retornadas pela função Choose, dependendo do valor do argumento Índice.

As seguintes considerações são válidas para a função Choose:

- Choose é uma função com base 1, ou seja, se Índice igual a 1, Choose retorna o valor contido na primeira opção da lista, e assim sucessivamente;
- Ao utilizar Choose, todos os elementos da lista serão avaliados para produzir um valor, antes da escolha do item a ser retornado. Isto significa que, se cada item for o resultado retornado por uma função, todas as funções serão avaliadas, possibilitando erros imprevisíveis e muitas vezes provocando a lentidão do código;
- Choose sempre retorna Null se o valor contido em Índice for menor que 1 o maior que o número de opções disponíveis;
- Sempre que Índice não for um número inteiro, Choose irá arredondá-lo para o próximo número inteiro válido antes de ser avaliado.

Exemplo: Normalmente a função Choose é empregada para sincronizar itens em um grupo de opção ou em uma caixa de listagem. O exemplo a seguir emprega a função Choose para exibir exibir um nome no lugar de um argumento numérico.

```
Function TipoDeItem(intItem as Integer)
    TipoDeItem = Choose(intItem, "Taxa", "Material", "Medicamento", "Honorários")
End Function
```

DoEvents

Instrução empregada para permitir que o processador execute outras instruções na lista de chamadas, permitindo que outros eventos sejam processados durante a execução de outro procedimento, utilizando esta sintaxe:

DoEvents)

As seguintes considerações são válidas sobre a instrução DoEvents:

- DoEvents passa o controle do fluxo de execução para o sistema operacional, o qual retorna o controle para o VBA tão logo tenha de terminar outros eventos na lista de chamadas, ou até que todas as teclas fornecidas pela função SendKeys tenham sido processadas;
- O principal emprego de DoEvents reside no cancelamento de um processo após o mesmo ter sido iniciado.
- A instrução DoEvents é empregada para funções simples, como o pressionamento de um botão Cancelar que causa a interrupção de um processo atualmente em curso. Se você não empregar DoEvents durante o processo em execução, não poderá processar o evento Click do botão Cancelar, e a única alternativa será aguardar indefinidamente até que o processo termine.

Exemplo: O exemplo a seguir demonstra um laço infinito utilizando uma instrução Do...Loop, disparado a partir do evento Click do botão cmdOK. O laço possui em seu interior uma instrução DoEvents, capaz de permitir interromper sua execução a partir do evento Click de um botão cmdCancelar no mesmo formulário. Note que nesta situação, emprega-se uma variável declarada a nível de módulo para indicar se o botão cmdCancelar foi ou não pressionado.

```
Dim mfCancelou as Boolean

Sub cmdOK_Click()
    Do
        DoEvents
        If mfCancelou then
            Exit Do
        End If
    Loop
End Sub
```

```
Sub cmdCancelar_Click()
    MfCancelou = True
End Sub
```

Do...Loop

Instrução empregada no código de um procedimento para repetir um bloco de instruções indefinidamente ou até que uma condição determinada seja verdadeira, utilizando a seguinte sintaxe:

Do [{While | Until} *condição*]
    [*Instruções*]
    [Exit **Do**]
    [*Instruções*]
Loop

Ou alternativamente:

Do
    [*Instruções*]
[Exit **Do**]
    [*Instruções*]
Loop [{While | Until} condition]

Onde,

- **Condição**: argumento opcional, indicando uma expressão numérica ou string que retorne True ou False.
- **Instruções**: uma ou mais instruções que serão repetidas dentro do laço Do...Loop, enquanto a condição for True.

Os seguintes comentários são válidos sobre a instrução Do... Loop:

- Condições que retornem Nulll são consideradas False;
- Para sair de um laço Do...Loop, empregue uma instrução Exit Do. Nesta situação, o controle do código será enviado para a instrução imediatamente após a instrução Loop;
- Você pode aninhar instruções Do...Loop, uma dentro da outra, sem limite do número de ninhos efetuados.

Exemplo: O exemplo a seguir demonstra como empregar uma instrução Do...Loop para processar um arquivo aberto com ADO – Active Data Objects, registro a registro, até atingir o fim do arquivo.

```
Sub ProcessaRegistros(rs as ADODB.RecordSet)
    Dim intI as integer

    rs.MoveFirst
```

```
        Do until rs.EOF
            For intI = 0 to rs.Fields.Count
                Debug.Print rs.Fields(intI).Name & " = ", rs.Fields(int).Value
            Next
        Loop
    End Sub
```

End

Instrução que termina um procedimento ou bloco de instruções, utilizando uma destas sintaxes:

> End
> End Function
> End If
> End Property
> End Select
> End Sub
> End Type
> End Enum
> End With

Onde as sintaxes empregadas geram os seguintes resultados:

- **End:** termina imediatamente a execução de um programa, onde quer que seja executada, destruindo o valor de todas as variáveis existentes;
- **End Function, End If, End Property, End Select, End Sub, End Type, End Enum e End With** são argumentos obrigatórios para indicar o término de funções, instruções If...Then...Else, propriedades, instruções Select Case, sub-rotinas, declaração de tipos definidos pelo usuário, enumeradores e términos de blocos With, respectivamente.

Os seguintes comentários são válidos para a instrução End:

- A função End termina abruptamente qualquer aplicativo em Visual Basic ou código escrito em VBA, eliminando o valor de todas as variáveis porventura empregadas pelo aplicativo, e destruindo quaisquer objetos representados por módulos classe. Todos os arquivos abertos com a instrução Open são fechados, e a memória utilizada pelo aplicativo é liberada para o sistema operacional;
- Quando a instrução End é executada, nenhum evento de terminação é disparado, como Close, Unload, QueryUnload e Terminate.
- Para paralisar o programa e verificar o valor das variáveis, empregue a instrução Stop no lugar de End

Exemplo: O exemplo a seguir demonstra como empregar a instrução End para terminar abruptamente um aplicativo após um determinado número de execuções. Note que o número já efetuado de execuções é armazenado no registro do Windows com a instrução SaveSetting e recuperado com a instrução SaveSetting

```
    Private Function TempoUtilizaçãoVencido()
```

```
Dim intVezes as integer
Const conNumMaxVezes = 50

intVezes = GetSetting("MeuAplicativo", "Inicialização", "NumVezes", 1)
If intVezes < conNumMaxVezes Then
    SaveSetting("MeuAplicativo", "Inicialização", "NumVezes", intNumVezes+1)
Else
    MsgBox "Número de avaliações vencido!", vbInformation, "Impossível prosseguir"
    End
End If
End Function
```

Exit

Instrução que permite terminar abruptamente um bloco Do...Loop ou For...Next, ou terminar um procedimento Function, Sub, ou Property, utilizando uma destas sintaxes:

Exit Do
Exit For
Exit Função
Exit Property
Exit Sub

Onde,

- **Exit Do** e **Exit For**: permitem terminar a execução de um laço Do...Loop ou For...Next, respectivamente, retornando o controle do código para a instrução imediatamente após a instrução Loop ou Next correspondente;
- **Exit Function, Exit Property** e **Exit Sub**: permitem terminar o código de um procedimento Function, Sub ou Property, respectivamente.

São válidos os seguintes comentários sobre a instrução Exit:

- Exit termina a execução de um procedimento, mas não termina o aplicativo ou define o término de uma estrutura de laço;
- Empregue Exit para terminar um laço finito ou infinito quando uma determinada condição tiver ocorrido, normalmente testada utilizando-se uma instrução If...Then...Else.

Exemplo: O exemplo a seguir demonstra como sair de um laço Do..Loop infinito, após o mesmo ter sido executado 1000 vezes consecutivas.

```
Public Function Atraso()
    Dim intI as integer
    Do
        intI = inI + 1
        If intI >= 1000 then
            Exit Do
        End If
```

Loop
End Function

For Each...Next

Instrução empregada para repetir um grupo de instruções para cada elemento de uma coleção ou matriz, utilizando a seguinte sintaxe:

For Each Elemento **In** Coleção
[Instruções]
[Exit For]
[Instruções]
Next [element]

Onde,
- **Elemento**: argumento obrigatório, é uma variável empregada para interagir com cada elemento da coleção ou matriz.
- **Coleção**: argumento obrigatório, indicando o nome da coleção ou matriz a ser percorrida pelo laço For Each... Next.
- **Instruções**: argumento opcional, indicando as instruções a serem executadas no interior do laço For Each...Next.
- **Next**: indica o término das instruções a serem executadas no interior do laço For...Each.

São válidas as seguintes considerações para a instrução For Each...Next:
- Quando Coleção se referenciar a uma matriz, Elemento deverá obrigatoriamente ser uma variável declarada As Variant;
- Quando Coleção se referenciar a uma coleção de dados fornecida por um objeto, Elemento poderá ser declarada como As Variant, As Object ou As <TipoDeObjeto>, onde <TipoDeObjeto> é um objeto do mesmo tipo existente em Coleção.
- As instruções interiores ao laço For Each serão executadas se houver pelo menos um elemento na Coleção referenciada. Se houverem n-elementos na coleção, o grupo de instruções será executado uma vez para cada elemento, até a ocorrência do último elemento;
- For Each...Next é útil para se percorrer todos os elementos de coleções que possuem um número indeterminado de elementos, sem que o programador tenha de se preocupar em definir quantos elementos existem na coleção.
- Para terminar abruptamente um laço For Each...Next, empregue uma ou mais instruções Exit For no interior do laço.
- Você pode aninhar instruções For Each...Next, desde que o Elemento empregado em cada laço seja unicamente identificável dentro do laço;
- Não é possível empregar a instrução For Each...Next em uma matriz de tipos de dados definidos pelo usuário, porque uma variável declarada As Variant não pode conter este tipo de dados.

Exemplo: O exemplo que se segue emprega um laço For Each...Next para percorrer todos os controles de um formulário e tornar visível/invisível, aqueles cuja propriedade Tag tenha sido definida para "-1" no modo Estrutura do formulário.

```
Public Sub ExibeCtls(fExibe as boolean)
    Dim ctl as Control
    For Each ctl in Me.Controls
        If ctl.Tag = "-1" then
            ctl.Visible = fExibe
        End If
    Next
End Sub
```

For...Next

Instrução empregada para repetir um grupo de instruções por um número definido de vezes, utilizando esta sintaxe:

For Contador **=** InícioTo Fim [**Step** Passo]
   [Instruções]
[**Exit For**]
   [Instruções]
Next [Contador]

Onde,

- **Contador**: argumento obrigatório, indicando uma variável numérica, empregada como contador do número de vezes que o laço é executado;
- **Início**: argumento obrigatório, define o valor inicial da variável Contador;
- **Fim**: argumento obrigatório, define o valor final da variável Contador;
- **Step**: argumento obrigatório, define a quantidade com que Contador será alterado a cada passada do laço For...Next, podendo ser um número positivo ou negativo (contando-se para trás).
- **Instruções**: grupo de instruções a serem executadas pelo laço For...Next;
- **Next**: define o ponto de término da estrutura de laço;

As seguintes considerações são válidas para a instrução For...Next:

- Normalmente, o valor do argumento Início deve ser maior que o argumento Fim, indicando que o laço será executado o número de vezes determinado pela expressão Fim – Início;
- Se Início for menor do que Fim, o laço não será executado nem uma única vez, a menos que você defina o valor de Passo para um número negativo, fazendo com que a contagem do laço seja processada de trás para frente;
- Passo pode ser qualquer valor numérico positivo ou negativo, empregado para incrementar ou decrementar o valor de Contador até que Início seja maior que Fim (para Passo > 0) ou Início seja menor que Fim (para Passo <0);

- Evite alterar o valor de Contador dentro do laço For...Next, pois você poderá ter resultados imprevisíveis em seu código;
- Você pode terminar abruptamente uma instrução For...Next utilizando uma ou mais instruções Exit For no interior do laço.
- Quanto o laço terminar ou quando for encontrada uma instrução Exit For, o controle do código será definido para a instrução subseqüente à instrução Next Contador.
- Você pode aninhar instruções For...Next, uma dentro da outra, desde que cada laço For...Next possua um contador exclusivo. Esta operação é normalmente empregada para percorrer matrizes de dados linha a linha ou coluna a coluna.
- Para percorrer todos os elementos de uma matriz ou coleção, é mais fácil empregar uma instrução For Each...Next, pois ela não exige a definição dos argumentos Início e Fim para contagem.

Exemplo: O exemplo a seguir emprega um laço For...Next para percorrer todos os controles de um formulário e tornar visível/invisível, aqueles cuja propriedade Tag tenha sido definida para "-1" no modo Estrutura do formulário.

```
Public Sub ExibeCtls(fExibe as boolean)
    Dim intI as Integer
    For intI = 0 to Me.Controls.Count - 1
        If Me.Controls(intI).Tag = "-1" then
            Me.Controls(intI).Visible = fExibe
        End If
    Next
End Sub
```

GoSub...Return

Instrução tradicional das linguagens Basic, empregada para causar uma quebra no fluxo linear de execução do código de um procedimento para uma sub-rotina dentro do procedimento, utilizando esta sintaxe:

GoSub LinhaOuRótulo
. . .
LinhaOuRótulo:
. . .
Return

Onde,

- **LinhaOuRótulo:** pode ser qualquer número de linha dentro do código, ou qualquer rótulo definido com o emprego de um nome seguido por ":".

As seguintes considerações são válidas para a instrução GoSub...Return:

- GoSub e Return existem apenas por compatibilidade para trás com outras versões do Basic, pois provocam a quebra na seqüência lógica e estruturada de execução do código de um procedimento, devendo ser evitado o seu emprego. Em seu lugar, empregue uma instrução Call que faça uma chamada a um outro procedimento;

Funções e Instruções de controle de execução - 101

- GoSub e Return podem ser empregados em qualquer ponto do procedimento. Tão logo uma instrução GoSub seja encontrada, o fluxo de código será desviado para a linha ou rótulo determinado. Após esta linha ou rótulo, você poderá empregar uma instrução Return para retornar a execução do código para a linha subseqüente àquela na qual foi colocada a instrução GoSub;
- Você não pode empregar GoSub para executar outros procedimentos. Empregue esta instrução apenas para desviar o fluxo de código dentro de um procedimento qualquer;
- Para impedir que o fluxo normal do código entre no fluxo de código de uma sub-rotina (como uma sub-rotina de manipulação de erros em tempo de execução), empregue uma instrução Exit Sub antes do rótulo ou linha que define o início da sub-rotina.

Exemplo: O exemplo a seguir demonstra como empregar a instrução GoSub para retornar a raiz quadrada de números capturados por uma instrução InputBox(). Note que quando o valor fornecido não for um número ou for um número negativo, o procedimento é terminado.

```
Public Sub CalculaRaizQuadrada()
    Dim strValor As String

TentaDeNovo:
    strValor = InputBox("Forneça o número cuja raiz quadrada você deseja", "Número?")
    If Not IsNumeric(strValor) Or Val(strValor) < 0 Then
        Exit Sub
    Else
        GoSub Calcula
        GoSub TentaDeNovo
    End If
    Exit Sub

Calcula:
    MsgBox "A raiz quadrada de " & strValor & " é " & Sqr(Val(strValor))
    Return
End Sub
```

GoTo

Instrução empregada para provocar uma quebra intencional no fluxo de execução do código de um procedimento para uma linha ou rótulo específico dentro do procedimento, empregando esta sintaxe:

GoTo LinhaOuRótulo

Onde,

- **LinhaOuRótulo**: argumento obrigatório que define o número da linha ou nome do rótulo para onde o fluxo de código deverá ser desviado.

As seguintes considerações são válidas para a instrução GoTo:

- GoTo pode redirecionar o fluxo de código apenas dentro do procedimento onde aparece;
- Apesar de GoTo poder ser empregado no código, evite o seu uso para impedir que a quebra da estrutura do código, o qual deve ser sempre linear, de cima para baixo, até a última instrução (ou até encontrar uma instrução Exit ou End);

Exemplo: O exemplo a seguir mostra como empregar uma instrução GoTo para forçar o usuário a fornecer um diretório onde se encontra o arquivo desejado. O usuário poderá indicar o caminho quantas vezes quiser, até que o procedimento encontre o arquivo TESTE.LOG solicitado seja encontrado pela função Dir() do VBA.

```
Public Function CaminhoParaArquivoLog() as String
    Dim strCaminho as string
TentaDeNovo:
    strCaminho = InputBox("Forneça o caminho para o arquivo TESTE.LOG:", "Caminho?")
    If Len(strCaminho) > 0 then
        If Len(Dir(strCaminho & "\TESTE.LOG)=0 Then
            MsgBox "Arquivo não encontrado em " & strCaminho
            Goto TentaDeNovo
        End If
    Else
        CaminhoParaArquivoLog = strCaminho
    End If
End Function
```

If...Then...Else

Instrução que executa condicionalmente um grupo de instruções, dependendo do valor da expressão testada, utilizando uma destas sintaxes:

    If condição **Then** [Instruções] [**Else** Instruções]

Ou

    If condition **Then**
    [Instruções]
    [**Elseif** OutraCondição **Then**
    [Instruções] . . .
    [**Else**
    [Instruções]]
    End If

Onde,

- **Condição** e **OutraCondição**: argumento obrigatório que indica uma expressão cujo valor retornado será avaliado para verdadeiro ou falso, ou uma expressão utilizando a instrução TypeOf <objeto> Is <TipoDeObjeto>, no qual verifica-se se o objeto desejado é ou não de um determinado tipo (Ex: If TypeOf ctl Is TextBox);

Funções e Instruções de controle de execução - 103

- **Instruções**: argumento opcional, especifica o bloco de instruções a serem executadas em cada situação;
- **Then**: argumento obrigatório, especifica uma ou mais instruções a serem executadas quando Condição for verdadeira;
- **Else**: argumento opcional, especifica uma ou mais instruções a serem executadas quando Condição for false
- **ElseIf**: argumento opcional, especifica um novo teste a ser executado, quando Condição for falsa;

As seguintes considerações são válidas para a instrução If...Then...Else:

- Você pode empregar a sintaxe de uma única linha de código ou particioná-la em várias linhas. Tenha em mente que na sintaxe de uma única linha, ambas as expressões empregadas nas cláusulas Then e Else serão avaliadas, podendo provocar erros imprevisíveis, além de se tornar mais difícil de interpretar;
- Você pode ter quantas cláusulas ElseIf quiser em uma instrução If Then Else, porém apenas uma cláusula Else é permitida;
- Toda instrução If...Then...Else deve terminar obrigatoriamente com uma instrução End If;
- Empregue uma instrução Select Case no lugar de uma instrução If...Then...ElseIf que possua várias cláusulas ElseIf, pois ela avalia a condição a ser testada apenas uma vez, tornando seu código mais eficiente.
- A instrução TypeOf não pode ser empregada com variáveis que representem tipos de dados, apenas com aquelas que representem objetos.

Exemplo: O exemplo a seguir demonstra como empregar uma instrução If...Then...Else para atribuir diferentes alíquotas de imposto de renda, válidas para o ano de 2003 no Brasil, dependendo do valor do salário passado como argumento para o procedimento:

```
Public Function Alíquota(Salário as Currency, Optional Redução as Currency) as Single
    If Salário < 1058.01 then
        Alíquota = 0
    ElseIf Salário >= 1058.01 and Salário < 2115.01 then
        Alíquota = 0.15
        Redução = 158.70
    Else(f Salário >2115.01 and Salário <=12696 then
        Alíquota = 0.275
        Redução = 423.08
    Else
        Alíquota = 0.3
    End If
End Function
```

A próxima instrução emprega uma instrução TypeOf para definir a propriedade Transparent para True de um botão de comando:

```
If TypeOf ctl is CommandButton Then
```

```
        ctl.Transparent = True
    End If
```

Finalmente, a próxima instrução emprega uma única linha de código para retornar a raiz quadrada de um número qualquer apenas se o número for positivo:

```
    Public Function RaizQuadrada() as Double
        If Número > 0 Then RaizQuadrada = Número ^ 0.5 Else RaizQuadrada = 0
    End Function
```

IIf

Função conhecida como Se Imediato, é empregada para efetuar um teste lógico em uma expressão, e dependendo do resultado do teste, retornar um ou outro valor obrigatório na sintaxe da função. A função IIF possui a seguinte sintaxe:

    IIf(Expressão, CasoVerdadeiro, CasoFalso)

Onde,

- **Expressão:** argumento obrigatório, constituindo-se de uma expressão matemática ou lógica válida que se deseja avaliar;
- **CasoVerdadeiro**: argumento obrigatório, constituindo-se de uma expressão cujo valor será retornado se Expressão for Verdadeira (True);
- **CasoFalso:** argumento obrigatório, constituindo-se de uma expressão cujo valor será retornado se Expressão for Falsa (False);

As seguintes considerações são válidas para a função IIF:

- A função IIF() sempre avalia Expressão, CasoVerdadeiro e CasoFalso, independente de os mesmos serem expressões simples ou chamadas a outros procedimentos do projeto. Portanto, cuidado ao empregar funções e expressões nos argumentos CasoVerdadeiro e CasoFalso da função IIF(), pois podem ocorrer erros imprevisíveis no código (como por exemplo, a divisão por zero);
- Você pode aninhar funções IIF() nos argumentos CasoVerdadeiro e CasoFalso. Porém isto pode tornar seu código mais difícil de ser lido e mantido.
- Quando aninhar funções IIF(), você deverá verificar todos os parênteses de cada ninho, ou ocorrerá um erro de sintaxe.

Exemplo: O exemplo a seguir emprega um ninho de funções IIF()para atribuir diferentes alíquotas de imposto de renda, válidas para o ano de 2003 no Brasil, dependendo do valor do salário passado como argumento para o procedimento. Observe que os valores dos argumentos são separados por vírgulas e as casas decimais por pontos:

```
    Public Function Alíquota(Salário as Currency) as Single
        Alíquota = IIF(Salário<1058.01,0,IIF(Salário>=1058.01 and Salário< 2115.01,0.15,0.27.5))
    End Function
```

On...GoSub, On...GoTo

Instruções empregadas para criar um desvio de código para uma ou mais linhas, dependendo do valor lógico da expressão testada, utilizando as seguintes sintaxes:

On expressão **GoSub** RótulosDeDestino
On expressão **GoTo** RótulosDeDestino

Onde,

- **Expressão**: argumento obrigatório, indicando qualquer expressão númerica cujo valor seja avaliado para um número inteiro entre 0 e 255. Números reais serão arredondados para o mais próximo inteiro disponível. O valor de Expressão será utilizado para determinar quais dos rótulos ou números de linha existentes na lista será utilizado como desvio para o fluxo de código;
- **RótulosDeDestino**: argumento obrigatório, indicando uma lista de números de linha ou rótulos de destino, separados por vírgulas.

As seguintes considerações são válidas para as instruções On...GoSub e On...Goto:

- Esta instrução existe apenas para compatibilidade para trás com versões anteriores do Basic. Seu emprego torna o código extremamente difícil de seguir e depurar, sendo mais aconselhado empregar uma instrução Select Case que faça chamadas a outros procedimentos existentes no projeto;
- Se Expressão for igual a zero ou for um número maior do que o número de itens na lista, o controle será transferido para a primeira instrução após a instrução On...GoSub ou On...GoTo;
- Se Expressão for um número negativo ou maior do que 255, ocorrerá um erro em tempo de execução.
- É possível misturar números de linha e rótulos na mesma lista, até um máximo de 255 possíveis pontos de desvio de código;
- Use uma instrução Return para fazer com que o código retorne à linha que sucede a instrução On...GoTo e On...GoSub correspondente, sem que outras linhas de código sejam executadas.

Exemplo: O exemplo a seguir demonstra como empregar as instruções On...GoSub e On...GoTo para alterar o fluxo de código do procedimento, retornando o dia da semana correspondente ao número recebido como argumento (você poderia empregar a função Wday() associada a função Format() para obter o mesmo resultado, de forma muito mais elegante):

```
Public Function DiaDaSemana(intDia as integer) as string
    On intDia GoTo Domingo, Segunda, Terça, Quarta, Quinta, Sexta, Sábado
    Exit Function
Domingo:
    DiaDaSemana = "Domingo" : Return
Segunda:
    DiaDaSemana = "Segunda-feira" : Return
Terça:
```

106 - Guia de Referência do VBA

```
        DiaDaSemana = "Terça-feira" : Return
    Quarta:
        DiaDaSemana = "Quarta-feira" : Return
    Quinta:
        DiaDaSemana = "Quinta-feira" : Return
    Sexta:
        DiaDaSemana = "Sexta-feira" : Return
    Sábado:
        DiaDaSemana = "Sábado" : Return
    Exit Function
```

Partition

Função empregada para retornar uma string, indicando em que faixa de valores ocorre um determinado número em uma série de faixas. Esta função é ideal para ser utilizada em uma instrução SQL para gerar a distribuição de freqüências de uma série de valores. Partition deve ser empregada através da seguinte sintaxe:

Partition(Número, Início, Fim, Intervalo)

Onde,

- **Número**: argumento obrigatório, indicando um número inteiro cujo valor se deseja avaliar contra uma faixa de valores;
- **Início**: argumento obrigatório, indicando um número interior, que indica o valor inicial da faixa de números, devendo ser obrigatoriamente maior do que zero;
- **Fim**: argumento obrigatório indicando um número inteiro que indica o fim da faixa de números, devendo ser necessariamente igual ou maior que Início;
- **Intervalo**: argumento obrigatório que indica como o intervalo de dados definido por Início e Fim deverá ser segmentado.

As seguintes considerações são válidas para a função Partition:

- A função Partition é mais empregada em instruções SQL para produzir Consultas Totalização que agrupam valores de acordo com uma faixa e intervalo especificados.
- Se qualquer um dos argumentos for Null, Partition retorna Null.

Exemplo: O exemplo a seguir demonstra como empregar a função Partition em uma instrução SQL inserida em uma consulta do Microsoft Access para agrupar o a tabela Animais (fornecida no arquivo Clientes2000.MDB do CDRom que acompanha os livros da série "Programando Microsoft Access com VBA"), pelo valor do retornado pela função Idade(), aplicada à data de nascimento (campo DataNasc) cadastrada em cada registro (a função Idade() cuja listagem é exibida, emprega a função DateDiff() do VBA para retornar um número inteiro, indicando o número de anos em relação à data do sistema):

```
SELECT DISTINCTROW Partition(Idade([DataNasc]),0,10,1) AS FaixaDeIdade,
Count(Partition(Idade([DataNasc]),0,10,1)) AS TotalNaFaixa FROM Animais WHERE
(((Animais.DataNasc) Is Not Null)) GROUP BY Partition(Idade([DataNasc]),0,10,1);
```

Funções e Instruções de controle de execução - 107

Note que a instrução SQL emprega um agrupamento com idade máxima de 10 anos (você pode modificar isto, alterando o terceiro argumento da função Partition para 20, por exemplo)

Esta instrução SQL gera uma consulta no banco de dados Clientes2000.MDB com a estrutura exibida na próxima figura:

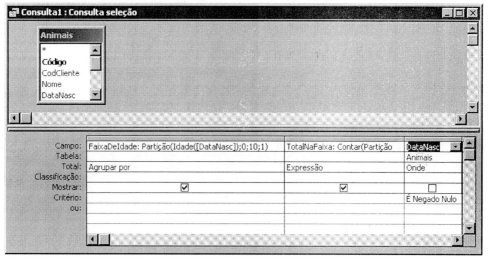

A função Idade pode ser criada em um módulo qualquer, com a seguinte estrutura:

Public Function Idade(varData As Date) As Integer
    Idade = DateDiff("yyyy", varData, Date)
End Function

Se você empregar o banco de dados Clientes2000.MDB para criar esta função e inserir esta instrução SQL em uma nova consulta, o resultado retornado pela consulta será o exibido na próxima figura.

RaiseEvent

Instrução empregada para disparar um evento declarado a nível de módulo, dentro de uma classe, formulário ou documento, utilizando esta sintaxe:

RaiseEvent NomeDoEvento [(Argumentos)]

Onde,

- **NomeDoEvento**: argumento obrigatório, que se refere ao nome de um procedimento de evento declarado com a instrução Event;
- **Argumentos**: argumento opcional, refere-se à lista de valores passados para os argumentos do evento declarado, separados por vírgula.

As seguintes considerações são válidas sobre a instrução RaiseEvent:

- O evento deverá ser necessariamente declarado dentro do módulo a partir do qual ele é disparado com uma instrução RaiseEvent, ou ocorrerá um erro em tempo de execução;
- Não é possível disparar um evento de controle ou formulário utilizando-se a instrução RaiseEvent. Apenas eventos declarados com a instrução Event poderão ser disparados por esta instrução;
- Se o evento declarado possuir argumentos, estes devem ser envolvidos entre parênteses. Se o evento não possuir argumentos, os parênteses não devem ser utilizados ou ocorrerá um erro em tempo de execução;
- Se um evento for declarado com o mesmo nome de um evento nativo do formulário, então o evento do formulário deixará de ser disparado. Por exemplo, se você declarar um evento chamado Click em um módulo de formulário, o evento Form_Click não será mais disparado. Porém o evento Form_Click poderá ser executado normalmente a partir de outro procedimento utilizando-se uma instrução Call <NomeDoEvento>;

Exemplo: O exemplo a seguir demonstra como empregar uma instrução RaiseEvent para disparar um evento declarado no módulo atual. Neste caso, o módulo é empregado para manipular os dados de um formulário que possui uma caixa de texto (txtTexto) que, ao ser alterada, marca a variável fAlterou para True. Quando o foco sai da caixa de texto, o evento txtTexto_LostFocus dispara e verifica o valor de fAlterou. Se fAlterou for True, a instrução RaiseEvent dispara o evento TextoAlterado no formulário atual, com uma instrução RaiseEvent, passando-lhe como argumento a variável fCancel, a qual pode ou não ser manipulada pelo evento Form_TextoAlterado, impedindo a alteração da caixa de texto.

```
Public Event TextoAlterado(Cancel as Integer)

Sub txtTexto_Change
    fAlterou = True
End Sub

Sub txtTexto_LostFocus
```

```
Dim fCancel as integer
    If fAlterou then
    RaiseEvent TextoAlterado(fCancel)
        If fCancel then
            txtTexto = ""    ' Usuário cancelou a alteração
        End If
    End If
End Sub
```

Select Case

Instrução empregada para executar um ou mais grupos de instruções, dependendo do valor da expressão avaliada na clausula Selec Case, utilizando esta sintaxe:

Select Case Expressão
   [**Case** ValorDaExpressão1
     [Instruções1]]
   . . .
   [**Case** ValorDaExpressãon
     [Instruçõesn]]
   . .
   Case Else
     [nstruçõeselse]
End Select

Onde,

- **Expressão:** argumento obrigatório, indicando a expressão a ser avaliada antes de se tomar uma decisão;
- **ValorDaExpressão1-n:** argumento obrigatório, indicando um ou mais valores possíveis para Expressão. Se Expressão for igual a ValorDaExpressão1-n, as instruções que seguem a clausula Case serão executadas;
- **Instruções1-n:** lista de comandos a serem executados no caso de Expressão = ValorDaExpressãon
- **Case Else:** argumento opcional, indica a cláusula a ser executada quando Expressão é diferente de qualquer um dos valores contidos nas cláusulas Case anteriores.
- **End Select:** argumento obrigatório, indica o fim da instrução Select Case.

As seguintes considerações são válidas para a instrução Select Case:

- Select Case permite avaliar uma única vez uma expressão e executar uma série de comandos, dependendo do valor que a expressão tomou. Ela é muito mais eficiente que uma instrução If...Then...ElseIf...Else, que exige efetuar novamente o teste para Expressão a cada cláusula ElseIf.
- Uma vez que o valor de Expressão tenha sido avaliado e seja igual a um dos valores contidos nas diversas cláusulas Case ValorDaExpressão, as instruções daquela cláusula serão executadas;

- Após as instruções da primeira cláusula Case equivalentes a Expressão de uma instrução Select Case tiverem sido executadas, todas as demais cláusulas serão ignoradas (mesmo aquelas cujo valor sejam iguais ou equivalentes à Expressão), e o controle do fluxo de código continuará após a instrução End Select;
- Opcionalmente, você pode fornecer uma cláusula Else (recomendável) para ser executada, sempre que Expressão for diferente dos diversos valores empregados nas cláusulas Case anteriores. Esta abordagem permite que o seu programa responda a valores inesperados de Expressão, os quais são sempre possíveis de ocorrer durante a execução de um programa;
- Você pode avaliar múltiplas expressões em uma única cláusula Case. Por exemplo, supondo que Expressão retorne um valor numérico, como a idade de um cliente, você poderia avaliar esta idade em múltiplas faixas, como em:

  Select Case Idade
     Case 18, 19, 20
- Quando Expressão se referenciar a uma faixa de valores, empregue a instrução Is:"

  Select Case Idade
     Case Is > 35

- Se Expressão retornar uma string, faça a comparação com strings entre aspas:

  Select Case Cidade
     Case "Rio de Janeiro", "Niterói"

- Você pode aninhar instruções Select Case dentro das cláusulas Case, não se esquecendo de usar a instrução End Select para terminá-la, ou ocorrerá um erro de compilação.

Exemplo: O exemplo a seguir demonstra como empregar uma instrução Select Case para retornar diferentes valores de percentual a serem pagos para o imposto de renda em 2003, dependendo do valor da variável Salário.

```
Function Alíquota(Optiona Redução as Single)
    Select Case Salário
        Case < 1058.01
            Alíquota = 0
        Case >= 1058.01 and < 2115.01
            Alíquota = 0.15
            Redução = 158.70
        Case >2115.01 <=12696
            Alíquota = 0.275
            Redução = 423.08
        Case Else
            Alíquota = 0.3
    End Select\
End Function
```

Shell

Função empregada para se executar um programa externo qualquer (como um aplicativo DOS) e retornar uma Variant contendo um valor Double, indicando se o programa executou-se ou não com sucesso, utilizando esta sintaxe:

Shell(CaminhoParaOAplicativo[,TipoDeJanela])

Onde,

- **CaminhoParaOAplicativo:** argumento obrigatório, pode ser uma string, variável string ou variant contendo uma string, indicando o caminho e nome completo do aplicativo a ser executado, incluindo sua extensão;
- **TipoDeJanela:** argumento opcional, na forma de um número Integer (ou Variant contendo um Intenger), indicando como a janela do programa a ser executado será aberta. Se TipoDeJanela for omitida, o programa será executado minimizado e com o foco do sistema. São válidos os seguintes valores para o argumento TipoDeJanela:

Constante	Valor	Descrição
vbHide	0	A janela é aberta em modo oculto, recebendo o foco do sistema
vbNormalFocus	1	A janela é aberta em seu tamanho e posição originais, recebendo o foco do sistema
vbMinimizedFocus	2	A janela é exibida como um ícone na barra de tarefas do Windows, recebendo o foco do sistema
vbMaximizedFocus	3	A janela é aberta maximizada na tela, recebendo o foco do sistema
vbNormalNoFocus	4	A janela é aberta em seu tamanho e posição original, sem receber o foco do sistema (o qual permanece na janela onde Shell foi aplicado)
vbMinimizedNoFocus	6	A janela é exibida como um ícone na barra de tarefas do Windows, sem receber o foco do sistema (o qual permanece na janela onde Shell foi aplicado)

As seguintes considerações são válidas para a instrução Shell:
- Se a função Shell conseguir executar com sucesso o aplicativo solicitado, ela irá retornar um número Inteiro Longo indicando a identidade única atribuída pelo Windows ao programa. Se o programa não puder ser executado, Shell retornará zero;
- Shell executa os programas de forma assíncrona, indicando que após a execução da instrução Shell, o programa solicitado pode permanecer em execução até retornar sua ID para o procedimento.
- Para confirmar que um programa foi executado com a instrução Shell, você deverá utilizá-la sempre em um laço Do... Loop, até que Shell retorne a ID do programa ou retorne zero, indicando sua falha, desta forma:

112 - Guia de Referência do VBA

```
Dim varID as variant  ' varID possui Empty ao ser declarada
Do While varID is Empty
    VarID = Shell(<Aplicativo>, TipoDeJanela)
Loop
```

Exemplo: O exemplo a seguir demonstra como empregar a função Shel() para executar o comando DOS Tree.com, que retorna toda a estrutura de árvore do disco rígido atual, a partir de um arquivo de lote chamado Tree.bat. O arquivo Tree.bat direciona a saída do comando Tree.com para um arquivo texto c:\Tree.txt. O código do arquivo de lote Tree.bat é:

c:\Windows\system32\tree.com c:\ /a > c:\tree.txt

A função GerarTree() emprega a instrução Shell() do VBA para executar o arquivo de lote Tree.bat e gerar o arquivo Tree.txt, contendo toda a estrutura de diretório do disco rígido.

Ela emprega então a instrução Open e as funções Input() e LOF() do VBA para ler o arquivo Tree.txt e retorná-lo como valor de retorno da função GerarTree().

```
Public Function GerarTree() As String
    Dim varID As Variant
    Dim strTree As String

    Do While IsEmpty(varID)
        varID = Shell("c:\tree.bat")
    Loop

    If varID <> 0 Then
        Open "c:\Tree.txt" For Input As #1
            strTree = Input(LOF(1), 1)
        Close #1
    End If

    GerarTree = strTree
End Function
```

Parar verificar a estrutura de pastas de seu disco rígido, atribua o valor retornado por esta função para uma caixa de texto qualquer de um formulário (no Visual Basic, esta caixa de texto deverá ter a propriedade MultiLine definida para True), utilizando esta sintaxe:

txtText1 = GerarTree()

Stop

Instrução empregada para suspender temporariamente a execução do código de um procedimento, permitindo o exame do valor de suas variáveis, utilizando esta sintaxe:

Stop

As seguintes considerações são válidas para a instrução Stop:

- Stop paralisa a execução do código no ponto onde se encontra, da mesma forma empregada quando se estabelece um ponto de interrupção;
- Stop deve ser utilizada apenas no ambiente de desenvolvimento do VBA. Se a instrução Stop for encontrada em um aplicativo compilado (arquivo .EXE), ela se comportará como uma instrução End, provocando a finalização do aplicativo, perda do valor das variáveis e liberação da memória por ele utilizada

Exemplo: O evento a seguir mostra como paralisar o código de um laço que percorre todos os controles de um formulário, quando o mesmo encontra um botão de comando:

```
Function PesquisaCtrl()
    Dim ctl as Control
    For Each ctl in Me.Controls
        If TypeOf ctl Is CommandButton then
            Stop
        End If
    Next
End Function
```

Switch

Função empregada para avaliar uma lista de expressões em seqüência, da esquerda para a direita, e retornar o valor ou resultado da expressão associado à primeira expressão avaliada como True na lista de expressões, utilizando a seguinte sintaxe:

Switch(Expressão1, Valor1[,Expressão2, Valor2]... [,Expressão-n, Valor-n])

Onde,

- **Expressão 1-n**: argumento obrigatório, indica uma expressão passível de ser avaliada pelo VBA que retorne True ou um valor numérico (0 = False);
- **Valor 1-n**: argumento obrigatório, indica o valor a ser retornado pela função Switch, quando a primeira expressão avaliada, da esquerda para a direita, retornar True.

As seguintes considerações são válidas sobre a função Switch():

- Switch() funciona como uma extensa instrução If...Then...ElseIf...End, utilizando uma única linha de código. Ela exige que se empregue sempre um par Expressão|ValorRetornado, ou ocorrerá um erro em tempo de execução;
- Se nenhuma das expressões da lista retornar True, Switch() retornará o valor Null;
- Qualquer dos pares de expressões|Valores pode também retornar Null;
- Cuidado ao empregar Switch, pois apesar de retornar apenas o primeiro valor cuja expressão associada seja True, todas as expressões existentes na lista serão avaliadas, podendo fornecer resultados ou erros inesperados no código.

Exemplo: O exemplo a seguir demonstra como empregar a função Swicth() para retornar diferentes alíquotas de imposto de renda, dependendo do valor da variável Salário:

   Alíquota = Switch(Salário < 1058.01, 0, Salário >= 1058.01 and Salário < 2115.01, 0.15, _
             Salário > 2115.01 and Salário <=12696, 0.275, Salário>12696,423.08

While...Wend

Instrução empregada para executar uma série de instruções em laço no código, até que enquanto uma determinada expressão for verdadeira (similar a Do While...Loop), utilizando esta sintaxe:

While Condição
   [Instruções]
Wend

Onde,

- **Condição**: argumento obrigatório, constituindo-se de uma expressão numérica ou string que retorne o valor True;
- **Instruções**: instruções a serem executadas enquanto Condição for verdadeira;
- **Wend**: delimita o fim do laço While...WEnd. Quando Condição for false, a próxima linha de código após WEnd será executada.

As seguintes considerações são válidas para a instrução While...WEnd:

- Instruções While...WEnd podem ser aninhadas indefinidamente;
- While...WEnd funciona de forma idêntica a Do... Loop, excetuando-se pelo fato que Do...Loop permite que as instruções contidas dentro do laço sejam executadas pelo menos uma vez, desde que a instrução While esteja no final do laço (Do...Loop While <condição>). Quando se emprega While <Condição>...WEnd, as instruções do laço podem não ser executadas uma única vez, desde que <Condição> seja falsa na primeira vez que a instrução While é executada.

Exemplo: O exemplo a seguir demonstra como empregar uma instrução While...Wend para processar um arquivo aberto com ADO – Active Data Objects, registro a registro, até atingir o fim do arquivo, desde que a tabela ou conjunto de registros representado pela variável rs possua pelo menos um registro de dados.

```
Sub ProcessaRegistros(rs as ADODB.RecordSet)
   Dim intl as integer

   While Not rs.EOF
      For intl = 0 to rs.Fields.Count
         Debug.Print rs.Fields(intl).Name & " = ", rs.Fields(int).Value
      Next
   Wend
End Sub
```

With...End With

Instrução empregada para executar uma série de instruções dentro de um laço, referenciando uma única vez um objeto, de forma a acessar mais rapidamente suas propriedades e reduzir a sintaxe empregada na codificação, utilizando esta sintaxe:

    With Objeto
        [Instruções]
    End With

Onde,

- **Objeto:** argumento obrigatório, indicando o nome do objeto ou tipo definido pelo usuário cujas propriedades você deseja acessar;
- **Instruções:** argumento opcional, indica a existência de instruções que serão executadas dentro do laço With...End With;
- **End With:** instrução que determina o fim do laço With. Após esta instrução, quaisquer propriedades de Objeto deverão ser acessadas utilizando-se a sintaxe completa, na forma Objeto.Propriedade.

As seguintes considerações são válidas para a instrução With...End With:

- With permite tornar mais enxuta a sintaxe de acesso às propriedades do objeto referenciado, diminuindo a quantidade de texto a ser digitado e aproveitando-se das características de AutoListar Membros do VBA (basta pressionar o caractere "." dentro de um laço With para que uma lista com todas as propriedades do objeto referenciado pela instrução sejam exibidos para você);
- Não é possível alterar o objeto refenciado dentro de um laço With;
- É possível aninhar laços With, porém, quando um laço mais interno está sendo executado, propriedades idênticas contidas no objeto do laço With mais externo serão mascaradas, exigindo o emprego da sintaxe completa para o objeto de forma a acessá-las;
- Jamais empregue a instrução GoTo ou GoSub para sair ou entrar em um laço With...End With. Apesar de o VBA permitir esta abordagem, poderão ocorrer erros inesperados em seu aplicativo.

Exemplo: O exemplo a seguir emprega um laço With...End With para referenciar uma vez uma caixa de listagem no Microsoft Access e alterar suas propriedades.

```
Sub txtIdade_AfterUpdate()
    With txtIdade
        .BackColor = 0      ' Fundo preto
        .ForeColor = 256    ' Letras Vermelhas
        .Enabled = False
        .Locked = True
    End With
```

Funções matemáticas

Neste capítulo você obtém informações sobre as principais funções matemáticas do VBA, funções trigonométricas básicas, e suas funções derivadas.

Índice do capítulo

Abs	117	Round	121
Atn	118	Rnd	121
Cos	118	Sgn	122
Exp	119	Sin	123
Int, Fix	119	Sqr	123
Log	120	Tan	124
Randomize	120	Funções matemáticas derivadas	124

Abs

Função empregada para o valor absoluto (módulo) de um número ou expressão, utilizando esta sintaxe:

Abs(Expressão)

Onde,

- **Expressão**: argumento obrigatório, consistindo de qualquer expressão numérica válida. Se Expressão resultar no valor Null, Abs retornará Null (propagação do Null).

Exemplo: Experimente digitar estes valores na janela de Verificação Imediata:
?Abs(-1)   ' Retorna 1
?Abs(1)   ' Retorna 1

Atn

Função empregada para retornar o valor do arco-tangente (ângulo) de um número ou expressão, utilizando esta sintaxe:

Atn(Expressão)

Onde,

- **Expressão**: argumento obrigatório, consistindo de qualquer expressão numérica válida.

As seguintes considerações são válidas para a função Atn:

- Atn calcula o valor do ângulo adjacente de um triângulo retângulo, esperando receber como argumento a razão entre o comprimento do lado oposto ao ângulo dividido pelo lado adjacente ao ângulo;
- Atn ou arco-tangente é a função trigonométrica inversa de Tan (tangente), retornando o valor em radianos (variando de $-\pi/2$ à $+\pi/2$);
- Para converter o valor retornado por Atn de radianos para graus, multiplique-o por $180/\pi$;

Exemplo: Empregue a janela Verificação Imediata para testar a função Atn, digitando:

?Atn(1)   'Resultado = 0.785398163397448 radianos
?Atn(1)*180/3.1415 'Resultado = 45.0013272040556 graus
?4*Atn(1)   'Resultado = valor de Pi = 3.14159265358979

Cos

Função empregada para retornar o valor do coseno de um ângulo ou expressão, utilizando esta sintaxe:

Cos(Expressão)

Onde,

- **Expressão**: argumento obrigatório, consistindo de qualquer expressão numérica válida que expresse o valor do ângulo em radianos.

As seguintes considerações são válidas para a função Cos:

- Cos calcula o valor do comprimento do lado adjacente ao ângulo recebido como argumento;
- O resultado retornado por Cos varia de −1 a 1
- Para converter o valor retornado por um ângulo de graus para radianos, multiplique-o por $\pi/180$;

Exemplo: Empregue a janela Verificação Imediata para testar a função Cos, digitando:
?Cos(0)   'Retorna 1
?Cos(3.14159265358979)   'Retorna –1

Exp

Função empregada para retornar o valor do número e (2.718282 = base dos logaritmos naturais ou também chamado de antilogaritmo) elevado a uma potência (expressão), empregando esta sintaxe:

Exp(Expressão)

Onde,

- **Expressão**: argumento obrigatório, consistindo de qualquer expressão numérica válida <= 709.782712893.

Exemplo: Empregue a janela Verificação Imediata para testar a função Exp, digitando:
?exp(1)   'Retorna o valor de e = 2.71828182845905

Int, Fix

Funções empregadas para retornar a parte inteira de uma expressão, utilizando as seguintes sintaxes:

Int(Expressão)
Fix(Expressão)

Onde,

- **Expressão**: argumento obrigatório, consistindo de qualquer expressão numérica válida. Se Expressão resultar no valor Null, Abs retornará Null (propagação do Null).

As seguintes considerações são válidas para as funções Int e Fix:

- Ambas as funções removem a parte fracionária do número retornando apenas sua parte inteira;
- Se Expressão for um número negativo, a função Int retorna o primeiro número inteiro negativo que seja menor ou igual à expressão (int(-9.6) = -10;
- Se Expressão for um número negativo, a função Fix retorna o primeiro número inteiro negativo que seja maior ou igual à expressão (Fix(-9.6) = -9;
- A função Fix é equivalente à seguinte operação:
  Sgn(Expressão) * Int(Abs(Expressão))

Exemplo: Experimente digitar estes valores na janela de Verificação Imediata:

?Fix(9.6)   Retorna 9
?Fix(-9.6)   Retorna –9
?Int(9.6)   Retorna 9
?Int(-9.6)   Retorna 10

Log

Função empregada para calcular o valor do logaritmo neperiano (base e) de uma expressão, utilizando a seguinte sintaxe:

Log(Expressão)

Onde,

- **Expressão**: argumento obrigatório, consistindo de qualquer expressão numérica válida maior do que zero.

As seguintes considerações são válidas para a função Log:

- Logaritmos naturais ou neperianos são aqueles que possuem a base igual a 2.71828182845905;
- Para calcular o logaritmo em outra base (base n), empregue a seguinte fórmula:

$Log_n = Log(X)/Log(n)$

Exemplo: Experimente digitar estes valores na janela de Verificação Imediata:

?Log(1)   'Retorna 0 (zero)
?Log(Exp(1))   'Retorna 1 (log de e)

Randomize

Instrução empregada para reinicializar a geração de números aleatórios, utilizando esta sintaxe:

Randomize [Expressão]

Onde,

- **Expressão**: argumento opcional, consistindo de qualquer expressão numérica válida, empregada como *semente* para a geração de novos números aleatórios;

As seguintes considerações são válidas para a instrução Randomize:

- Randomize emprega o valor de Expressão para criar uma nova seqüência de números aleatórios empregando-se a função Rnd;
- Se Randomize for omitido, a função Rnd (sem argumentos) usará sempre o mesmo número para gerar o primeiro número aleatório, usando o último número aleatório gerado como *semente* para o próximo número;
- Se Expressão for omitido, Randomize irá empregar o valor retornado pelo relógio do sistema como semente para a geração de próximos números aleatórios;
- Para repetir uma seqüência de números aleatórios, empregue a função Rnd, fornecendo-lhe como argumento –1, *antes* de executar a instrução Randomize.

Exemplo: O próximo exemplo emprega a instrução Randomize para inicializar a rotina de geração de números aleatórios entre 1 e 10, usando como semente o valor retornado pela função Timer (número de segundos decorridos desde de 0:00 hs):

```
Function NúmeroAleatório() as Double
    Randomize Timer
    NúmeroAleatório = Int(Rnd * 10) + 1)
End Function
```

Round

Função empregada para arredondar um valor para um número especificado de casas decimais, utilizando esta sintaxe:

Round(Expressão[,CasasDecimais])

Onde,

- **Expressão**: argumento obrigatório, consistindo de um número real ou expressão que resulta em um número real a ser arredondado;
- **CasasDecimais**: argumento opcional, indicando quantas casas à direita do separador decimal serão mantidas no arredondamento do número. Se omitido, o número será arredondado para um valor inteiro.

Exemplo: Empregue a Janela Imediata para verificar como Round funciona.

?4*Atn(1)   'Retorna o valor Pi = 3.14159265358979
?Round(4*Atn(1),5) 'Retorna 3.14159 (arredondado para 5 decimais)

Rnd

Função empregada para gerar um número aleatório, utilizando a seguinte sintaxe:

Rnd[(Expressão)]

Onde,

- **Expressão**: argumento opcional que, se fornecido, permite controlar o próximo número aleatório a ser gerado.

As seguintes considerações são válidas para a função Rnd:

- Variando-se o valor de Expressão, pode-se controlar o resultado dos números aleatórios gerados por Rnd, de acordo com a seguinte tabela:

Valor de Expressão	Resultado gerado por Rnd
< 0	Mesmo número todas as vezes, empregando a mesma Expressão como semente
= 0	Próximo número aleatório na seqüencia
> 0	Último número aleatório gerado
Não fornecido	Próximo número aleatório na seqüencia

- Rnd sempre retorna um número entre 0 e 1 (0 < Rnd < 1);

- Rnd sempre emprega o último número gerado como semente para o próximo;
- Fornecendo-se o valor inicial de Expressão, obtém-se sempre a mesma seqüência de números aleatórios, pois todas as chamadas sucessivas empregam o número anterior como semente para o próximo;
- Para alterar a seqüência de números aleatórios tornando-os imprevisíveis, empregue a instrução Randomize *antes* de chamar a função Rnd;
- Para repetir a seqüência inicial de números aleatórios, empregando uma mesma semente, utilize Rnd com o argumento −1 e, logo em seguida, empregue a instrução Randomize com um argumento definido.
- Para produzir números aleatórios inteiros, variando entre uma faixa determinada de dados, empregue a seguinte fórmula:

Int(LimiteSuperior − LimiteInferior) * Rnd + LimiteInferior

Exemplo: Empregue a janela Verificação Imediata para observar como Rnd gera números aleatórios.

?Rnd(-1)	'Retorna 0.224007
?Rnd	'Retorna 3.584582E-02
?Rnd	'Retorna 8.635235E-02
?Rnd(-1)	'Reinicia a seqüência
?Rnd	'Retorna 3.584582E-02
Randomize	'Quebra a seqüência
?Rnd	'Retorna 0.5306273

Sgn

Função empregada para retornar um valor inteiro indicando o sinal de uma expressão, empregando a seguinte sintaxe:

Sgn(Expressão)

Onde,

- **Expressão**: argumento obrigatório, que resulta em um número cujo sinal será avaliado, retornando:

Valor de Expressão	Valor retornado por Sgn
< 0	-1
= 0	0
> 0	1

Exemplo: Empregue a janela Verificação Imediata para testar o valor retornado pela função Sng.

?Sgn(5)	'Retorna 1
?Sgn(-5)	'Retorna −1
?Sgn(0)	'Retorna 0

Sin

Função empregada para retornar o valor do seno de um ângulo ou expressão, utilizando a seguinte sintaxe:

   Sin(Expressão)

Onde,

- **Expressão**: argumento obrigatório, consistindo de qualquer expressão numérica válida que expresse o valor do ângulo em radianos.

As seguintes considerações são válidas para a função Sin:

- Sin calcula o valor do comprimento do lado oposto ao ângulo recebido como argumento;
- O resultado retornado por Sin varia de –1 a 1;
- Para converter o valor retornado por um ângulo de graus para radianos, multiplique-o por $\pi/180$;

Exemplo: Empregue a janela Verificação Imediata para testar a função Sin, digitando:

   ?Sin(0) 'Retorna 0
   ?Cos(3.14159265358979/2)   'Retorna 1

Sqr

Função empregada para retornar a raiz quadrada de uma expressão, utilizando a seguinte sintaxe:

   Sqr(Expressão)

Onde,

- **Expressão**: argumento obrigatório, consistindo de um valor numérico maior ou igual a zero;
- Você pode obter qualquer raiz (cúbica, quadrática...) empregando o operador "^" para elevar um número a uma potência fracionária. Por exemplo, para encontrar a raiz cúbica de 27, empregue 27^(1/3), para a raiz quadrática = 27^(1/4) etc.

Exemplo: Empregue a janela Verificação Imediata para verificar o valor retornado pela função Sqr.

   ?Sqr(144)   'Retorna 12
   ?144^(1/2)   'Retorna 12

Tan

Função empregada para retornar o valor da tangente de um ângulo ou expressão, utilizando a seguinte sintaxe:

Tan(Expressão)

Onde,

- **Expressão**: argumento obrigatório, consistindo de qualquer expressão numérica válida.

As seguintes considerações são válidas para a função Tan:

- Tan calcula a tangente trigonométrica (ou inclinação), consistindo da razão entre o comprimento do lado oposto ao ângulo divido pelo comprimento do lado adjacente;
- Para converter o argumento recebido por Tan de radianos para graus, multiplique-o por $\pi/180$;

Exemplo: Empregue a janela Verificação Imediata para testar a função Tan, digitando:

?Tan(3.14159265358979/4)   'Retorna 0.999999999999998 $\cong$ 1 (Tangente de 45⁰)

Funções matemáticas derivadas

Você pode produzir diversas outras funções trigonométricas a partir das funções básicas Sin, Cos, Tan e Atn, empregando a seguinte tabela de fórmulas:

Função	Fórmula a ser empregada
Secante	Sec(X) = 1 / Cos(X)
Cosecante	Cosec(X) = 1 / Sin(X)
Cotangente	Cotan(X) = 1 / Tan(X)
Arco-seno	Arcseno(X) = Atn(X / Sqr(-X * X + 1))
Arco-coseno	Arccos(X) = Atn(-X / Sqr(-X * X + 1)) + 2 * Atn(1)
Arco-secante	Arcsec(X) = Atn(X / Sqr(X * X – 1)) + Sgn((X) – 1) * (2 * Atn(1))
Arco-cosecante	Arccosec(X) = Atn(X / Sqr(X * X - 1)) + (Sgn(X) – 1) * (2 * Atn(1))
Arco-cotangente	Arccotan(X) = Atn(X) + 2 * Atn(1)
Sino hiperbólico	SenH(X) = (Exp(X) – Exp(-X)) / 2
Coseno hiperbólico	CosH(X) = (Exp(X) + Exp(-X)) / 2
Tangente hiperbólica	TanH(X) = (Exp(X) – Exp(-X)) / (Exp(X) + Exp(-X))
Secante hiperbólica	SecH(X) = 2 / (Exp(X) + Exp(-X))

Cosecante hiperbólica	CosecH(X) = 2 / (Exp(X) − Exp(-X))
Cotangente hiperbólica	CotanH(X) = (Exp(X) + Exp(-X)) / (Exp(X) − Exp(-X))
Arco-seno hiperbólico	ArcsenH(X) = Log(X + Sqr(X * X + 1))
Arco-coseno hiperbólico	ArccosH(X) = Log(X + Sqr(X * X − 1))
Arco-tangente hiperbólico	ArctanH(X) = Log((1 + X) / (1 − X)) / 2
Arco-secante hiperbólica	AcsecH(X) = Log((Sqr(-X * X + 1) + 1) / X)
Arco-cosecante hiperbólica	ArccosecH(X) = Log((Sgn(X) * Sqr(X * X + 1) + 1) / X)
Arco-cotangente hiperbólica	ArccotanH(X) = Log((X + 1) / (X − 1)) / 2

Funções para manipulação de strings

Neste capítulo você obtém informações sobre as funções do VBA para manipulação de strings, permitindo obter seu comprimento (Len), parte dos caracteres à esquerda ou à direita (Left e Right), obter ou alterar qualquer parte de seu interior (Mid e Replace), retirar espaços (Trim, Ltrim e Rtrim), pesquisar uma substring em uma string (Instr), obter um caractere a partir de seu código ASCII, formatar uma string com uma aparência específica (Format) etc.

Índice do capítulo

Chr 128
Format 128
FormatCurrency 135
FormatDateTime 136
FormatNumber 137
FormatPercent 138
Hex 139
InStr 139
InStrRev 141
Join 142
Lcase 143
Left 144
Len 144
Lset 145
Ltrim 147

Mid 147
Oct 148
Replace 149
Right 150
Rset 151
Rtrim 151
Space 152
Str 153
StrComp 152
StrConv 153
String 154
StrReverse 155
Trim 156
Ucase 156

Chr

Função empregada para retornar o caractere associado ao código de caractere fornecido como argumento, utilizando esta sintaxe:

Chr(CódigoDoCaracter)

Onde,

CódigoDoCaracter: argumento obrigatório, consistindo de um número que identifique um caractere na tabela ASCII ou UNICODE.

As seguintes considerações são válidas para a função Chr:

- A faixa padrão de caracteres varia de 0 a 255 (inclusive). Em sistemas UNICODE (como o Chinês), este valor pode variar de 128 a 32768;
- Códigos compreendidos entre 0 e 31 são códigos ASCII não imprimíveis, utilizados pelo sistema operacional. Chr(0) retorna Null, Chr(13) = Enter ou Carriage Return, Chr(9) = Tab etc.;
- Chr() é útil em eventos de tecla (KeyDown, KeyUp e KeyPress) para identificar o código das teclas pressionadas pelo usuário. KeyDown e KeyUp diferenciam as teclas esquerda e direita (como Shift, Ctrl, Alt) enquanto KeyPress não as diferencia.

Exemplo: No próximo exemplo, demonstra-se como empregar a função Chr() para verificar qual foi a tecla pressionada, empregando-se a janela Verificação Imediata.

```
?Chr(48)   ' Retorna 0
?Chr(49)   ' Retorna 1
?Chr(65)   ' Retorna A
?Chr(66)   ' Retorna B
```

Format

Função empregada para formatar uma expressão de acordo com as instruções contidas no código de formatação fornecido, utilizando esta sintaxe:

Format(Expressão[, Formato[, PrimeiroDiaDaSemana[, PrimeiraSemanaDoAno]]])

Onde,

- **Expressão**: argumento obrigatório, consistindo de qualquer expressão válida;
- **Formato**: argumento opcional, consistindo de um nome ou formato válido, passível de ser aplicado a Expressão, ou de uma string de formatação, ambos fornecidos entre aspas;
- **PrimeiroDiaDaSemana**: argumento opcional, é uma constante que especifica o qual é o primeiro dia da semana (domingo, segunda, terça....). O valor padrão para este argumento opcional é "domingo" (valor 1). Outros valores possíveis podem ser encontrados na tabela a seguir:

Funções para manipulação de strings - 129

Constante	Valor	Descrição
vbUseSystem	0	Usa a definição padrão API do Windows
vbSunday	1	Domingo (valor padrão)
vbMonday	2	Segunda
vbTuesday	3	Terça
vbWednesday	4	Quarta
VbThursday	5	Quinta
vbFriday	6	Sexta
vbSaturday	7	Sábado

- **PrimeiraSemanaDoAno**: argumento opcional, é uma constante que especifica qual será considerada a primeira semana do ano. A menos que seja explicitamente especificado, o VBA supõe que a primeira semana do ano é aquela onde se encontra o dia 1 de janeiro.

Constante	Valor	Descrição
vbUseSystem	0	Usa a definição padrão API do Windows
vbFirstJan1	1	(Padrão) Inicia na semana onde ocorre o dia 1 de janeiro
vbFirstFourDays	2	Inicia na primeira semana que contém pelo menos 4 dias no ano atual
vbFirstFullWeek	3	Inicia com a primeira semana completa no ano

Formatando números

As seguintes considerações são válidas sobre a função Format para a **Formatação de Números**:

- Format sempre devolve uma string numérica;
- Se Expressão for um número e você não especificar o formato desejado, o valor retornado por Format será similar ao valor retornado pela função Str, excetuando-se pelo fato de que números formatados como Str incluem um espaço à sua esquerda para indicar o sinal do número, enquanto que Format, sem qualquer argumento, não fornece este espaço;
- Empregue os formatos nomeados do VBA para utilizar os padrões definidos no Painel do Controle do Windows, empregue as constantes citadas na próxima tabela.

Nome do formato	Descrição
General Number	Exibe o número sem separadores de milhar.
Currency	Exibe o número de acordo com o formato de Moeda especificado no Painel de Controle

Nome do formato	Descrição
Fixed	Exibe pelo menos um digito à esquerda e dois dígitos à direita da casa decimal, de acordo com o especificado no Painel de Controle
Standard	Exibe números de acordo com o formato Padrão definido pelo Painel de Controle (com zero a esquerda e dois dígitos à direita da casa decimal)
Percent	Exibe números multiplicados por 100, sucedidos do símbolo de "%"
Scientific	Usa notação científica padrão, onde os números são exibidos como um valor exponencial múltiplo de 3, usando a notação X.XX E3
Yes/No	Exibe o número como formato Sim/Não, onde apenas 0 (zero) é "Não" e os demais valores "Sim"
True/False	Exibe o número como formato lógico, onde apenas 0 (zero) é "False" e os demais valores "True"
On/Off	Exibe o número como formato On/Off, onde apenas 0 (zero) é "Off" e os demais valores "On"

- Além dos formatos nomeados, você também pode se valer da seguinte tabela para criar formatos numéricos definidos pelo usuário.

Caracter	Descrição
Nenhum	Exibe o número sem formatação
0	Exibe um dígito ou zero, tanto à esquerda quanto à direita da casa decimal. Se houver um dígito na posição do caractere "0" no formato, o mesmo é exibido. Mesmo que não haja um digito, zero será exibido neste lugar.
	Se o número de dígitos for menor do que o número de zeros utilizado no formato, zeros serão exibidos no local onde os números esperados. Se o número de dígitos for maior do que o número de zeros, dígitos à esquerda da casa decimal serão exibidos normalmente, porém à direita da casa decimal o valor será truncado para o número de zeros fornecido no formato.
#	Exibe um dígito ou nada, tanto à esquerda quanto à direita da casa decimal. Se houver um dígito na posição do caractere "#" no formato, o mesmo é exibido. Se não houver qualquer dígito nesta posição, nada será exibido.
	Se o número de dígitos for menor do que o número de "#", utilizado no formato, nada será exibido no local onde os números são esperados. Se o número de dígitos for maior do que o número de "#", dígitos à esquerda da casa decimal serão exibidos normalmente, porém à direita da casa decimal o valor será truncado para o número de "#" fornecido.

Caracter	Descrição
.	Caractere de separação decimal, podendo variar de acordo com a definição atualmente empregada no Painel de Controle do Windows. Este símbolo indica quantos dígitos são exibidos à direita e à esquerda do separador decimal. O emprego deste caractere no formato faz com que números menores do que um (<1) sejam exibidos iniciando-se com este separador decimal. Para garantir a exibição do caractere "0" à esquerda do separador decimal, use o símbolo "0" no formato do número.
%	Símbolo de porcentagem, quando utilizado no formato, faz com que o valor fornecido seja multiplicado por 100, fornecendo o símbolo "%" na posição especificada do formato.
,	Caractere separador de milhares, podendo variar de acordo com a definição atualmente empregada no Painel de Controle do Windows. Este símbolo indica se os valores de centena, milhar, milhão etc. serão separados por este caractere. O emprego de dois separadores de milhares consecutivos, imediatamente antes do separador decimal no formato, faz com que o valor exibido seja reescalonado, sendo o mesmo dividido por 1000, mesmo que o separador decimal não seja fornecido (Ex.: Format(100000, "#,," retorna 100). Números menores que 1000, são exibidos como 0 (zero). Dois separadores de milhar consecutivos em qualquer outra posição não fornecem qualquer efeito na exibição do dígito, indicando apenas o emprego de separador decimal em sua exibição.
:	Caractere separador de horas, podendo variar de acordo com a definição atualmente empregada no Painel de Controle do Windows. Este símbolo indica como horas, minutos e segundos serão separados com a função Format, podendo-se suprimir os segundos, por exemplo.
/	Caractere separador de datas podendo variar de acordo com a definição atualmente empregada no Painel de Controle do Windows. Este símbolo indica como dias, meses e anos serão separados pela função Format, podendo-se suprimir o dia, mês, ou ano, se desejado.
E- E+ e- e+	Caracteres empregados para notação científica, exige a presença de pelo menos um caractere 0 ou # à direita do E-, E+, e-, or e+ para exibir o número no formato exponencial, inserindo a letra E ou e entre o número e o seu expoente. O número de caracteres # ou 0 a direita da letra E, determina o número de dígitos empregado no expoente. Use E- ou e- para colocar um sinal de menos (-) próximo ao expoente. Use E+ ou e- para colocar um sinal de mais (+) ou um sinal de menos (-) próximo ao expoente, dependendo da magnitude do número.

Caracter	Descrição
- + $ ( )	Caracteres literais, exibidos como estão no local em que são fornecidos no formato. Para exibir qualquer outro caractere literal no formato, preceda-o como o caractere "\" ou envolva-o em aspas duplas (" ").
\	Força a exibição de um caractere literal na string formatada (como os dígitos usados na formatação de CPF e CGC), desde que o caractere desejado seja precedido pelo símbolo "\" (você também pode usar aspas duplas (" ")).
	Certos caracteres NÃO PODEM ser exibidos como caracteres literais em um número, como os caracteres de formatação de data e hora (a, c, d, h, m, n, p, q, s, t, w, y, / and :), os caracteres de formatação numérica (#, 0, %, E, e, vírgula, e ponto), e os caracteres de formatação de string (@, &, <, >, !).
"ABC"	Esta simbologia indica que a string contida dentro das aspas duplas será exibida literalmente no formato. Para criar strings de formatação com o VBA use a função Chr(), usando o código 34 para criar as aspas duplas (Chr(34)) e permitir a string de formatação.

- Números formatados com a função Format podem possuir até quatro seções distintas de formatação, separadas por vírgulas que, se utilizadas, atuam na formatação do número de acordo com a seguinte regra:
   o Apenas uma seção: todos os valores são formatados de acordo com o formato empregado;
   o Duas seções: a primeira seção aplica-se a números positivos e zero, enquanto a segunda seção aplica-se a números negativos;
   o Três seções: a primeira seção aplica-se a números positivos, a segunda a números negativos e a terceira ao valor zero;
   o Quatro seções: a primeira seção aplica-se a números positivos; a segunda a números negativos; a terceira ao valor zero; e a quarta a valores nulos (Null).

Exemplo: Os exemplos seguintes indicam como empregar a função Format para formatar números com seus diversos argumentos:

?Format(10000)   'Resulta em 10000
?Format(10000, "#,###.00")   'Resulta em 10,000.00
?Format(1123.4560, "#,###.00)   'Resulta em 1,123.46
?Format(-2,"0.0;(0.0)")   'Resulta em (2.0) (negativo entre parênteses
?Format(0,"0.0;(0.0);"Zero")   'Resulta em "Zero" (sem as aspas)
?Format(0,"$0.00;($0.00);")   'Resulta em $0.00
?Format(100000,"$#,##0.00;($#,##0.00);")   'Resulta em $100,000.00
?Format(100000,"0.0E+")   'Resulta em 1.0E+5

Formatando Data e Hora

As seguintes considerações são válidas sobre a função Format para a **Formatação de Datas**:

- Empregue os formatos nomeados do VBA, citados na função FormatDataTime, para utilizar os padrões definidos no Painel do Controle do Windows;
- Além dos formatos nomeados, você também pode se valer da seguinte tabela para criar formatos de data e hora definidos pelo usuário.

Caracteres	Descrição
:	Separador de horas, minutos e segundos
/	Separador de datas (dia/mês/ano)
c	Exibe a data no formato ddddd e a hora no formato ttttt.
d	Dias numéricos, de 1-30
dd	Dias 01-30
ddd	Dia literal da semana, com três letras, de Seg a Sex
dddd	Dia literal da semana completo, de domingo a sexta-feira
ddddd	Exibe a data no formato "Data abreviada" (dd/mm/aaaa)
dddddd	Exibe a data no formato "Data completa" (segunda-feira, 30 de junho de 2003)
w	Exibe o número do dia da semana. 1 para domingo, e para segunda etc.
ww	Exibe o número da semana do ano, de 01 a 51
m	Mês numérico, de 1 a 12
mm	Mês numérico, de 01 a 12
mmm	Mês literal com três letras, de Jan a Dez
mmmm	Mês literal completo: janeiro a dezembro
y	Dia do ano, variando de 1 a 366
yy	Ano com duas casas decimais
yyyy	Ano, de 100 a 9999
Q	Indica o trimestre da data (1, 2, 3 ou 4)
h	Exibe a hora, variando de 1 a 23
hh	Exibe a hora, variando de 01 a 23
n	Exibe os minutos, variando de 1 a 59
nn	Exibe os minutos, variando de 01 a 59
s	Exibe os segundos, variando de 1 a 59
ss	Exibe os segundos, variando de 01 a 59
ttttt	Exibe a hora completa (hora:minuto:segundo)
AM/PM	Exibe a hora no formato de 12 horas, sucedida por AM ou PM
am/pm	Exibe a hora no formato de 12 horas, sucedida por am ou pm

Caracteres	Descrição
A/P	Exibe a hora ho formato de 12 horas, sucedida por A ou P
a/p	Exibe a hora ho formato de 12 horas, sucedida por a ou p

Exemplo: O próximo exemplo demonstra como utilizar a janela Verificação Imediata para verificar diferentes formatações do comando Format para Data e Hora:

?Format("25/04/1961", "Long Date") 'Resulta em terça-feira, 25 de abril de 1961
?Format("25/04/1961", "dd/mm") 'Resulta em 25/04
?Format("25/04/1961", "dd/mmm") 'Resulta em 25/Abr
?Format("25/04/1961", "dd/mmmm") 'Resulta em 25/Abril
?Format("25/04/1961", "q") 'Resulta em 2 (segundo trimestre)
?Format("25/04/1961", "y") 'Resulta em 115 (dia 115 do ano)
?Format("25/04/1961", "w") 'Resulta em 3 (terça-feira)
?Format("25/04/1961", "ww") 'Resulta em 17 (17ª semana do ano)

Formatando Strings

As seguintes considerações são válidas sobre a função Format para a **Formatação de Strings**:

- Strings formatadas com a função Format podem possuir até duas seções distintas de formatação, separadas por vírgulas que, se utilizadas, atuam na formatação do texto de acordo com a seguinte regra:
    o Apenas uma seção: todos o texto é formatado de acordo com o formato empregado;
    o Duas seções: a primeira seção aplica-se a strings, enquanto a segunda seção aplica-se a valores nulos (Null) e strings vazias ("");
- Empregue os caracteres exibidos na próxima tabela para criar formatos especiais com strings de texto.

Caracteres	Descrição
@	Exibe um caractere ou um espaço na posição onde aparece o caractere @ na string de formatação
&	Exibe um caractere ou nada na posição onde aparece o caractere & na string de formatação
<	Força a exibição de caracteres em minúsculas
>	Força a exibição de caracteres em maiúsculas
!	Força o preenchimento da esquerda para a direita (o padrão é da direita da esquerda). Pode aparecer em qualquer lugar da string de formatação

Funções para manipulação de strings - 135

Exemplo: Os exemplos que se seguem demonstram como empregar a função Format para formatar strings de texto:
?Format("FLAVIO","<")   'Resulta em flavio (em minúsculas)
?Format("flavio",">")   'Resulta em FLAVIO (em maiúsculas)
?Format("Flavio", "!>@@@")   'Resulta em VIO (últimas tres letras em maiúsculas)

FormatCurrency

Função empregada para formatar um valor numérico com o formato de moeda atualmente definido pela seção Configurações Regionais do Painel de Controle do Windows, usando esta sintaxe:

FormatCurrency(Expressão[,NumCasasDecimais [,IncluirZeroÀEsquerda
[,UsarParêntesesEmNúmeroNegativo [,AgruparDígitos]]]])

Onde,

- **Expressão**: argumento obrigatório, indicando o valor a ser formatado;
- **NumCasasDecimais**: argumento opcional, indicando quantas casas decimais serão exibidas. Empregue –1 (valor padrão) para utilizar as configurações regionais utilizadas pelo Windows;
- **IncluirZeroÀEsquerda**: argumento opcional de três estados, que indica se o zero à esquerda do separador decimal será ou não exibido;
- **UsarParêntesesEmNúmeroNegativo**: argumento opcional de três estados que indica se os valores negativos serão exibidos entre parênteses;
- **AgruparDígitos**: argumento opcional de três estados que indica se os valores de milhar, milhão, bilhão etc., serão agrupados com o separador de grupo definido nas configurações regionais do Windows;

As seguintes considerações são válidas para a função FormatCurrency:

- FormatCurrency recebe um valor numérico e devolve uma string truncada no número de casas decimais solicitado (por padrão, duas casa decimais), e com o símbolo de moeda atualmente definido nas configurações regionais do Windows;
- IncluirZeroÀEsquerda, UsarParêntesesEmNúmeroNegativo e AgruparDígitos podem ser definidos de três formas distintas, empregando a tabela a seguir:

Constante	Valor	Descrição
VbTrue	–1	Verdadeiro
VbFalse	0	Falso
VbUseDefault	–2	Emprega as definições do Painel de Controle do Windows.

Exemplo: O próximo exemplo mostra como empregar a função FormatCurrency para obter valores formatados na janela Verificação Imediata do VBA:

?FormatCurrency(100)   'Retorna R$ 100,00 (padrão do painel de controle)
?FormatCurrency(0.10,3,vbFalse)   'Retorna R$,100 (sem o zero à esquerda)
?FormatCurrency(-0.10,,,vbTrue)   'Retorna (R$ 0,10) (negativo entre parênteses)

FormatDateTime

Função empregada para retornar uma expressão numérica no formato data/hora especificado, utilizando esta sintaxe:

FormatDateTime(DataHora [,Formato])

Onde,

- **DataHora**: argumento obrigatório, consistindo de uma expressão que após avaliada, resulte em uma data/hora válidos;
- **Formato**: argumento opcional, indicando o formato a ser utilizado.

As seguintes considerações são válidas para a função FormatDateTime:

- O argumento Formato pode ser definido para um dos formatos nomeados padrão no VBA, de acordo com a tabela abaixo:

Constante	Valor	Descrição
vbGeneralDate	0	Exibe data e ou hora. Datas são exibidas no formato "Data abreviada" e hora no formato Hora completa
vbLongDate	1	Exibe a data no formato de data completa, como definido no Painel de Controle (Terça-feira, 25 de abril de 1961)
VbShortDate	2	Exibe a data usando o formato de data abreviada como definido no Painel de Controle (25/04/1961)
VbLongTime	3	Exibe a hora usando o formato de hora completa, como definido no Painel de Controle (13:24:56)
VbShortTime	4	Exibe a hora no formato 24h (13:24)

As seguintes considerações são válidas para a função FormatDateTime:

- FormatDateTime recebe como argumento uma data ou hora válidas, e retorna uma string formatada com um dos formatos padrão definidos nas configurações regionais do Windows;
- Se DataHora for uma data inválida, FormatDateTime provocará um erro em tempo de execução de não-equivalência de dados (Type Mismatch)
- Você pode fornecer um número inteiro ou real para FormatDateTime. Nesta situação, a parte inteira do número será avaliada como uma data serial, onde 0

(zero) refere-se à data 30/12/1899, e a parte fracionária como uma hora entre 0:00 e 23.59, com precisão de 18 milisegundos.

Exemplo: O exemplo a seguir mostra como empregar a função FormatDateTime para obter valores formatados na Janela Verificação Imediata do VBA:

?FormatDateTime (0, vbLongDate)   'Retorna sábado, 30 de dezembro de 1899
?FormatDateTime ("25/4/61",vbShortDate)   'Retorna 25/4/1961
?FormatDateTime ("25/4/61",vbLongDate)   'Retorna terça-feira, 25 de abril de 1961

FormatNumber

Função empregada para formatar um número ou expressão avaliada em um número, empregando o formato especificado, utilizando esta sintaxe:

FormatNumber(Expressão [,NumCasasDecimais [,IncluirZeroÀEsquerda _ [,UsarParêntesesEmNúmeroNegativo [,AgruparDígitos]]]])

Onde,

- **Expressão**: argumento obrigatório, indicando o valor a ser formatado;
- **NumCasasDecimais**: argumento opcional, indicando quantas casas decimais serão exibidas. Empregue –1 (valor padrão) para utilizar as configurações regionais utilizadas pelo Windows;
- **IncluirZeroÀEsquerda**: argumento opcional de três estados, que indica se o zero à esquerda do separador decimal será ou não exibido;
- **UsarParêntesesEmNúmeroNegativo**: argumento opcional de três estados que indica se os valores negativos serão exibidos entre parênteses;
- **AgruparDígitos**: argumento opcional de três estados que indica se os valores de milhar, milhão, bilhão etc., serão agrupados com o separador de grupo definido nas configurações regionais do Windows;

As seguintes considerações são válidas para a função FormatNumber:

- FormatNumber recebe um valor numérico e devolve uma string truncada no número de casas decimais solicitado (por padrão, duas casa decimais);
- IncluirZeroÀEsquerda, UsarParêntesesEmNúmeroNegativo e AgruparDígitos podem ser definidos de três formas distintas, empregando a tabela a seguir:

Constante	Valor	Descrição
VbTrue	–1	Verdadeiro
VbFalse	0	Falso
VbUseDefault	–2	Emprega as definições do Painel de Controle do Windows.

Exemplo: O próximo exemplo mostra como empregar a função FormatCurrency para obter valores formatados na janela Verificação Imediata do VBA:

    ?FormatNumber(100)   'Retorna 100,00 (padrão do painel de controle)
    ? FormatNumber (0.10,3,vbFalse) 'Retorna ,100 (sem o zero à esquerda)
    ? FormatNumber (-0.10,,,vTrue) 'Retorna (0,10) (negativo entre parênteses)

FormatPercent

Função empregada para formatar uma expressão numérica como um valor percentual, multiplicado por 100 e sucedido pelo símbolo "%", utilizando esta sintaxe:

FormatPercent(Expressão [,NumCasasDecimais [,IncluirZeroÀEsquerda _
[,UsarParêntesesEmNúmeroNegativo [,AgruparDígitos]]]])

Onde,

- **Expressão**: argumento obrigatório, indicando o valor a ser formatado;
- **NumCasasDecimais**: argumento opcional, indicando quantas casas decimais serão exibidas. Empregue –1 (valor padrão) para utilizar as configurações regionais utilizadas pelo Windows;
- **IncluirZeroÀEsquerda**: argumento opcional de três estados, que indica se o zero à esquerda do separador decimal será ou não exibido;
- **UsarParêntesesEmNúmeroNegativo**: argumento opcional de três estados que indica se os valores negativos serão exibidos entre parênteses;
- **AgruparDígitos**: argumento opcional de três estados que indica se os valores de milhar, milhão, bilhão etc., serão agrupados com o separador de grupo definido nas configurações regionais do Windows;

As seguintes considerações são válidas para a função FormatPercent:

- FormatPercent recebe um valor numérico e devolve uma string truncada no número de casas decimais solicitado (por padrão, duas casa decimais);
- IncluirZeroÀEsquerda, UsarParêntesesEmNúmeroNegativo e AgruparDígitos podem ser definidos de três formas distintas, empregando a tabela que se segue:

Constante	Valor	Descrição
VbTrue	–1	Verdadeiro
VbFalse	0	Falso
VbUseDefault	–2	Emprega as definições do Painel de Controle do Windows.

Exemplo: O próximo exemplo mostra como empregar a função FormatCurrency para obter valores formatados na janela Verificação Imediata do VBA:

    ?FormatPercent(1)   'Retorna 100,00% (padrão do painel de controle)
    ? FormatPercent (0.10,3,vbFalse) 'Retorna 10.000% (sem o zero à esquerda)
    ? FormatPercent (-0.10,, ,True) 'Retorna (10.00%) (negativo entre parênteses)

Hex

Função empregada para converter o número fornecido como argumento em seu valor hexadecimal equivalente, utilizando a seguinte sintaxe:

Hex(Número)

Onde,

- **Número**: argumento obrigatório, consistindo de uma expressão numérica válida.

As seguintes considerações são válidas para a função Hex:

- Hex retorna sempre uma string;
- Hex opera apenas sobre números inteiros. Caso o argumento Número seja um número fracionário, este será arredondado para o número inteiro mais próximo e retornado seu valor hexadecimal, contendo até oito (8) caracteres hexadecimais;
- Se Número for Null, Hex retornará Null (propagação do Null)
- Se Número for empty, Hex retornará zero;
- No VBA você pode indicar que um número encontra-se no formato hexadecimal precedendo-o pelos caracteres &H (&HF =15; &H10 = 16)

Exemplo: Empregue a janela Verificação Imediata para verificar o valor retornado por Hex.

```
?Hex(9)      ' Retorna 9
?Hex(10)     ' Retorna A.
?Hex(100)    ' Retorna 64.
```

InStr

Função empregada para indicar a posição da primeira ocorrência de uma string no interior de outra string, utilizando a seguinte sintaxe:

InStr([Início,] StringAPesquisar, StringDesejada, [, TipoDeComparação])

Onde,

- **Início**: argumento opcional, indicando o ponto inicial dentro de StringAPesquisar no qual a pesquisa será iniciada. Se omitido, a pesquisa será iniciada a partir do primeiro caractere de StringAPesquisar. O argumento Início torna-se obrigatório caso o argumento TipoDeComparação seja utilizado;
- **StringAPesquisar**: argumento obrigatório, consistindo da string na qual será feita a pesquisa;
- **StringDesejada**: argumento obrigatório, consistindo da string a ser encontrada em StringAPesquisar;
- **TipoDeComparação**: argumento opcional, indicando o tipo de comparação a ser efetuada durante a pesquisa, de acordo com a seguinte tabela:

Constante	Valor	Descrição
vbUseCompareOption	-1	Efetua a comparação padrão, especificada pelo argumento Option Compare empregado na seção Declaração do módulo onde se encontra a função
vbBinaryCompare	0	Efetua uma comparação binária (case-sensitiva a maiúsculas/minúsculas)
vbTextCompare	1	Executa uma comparação textual (case insensitiva)
vbDatabaseCompare	2	Usada apenas no Microsoft Access, emprega o padrão de comparação utilizado pela cópia atual do Access

As seguintes considerações são válidas para a função InStr():

- InStr é utilizada para encontrar uma string dentro da outra. Se a string pesquisada for encontrada, InStr retorna sua posição dentro da string pesquisada. Caso contrário, InStr retorna 0 (não-encontrado);
- Se StringDesejada for Null, InStr() retorna Null (propagação do Null)
- Se Início for maior que o comprimento de StringAPesquisar, InStr() retorna 0 (zero).
- Para pesquisar strings binárias, empregue a função InStrB(), a qual pode ser empregada para encontrar dados binários armazenados em uma variável string. InStrB() funciona de forma idêntica à InStr(), mas em vez de retornar a posição de ocorrência do caractere pesquisado, retorna a posição binária do byte pesquisado.

Exemplo: O próximo exemplo demonstra o procedimento ContaOcorrências(), que emprega a função InStr() para verificar quantas vezes uma string de texto ocorre dentro de outra. O procedimento recebe como três argumentos: a string de texto a ser pesquisada, o texto que se deseja localizar e contar as ocorrências e um terceiro argumento que indica o tipo de pesquisa, utilizando como padrão vbTextCompare (não leva em consideração maiúsculas/minúsculas).

```
Function ContaOcorrências(TextoAPesquisar As String, TextoDesejado As String, _
            Optional CaseSensitivo As VbCompareMethod = vbTextCompare) _
            As Integer
  Dim intPos As Integer
  Dim intVezes As Integer

  Do
     intPos = InStr(intPos + 1, TextoAPesquisar, TextoDesejado, CaseSensitivo)
     If intPos > 0 Then
        intVezes = intVezes + 1
        intPos = intPos + 1
     End If
  Loop Until intPos = 0
```

        ContaOcorrências = intVezes
        End Function

InStrRev

Função empregada para indicar a posição da primeira ocorrência de uma string no interior de outra string, iniciando a pesquisa do fim da string para o início, utilizando a seguinte sintaxe:

InstrRev(StringAPesquisar, StringDesejada[, Início[, TipoDeComparação]])

Onde,

- **Início**: argumento opcional, indicando o ponto inicial dentro de StringAPesquisar no qual a pesquisa será iniciada. Se omitido, a pesquisa será iniciada a partir do primeiro caractere de StringAPesquisar. O argumento Início torna-se obrigatório caso o argumento TipoDeComparação seja utilizado;
- **StringAPesquisar**: argumento obrigatório, consistindo da string na qual será feita a pesquisa;
- **StringDesejada**: argumento obrigatório, consistindo da string a ser encontrada em StringAPesquisar;
- **TipoDeComparação**: argumento opcional, indicando o tipo de comparação a ser efetuada durante a pesquisa, de acordo com a seguinte tabela:

Constante	Valor	Descrição
vbUseCompareOption	-1	Efetua a comparação padrão, especificada pelo argumento Option Compare empregado na seção Declaração do módulo onde se encontra a função
vbBinaryCompare	0	Efetua uma comparação binária (case-sensitiva a maiúsculas/minúsculas)
vbTextCompare	1	Executa uma comparação textual (case insensitiva)
vbDatabaseCompare	2	Usada apenas no Microsoft Access, emprega o padrão de comparação utilizado pela cópia atual do Access

As seguintes considerações são válidas para a função InStr():
- InStrRev é utilizada para encontrar uma string dentro da outra, iniciando a pesquisa a partir do fim da string em direção ao seu início. Se a string pesquisada for encontrada, InStrRev retorna sua posição dentro da string pesquisada. Caso contrário, InStr retorna 0 (não-encontrado);
- A sintaxe empregada por InStrRev() é diferente daquela empregada pela função InStr();

- Se StringDesejada for Null, InStrRev() retorna Null (propagação do Null);
- Se Início for menor ou igual a 1, InStrRev() retorna 0 (zero).

Exemplo: O próximo exemplo demonstra o procedimento ContaOcorrênciasRev(), que emprega a função InStrRev() para verificar quantas vezes uma string de texto ocorre dentro de outra. O procedimento recebe como três argumentos: a string de texto a ser pesquisada, o texto que se deseja localizar e contar as ocorrências e um terceiro argumento que indica o tipo de pesquisa, utilizando como padrão vbTextCompare (case insensitivo). Nesta situação, o procedimento inicia a pesquisa pelo último caractere da string a pesquisar, empregando a função Len para saber sua posição.

```
Function ContaOcorrênciasRev(TextoAPesquisar As String, TextoDesejado As String, _
                Optional CaseSensitivo As VbCompareMethod = vbTextCompare) _
                As Integer
    Dim intPos As Integer
    Dim intVezes As Integer

    intPos = Len(TextoAPesquisar)
    Do
        intPos = InStrRev(TextoAPesquisar, TextoDesejado, intPos, CaseSensitivo)
        If intPos > 0 Then
            intVezes = intVezes + 1
            intPos = intPos - 1
        End If
    Loop Until intPos = 0

    ContaOcorrênciasRev = intVezes
End Function
```

Join

Função empregada para criar uma string a partir da concatenação dos diversos elementos de uma matriz recebida como argumento, separados pelo delimitador especificado, utilizando esta sintaxe:

Join(Matriz[, Delimitador])

Onde,
- **Matriz**: argumento obrigatório, consistindo de uma matriz unidimensional, onde cada um de seus elementos é uma substring a ser concatenado;
- **Delimitador**: argumento opcional, indicando o caractere a ser empregado como delimitador de campo de cada uma das substrings a ser concatenada.

As seguintes considerações são válidas para a função Join:
- Join retorna uma string resultante da concatenação dos elementos de uma matriz, o que a torna ótima função para serializar dados matriciais em um arquivo de dados texto ou binário, aberto com a instrução Open;

- Se Delimitador for omitido, será empregado em seu lugar o caractere de espaço;
- Se Delimitador for uma string vazia (""), Join irá concatenar os elementos sem qualquer espaço entre eles

Lcase

Função empregada para converter todas as letras de uma string para minúsculas, utilizando esta sintaxe:

LCase(Texto)

Onde,

- **Texto**: argumento obrigatório, consistindo do texto ou expressão cujas letras devam ser convertidas para minúsculas. Se Texto for Null, Lcase retorna Null (propagação do Null);

Exemplo: O próximo exemplo demonstra como empregar a janela Verificação Imediata para verificar o resultado retornado por Lcase.

?Lcase("GUIA DE REFERÊNCIA DO VBA")
guia de referência do vba

Left

Função empregada para retornar um número especificado de caracteres localizados a partir da extremidade esquerda de uma string, utilizando esta sintaxe:

Left(Texto, NúmeroDeCaracteres)

Onde,

- **Texto**: argumento obrigatório, consistindo do texto cujos caracteres deverão ser extraídos;
- **NúmeroDeCaracteres**: argumento obrigatório, indicando quantos caracteres serão retornados, da esquerda para a direita.

As seguintes considerações são válidas para a função Left:

- Se Texto for Null, Left retornará Null (propagação do Null);
- Se NúmeroDeCaracteres = 0, Left retornará uma string de comprimento zero ("")
- Se NúmeroDeCaracteres for maior ou igual ao comprimento de Texto, toda a string Texto será retornada;
- Use a função LeftB para manipular strings contendo bytes de dados. Neste caso, em vez de indicar o número de caracteres a serem retornados, o argumento NúmeroDecaracteres deverá indicar o número de bytes desejados;
- Empregue a função Right do VBA para extrair caracteres da direita para a esquerda;
- Empregue a função Len do VBA para verificar o comprimento da string;

- Empregue a função Mid do VBA para extrair qualquer quantidade de letras de qualquer parte da string.

Exemplo: O próximo exemplo demonstra como empregar a janela Verificação Imediata para verificar o funcionamento da função Left.

?Left("Flavio Morgado", 1)   ' Retorna F
?Left("Flavio Morgado", 2)   ' Retorna Fl
?Left("Flavio Morgado", 6)   ' Retorna Flavio
?Left("Flavio Morgado", 50)   ' Retorna Flavio Morgado

Len

Função empregada para retornar o número de caracteres contidos em uma string de texto ou o número de bytes necessários para armazenar uma variável, utilizando a seguinte sintaxe:

Len(Argumento)

Onde,

- **Argumento:** argumento obrigatório, consistindo de uma string de texto cujo número de caracteres deseja-se verificar, ou o nome de uma variável qualquer cujo número de caracteres ou de bytes utilizados deseja-se verificar.

As seguintes considerações são válidas para a função Len:

- O VBA armazena o comprimento de uma string de texto nos seus primeiros bytes, fazendo com que a função Len seja extremamente veloz em retornar o comprimento de strings de qualquer tamanho (é muito mais rápido utilizar Len do que contar o número de caracteres da string utilizando um laço de programação);
- Se Argumento for Null, Len retornará Null (propagação do Null);
- Se Argumento for um tipo de dado definido pelo usuário Len retornará o tamanho total do tipo de dado, ou o espaço que ele ocupa a ser gravado em arquivos;
- Use a função LenB para operar strings binárias. Em vez de retornar o número de caracteres da string, LenB retornará o número de bytes utilizados para representá-la (usualmente, cada caractere consome 2 bytes).
- LenB pode ser útil para indicar o número de bytes que uma string utiliza na memória.
- LenB pode ser incapaz de retornar com precisão o número total de bytes armazenados em um tipo de dados definido pelo usuário que empregue strings de comprimento variável.

Exemplo: Empregue a janela Verificação Imediata para verificar o funcionamento da função Len.

?Len("Guia de Referência do Vba")   'Retorna 25 (caracteres)
?LenB("Guia de Referência do Vba")   'Retorna 50 (bytes, pois empregou-se LenB)

Lset

Instrução empregada para alinhar uma string de texto à esquerda de uma variável string ou atribuir o conteúdo de uma variável declarada como um tipo de dados definido pelo usuário para um outro tipo de dado, utilizando uma destas sintaxes:

LSet VariávelDeTexto = StringDeTexto
LSet TipoDeDados2 = TipoDeDados1

Onde,

- **VariávelDeTexto**: argumento obrigatório, consistindo do nome de uma variável declarada As String;
- **StringDeTexto**: argumento obrigatório, consistindo da string de texto a ser atribuída
- **TipoDeDados1** e **TipoDeDados2**: argumento obrigatório, consistindo de tipos de dados definidos pelo usuário (iguais ou diferentes entre si), a serem utilizados na operação.

As seguintes considerações são válidas para a instrução LSet:

- LSet é útil para retornar tipos de dados definidos pelo usuário, armazenados em uma string, para cada elemento do tipo de dado, empregando-se uma única operação
- Empregue a função Rset para serializar os valores de um tipo de dados definido pelo usuário em uma string de texto (Rset é o inverso de LSet)
- Quando StringDeTexto tiver comprimento menor do que VariávelDeTexto, LSet empregará espaços para preencher todos os caracteres remanescente à direita de VariávelDeTexto;
- Apesar de ser possível, evite utilizar LSet para atribuir uma variável de um tipo de dado definido pelo usuário a outro tipo de dados. Você poderá ter resultados imprevisíveis, a menos que TipoDeDados1 tenha equivalência com os primeiros elementos de TipoDeDados2 e/ou seja de mesmo comprimento (LSet copia os dados binários de uma variável para outra, sem considerar se a variável que recebe os dados possui compatibilidade com eles. Ex: dados texto X números);

Exemplo: As próximas linhas de código demonstram o que ocorre quando emprega-se a instrução LSet para alinhar uma string de texto a uma outra variável string.

```
Dim strMeuNome as String
strMeuNome = "Flavio Morgado"    ' strMeuNome contém 14 caracteres
LSet strMeuNome = "VBA"          'strMeuNome contém "VBA           " (com 14 espaços)
```

LSet também pode ser utilizado como uma forma eficaz de se recuperar tipos de dado armazenados pelo usuário em arquivos texto ou binários, abertos com a instrução Open. Suponha que você possui um tipo de dados chamado Cliente, com a seguinte estrutura:

```
Public Type Cliente
    Nome As String * 20
```

    Idade As String * 3
    Telefone As String * 10
End Type

Você NÃO PODE utilizar LSet para atribuir uma variável de texto a este tipo de dados, pois LSet opera apenas com tipos de dados definidos pelo usuário, ou seja, a próxima operação irá falhar, pois tenta atribuir uma string a um tipo de dados definido pelo usuário (mesmo se a string contiver o número de caracteres desejado – 20 caracteres para o nome, 3 para a idade e 10 para o telefone)

    Dim typCliente as Cliente
    LSet typCliente = "Flavio E F Morgado 42 99881810 "

Para contornar este problema, crie um outro tipo de dados, que contenha apenas uma string de texto do comprimento do tipo de dados a ser atribuído (Cliente possui 33 caracteres):

    Private Type TextoFixo
        Texto As String * 33
    End Type

Agora você possui todos os elementos para criar um procedimento capaz de receber uma string de dados de 33 caracteres e alinhá-la facilmente com o tipo de dados. Basta atribuir o texto recebido uma variável do tipo TextoFixo, e empregar LSet para alinhar a variável do tipo TextoFixo com a variável do tipo Cliente.

    Function UsandoLSet(Texto As String)
        Dim typCliente As Cliente
        Dim typTextoFixo As TextoFixo

        typTextoFixo.Texto = Texto
        LSet typCliente = typTextoFixo

        Debug.Print "Nome = " & typCliente.Nome
        Debug.Print "Idade = " & typCliente.Idade
        Debug.Print "Telefone = " & typCliente.Telefone
    End Function

Use a janela Verificação Imediata para testar o procedimento, desta forma (a declaração das variáveis Cliente e TextoFixo deverá ocorrer na seção Declaração do módulo, e para o resultado ser correto, o conteúdo da string deverá passado como argumento para a função LSet deverá obedecer à estrutura da variável Cliente: Nome com 20 caracteres, Idade com 3 caracteres e Telefone com 10 caracteres):

    ?UsandoLSet("Flavio E F Morgado 42 2199881810")
    Nome = Flavio E F Morgado
    Idade = 42
    Telefone = 2199881810

Ltrim

Função empregada para retirar os espaços à esquerda de uma string, utilizando a seguinte sintaxe:
LTrim(Texto)

Onde,

- **Texto**: argumento obrigatório, consistindo de uma string ou expressão que resulte em uma string. Se Texto for Null, Ltrim retornará Null (propagação do Null)

Exemplo: Empregue a janela Verificação Imediata para verificar o funcionamento da função Ltrim.

?Ltrim("   VBA   ")   'Retorna "VBA   "
?Ltrim("VBA   ")   'Também retorna "VBA   " (não retira espaços à direita)

Mid

Função e instrução empregadas para extrair ou alterar um número específico de caracteres de uma string, utilizando a seguinte sintaxe:

Para a função Mid:
Mid(Texto, Início[, Comprimento])

Para a instrução Mid:
Mid(Texto, Início[, Comprimento]) = NovoTexto

Onde,

- **Texto**: argumento obrigatório, consistindo da string na qual os caracteres serão extraídos. Se Texto for Null, Mid retornará Null (propagação do Null);
- **Início**: argumento obrigatório, indica a posição na string a partir da qual os caracteres serão extraídos. Se Início for maior do que o comprimento total de Texto, Mid retornará uma string de comprimento zero ("");
- **Comprimento**: argumento opcional, indicando o número de caracteres a serem retornados de Texto, iniciando em Início. Se Comprimento for omitido, ou se o número de caracteres contidos na string for menor que Comprimento, todos os caracteres a partir de Início serão retornados.
- **NovoTexto**: argumento obrigatório a ser utilizado na instrução Mid, indica a string a ser empregada na substituição de parte de Texto.

As seguintes considerações são válidas para a função Mid:

- Início deve começar em 1. Se zero for fornecido, ocorrerá um erro em tempo de execução;

- A função Mid extrai uma cópia dos caracteres indicados em Texto, mas não altera seu conteúdo. Já a instrução Mid não extrai qualquer valor, mas altera o conteúdo de Texto;
- O número de caracteres a serem substituídos pela instrução Mid deve ser sempre menor ou igual ao número de caracteres existentes em Texto.
- Para extrair bytes contidos em uma string (string binária), empregue a função MidB. Neste caso, Início indica a posição do primeiro byte, e Comprimento indica o número de bytes a serem extraídos.
- Para alterar os bytes contidos em uma string (string binária), empregue a instrução MidB. Neste caso, Início indica a posição do primeiro byte onde a alteração terá início, e Comprimento indica o número de bytes a serem substituídos.

Exemplo: O próximo exemplo indica como utilizar o VBA para extrair caracteres de uma string.

```
Dim strFrase As String
Dim strTexto as String
Dim intPos as String
strFrase = "Minha vaca foi para o brejo"
'Localize a palavra "vaca" dentro de strFrase
intPos = InStr(1, strFrase, "vaca")     'intPos = 7 (sétimo caractere)
'Extraia a palavra "vaca" de strFrase, usando a função Mid
strTexto = Mid(strFrase, intPos, 4)    'Extrai 4 caracteres a partir do 7 caracter. strTexto="vaca"
'Substitui a palavra "vaca" por "mula", usando a instrução Mid
Mid(strFrase, intPos, 4) = "mula"
Debug.Print strFrase                   'Imprime "Minha mula foi para o brejo" na janela
Verificação Imediata
```

Oct

Função empregada para converter o número fornecido como argumento em seu valor octal equivalente, utilizando a seguinte sintaxe:

Oct(Número)

Onde,

- **Número**: argumento obrigatório, consistindo de uma expressão numérica válida.

As seguintes considerações são válidas para a função Oct:

- Oct retorna sempre uma string;
- Oct opera apenas sobre números inteiros. Caso o argumento Número seja um número fracionário, este será arredondado para o número inteiro mais próximo e retornado seu valor hexadecimal, contendo até oito (8) caracteres hexadecimais;
- Se Número for Null, Oct retornará Null (propagação do Null)
- Se Número for empty, Oct retornará zero;

- No VBA você pode indicar que um número encontra-se no formato octal precedendo-o pelos caracteres &O (&O10 =8; &O11 = 9)

Exemplo: Empregue a janela Verificação Imediata para verificar o valor retornado por Oct.

```
?Oct(6)     'Retorna 6
?Oct(7)     'Retorna 7
?Oct(8)     'Retorna 10
?Oct(9)     'Retorna 11
?Oct(10)    'Retorna 12
```

Replace

Função empregada para retornar uma string na qual uma substring foi substituída por outra substring um número especificado de vezes, utilizando esta sintaxe:

Replace(Expressão, Encontrar, SubstituirPor[, Início[, Contar[, TipoDeComparação]]])

Onde,

- **Expressão:** argumento obrigatório, consistindo da uma string ou expressão que resulte em uma string, contendo o texto a ser alterado;
- **Encontrar:** argumento obrigatório, indicando a substring a ser encontrada em Expressão;
- **SubstituirPor:** argumento obrigatório, indicando a substring a ser utilizada na substituição;
- **Início:** argumento opcional, indicando a posição dentro de Expressão onde a procura será iniciada. Se omitido, a procura se iniciará no primeiro caractere da string (valor padrão = 1);
- **Contar:** argumento opcional, indicando o úmero de substituições a serem executadas. Se omitido, será empregado o valor padrão -1, que indica a substituição de todas as substrings existentes em Expressão;
- **TipoDeComparação:** argumento opcional, indicando o tipo de comparação a ser efetuada durante a pesquisa, de acordo com a seguinte tabela:

Constante	Valor	Descrição
vbUseCompareOption	-1	Efetua a comparação padrão, especificada pelo argumeno Option Compare empregado na seção Declaração do módulo onde se encontra a função
vbBinaryCompare	0	Efetua uma comparação binária (case-sensitiva a maiúsculas/minúsculas)
vbTextCompare	1	Executa uma comparação textual (case insensitiva)
vbDatabaseCompare	2	Usada apenas no Microsoft Access, emprega o seu padrão de comparação atual.

150 - Guia de Referência do VBA

As seguintes considerações são válidas para a função Replace():

- Replace retorna uma nova string onde as alterações solicitadas foram realizadas, sem alterar o conteúdo de Expressão, expandindo a string, se necessário, para que a mesma receba as substituições desejadas, sem perda de conteúdo.
- A diferença entre a instrução Mid e a função Replace reside no fato de Mid sobrescrever parte da string, enquanto que Replace efetua uma substituição sem perda de dados.

Exemplo: Empregue a janela Verificação Imediata para testar a função Replace. Suponha que na seguinte frase, você queira substituir a palavra "próximas" por "demais":

"Nas próximas semanas, as próximas aulas serão..."

Empregue a função Replace desta forma para substituir apenas uma ocorrência:

?Replace("Nas próximas semanas, as próximas aulas serão...", "próximas", "demais",,1)
Nas demais semanas, as próximas aulas serão...

Para substituir todas as ocorrências, faça o argumento Contar = -1 ou omita-o:

?Replace("Nas próximas semanas, as próximas aulas serão...", "próximas", "demais")
Nas demais semanas, as demais aulas serão...

Right

Função empregada para retornar um número especificado de caracteres localizados a partir da extremidade direita de uma string, utilizando esta sintaxe:

Right(Texto, NúmeroDeCaracteres)

Onde,

- **Texto**: argumento obrigatório, consistindo do texto cujos caracteres deverão ser extraídos;
- **NúmeroDeCaracteres**: argumento obrigatório, indicando quantos caracteres serão retornados, da direita para a esquerda.

As seguintes considerações são válidas para a função Right:

- Se Texto for Null, Right retornará Null (propagação do Null);
- Se NúmeroDeCaracteres = 0, Right retornará uma string de comprimento zero ("");
- Se NúmeroDeCaracteres for maior ou igual ao comprimento de Texto, toda a string Texto será retornada;
- Use a função RightB para manipular strings contendo bytes de dados. Neste caso, em vez de indicar o número de caracteres a serem retornados, o argumento NúmeroDeCaracteres deverá indicar o número de bytes desejados;
- Empregue a função Left do VBA para extrair caracteres da esquerda para a direita;
- Empregue a função Len do VBA para verificar o comprimento da string;

- Empregue a função Mid do VBA para extrair qualquer quantidade de letras de qualquer parte da string.

Exemplo: O próximo exemplo demonstra como empregar a janela Verificação Imediata para verificar o funcionamento da função Right.

? Right ("Flavio Morgado", 1)   'Retorna o
? Right ("Flavio Morgado", 2)   'Retorna do
? Right ("Flavio Morgado", 7)   'Retorna Morgado
? Right ("Flavio Morgado", 50) 'Retorna Flavio Morgado

Rset

Instrução empregada para alinhar uma string de texto à direita de uma variável string utilizando esta sintaxe:

RSet VariávelDeTexto = StringDeTexto

Onde,

- **VariávelDeTexto**: argumento obrigatório, consistindo do nome de uma variável declarada As String;
- **StringDeTexto**: argumento obrigatório, consistindo da string de texto a ser atribuída

Exemplo: O próximo exemplo demonstra como RSet pode ser utilizada para alinhar um texto qualquer à direita de uma string.

Dim strMeuNome as String
strMeuNome = "Flavio Morgado"   ' strMeuNome contém 14 caracteres
RSet strMeuNome = "VBA"   'strMeuNome contém "   VBA" (com 14 espaços)

Rtrim

Função empregada para retirar os espaços à direita de uma string, utilizando a seguinte sintaxe:

RTrim(Texto)

Onde,

- Texto: argumento obrigatório, consistindo de uma string ou expressão que resulte em uma string. Se Texto for Null, Rtrim retornará Null (propagação do Null)

Exemplo: Empregue a janela Verificação Imediata para verificar o funcionamento da função Rtrim.

?Ltrim("   VBA   ")   'Retorna " VBA"
?Ltrim("   VBA")   'Também retorna " VBA" (não retira espaços à esquerda)

Space

Função empregada para retornar uma string de texto contendo um determinado número de espaços, utilizando esta sintaxe:

Space(NúmeroDeEspaços)

Onde,

- **NúmeroDeEspaços**: argumento obrigatório, consistindo de número de espaços a serem inseridos na string criada.

As seguintes considerações são válidas para a função Space:

- Space devolve sempre uma string cujo comprimento é determinado pelo número de espaços adicionado;
- Space é útil para formatar strings de dados, eliminar dados de strings de comprimento fixo, e garantir que certos argumentos fornecidos para algumas DLLs contenham o espaço necessário para receber a informação gerada por elas.

Exemplo: Empregue a janela Verificação Imediata para verificar o funcionamento da função String. Nesta situação, use a função Len() para verificar o comprimento da string retornada.

?Len(Space(10))   'Retorna 10
?"Flavio" & Space(5) & "Morgado"   'Retorna "Flavio   Morgado" (com 5 espaços)

Str

Função empregada para retornar uma string numérica, utilizando esta sintaxe:

Str(Número)

Onde,

- **Número**: argumento obrigatório, indicando o valor ou expressão numérica a serem convertidos em uma string.

As seguintes considerações são válidas para a função Str:

- Str reconhece apenas o símbolo "." como caractere separador decimal. Se você estiver utilizando o padrão brasileiro para número (a vírgula é o caractere padrão para o separador decimal na versão em português do Windows), empregue a função CStr() para converter o número para uma string;
- Str sempre insere um espaço em branco à esquerda do número convertido para a exibição do sinal do número. Se o número for positivo, o sinal de + não é fornecido (apenas o espaço em seu lugar). Esta característica é útil para alinhar corretamente números de mesma magnitude;
- Para criar strings numéricas com outros formatos, empregue a função Format. Format sempre retorna uma string, porém não adiciona o espaço do sinal à esquerda do número;

Exemplo: Empregue a janela Verificação Imediata para verificar o funcionamento da função Str.

?str(123)	'Resulta em " 123" com um espaço à esquerda
?str(-123)	'Resulta em "-123"
?Str(-123.456)	'Resulta em "-123.456"
?str(-123,456)	'Gera um erro em tempo de execução (apenas "." é permitido)

StrComp

Função empregada para comparar duas strings e retornar um valor inteiro como resultado da comparação efetuada, utilizando esta sintaxe:

StrComp(String1, String2[, TipoDeComparação])

Onde,

- **String1** e **String2**: argumento obrigatório, consistindo de qualquer string válida a ser comparada;
- **TipoDeComparação**: argumento opcional, indicando o tipo de comparação a ser efetuada durante a pesquisa, de acordo com a seguinte tabela:

Constante	Valor	Descrição
vbUseCompareOption	-1	Efetua a comparação padrão, especificada pelo argumeno Option Compare empregado na seção Declaração do módulo onde se encontra a função
vbBinaryCompare	0	Efetua uma comparação binária (case-sensitiva a maiúsculas/minúsculas)
vbTextCompare	1	Executa uma comparação textual (case insensitiva)
vbDatabaseCompare	2	Usada apenas no Microsoft Access, emprega o padrão de comparação utilizado pela cópia atual do Access

As seguintes considerações são válidas para a função Replace():
- StrComp compara String1 e String2 e retorna um valor inteiro de acordo com a tabela que se segue:

Condição	Valor retornado por StrComp
String1 < String2	-1
String1 = String2	0
String1 > String2	1
String1 ou String2 contém Null	Null

- O método de comparação empregado por StrComp obedece a ordem dos caracteres da tabela ASCII: Números > Maiúsculas > Minúsculas > Símbolos.

Exemplo: Supondo que você possua duas strings idênticas, uma com letras maiúsculas e outra com letras minúsculas, empregue a janela Verificação Imediata para verificar o valor retornado por StrComp.

StrComp("VBA", "vba")	' Retorna 0.
StrComp("VBA", "vba", 0)	' Retorna 0, pois a comparação é case-insensitiva
StrComp("VBA", "vba", 1)	' Retorna 1, pois a comparação é case-sensitiva

StrConv

Função empregada para converter a capitalização de uma string, ou para alterar o padrão de seus caracteres, utilizando a seguinte sintaxe:

StrConv(String, TipoDeConversão, IDdoLocal)

Onde,

- **String**: argumento obrigatório, consistindo da string ou expressão a ser convertida;
- **TipoDeConversão**: argumento obrigatório, cuja soma de constantes indica o tipo de conversão a ser efetuada;
- **IDdoLocal**: argumento opcional, indicando a ID de localização da string a ser gerada (ID local do sistema é usada por padrão). Este argumento é empregado para a conversão de caracteres ocidentais para orientais (árabe, japonês, chinês etc.).

As seguintes considerações são válidas para a função StrConv:

- StrConv efetua a conversão da string após avaliar o argumento TipoDeConversão, o qual pode ser definido como uma das constantes exibidas na tabela a seguir (ou a soma de mais de uma constante, desde que as constantes somadas não sejam mutuamente exclusivas, como vbUpperCase e vbLowerCase).

Constante	Valor	Descrição
vbUpperCase	1	Converte a string para maiúsculas
vbLowerCase	2	Converte a string para minúsculas
vbProperCase	3	Converte a primeira letra de cada palavra da string para maiúsculas
vbWide*	4*	Converte caracteres ASCII de 1 byte para o padrão UNICODE de 2 bytes
vbNarrow*	8*	Converte caracteres UNICODE de 2 bytes para o padrão ASCII de 1 byte
vbKatakana**	16**	Converte caracteres Hiragana para Katakana
vbHiragana**	32**	Converte caracteres Katakana para Hiragana

Constante	Valor	Descrição
vbUnicode	64	Converte a string para o padrão UNICODE usando a página de código padrão do sistema
vbFromUnicode	128	Converte a string para a página de código padrão do sistema a partir do padrão UNICODE

String

Função empregada para retornar uma string contendo a repetição de um caractere pelo número de vezes especificado, utilizando esta sintaxe:

String(Número, Caractere)

Onde,

- **Número**: argumento obrigatório, indicando o número de vezes que o caratere será repetido (ou comprimento da string gerada);
- **Caractere**: argumento obrigatório, consistindo de uma string cujo primeiro caractere será utilizado para construir a string a ser retornada, ou do código ASCII do caractere a ser utilizado;

As seguintes considerações são válidas para a função String:

- Se Número ou Caractere forem Null, a função String retornará Null (propagação do Null);
- Se Caractere for um número, este deverá estar situado na faixa de 0-255.
- Se Caractere for maior que 255, String converterá o código para um valor válido para a tabela ASCII, usando a fórmula:

  Caractere Mod 256

Exemplo: Empregue a janela Verificação Imediata para verificar o funcionamento da função String.

?String(20, "-")   'Retorna "--------------------" (20 vezes o caractere "-")
?String(10, 65)   'Retorna "AAAAAAAAAA" (10 vezes o caractere "A", código ASCII = 65)
?String(5, "VBA")   ' Retorna "VVVVV" (5 vezes a primeira letra da string)

StrReverse

Função empregada para inverter a ordem de exibição dos caracteres de uma string, utilizando esta sintaxe:

StrReverse(Expressão)

Onde,

- **Expressão**: argumento obrigatório, consistindo da string cujos caracteres deverão ser invertidos.

As seguintes considerações são válidas para a função StrReverse:

- StrReverse é útil em rotinas de encriptação, onde se deseja inverter a ordem de strings ou strings binárias, dificultando sua decodificação;
- Se Expressão for Null, StrReverse retornará Null (propagação do Null);
- Se Expressão for uma string de comprimento zero (""), StrReverse retornará também uma string de comprimento zero ("");

Exemplo: Empregue a janela Verificação Imediata para verificar o funcionamento da função StrReverse.

?StrReverse("Flavio Morgado")
odagroM oivalF

Trim

Função empregada para retirar os espaços à esquerda e à direita de uma string, utilizando a seguinte sintaxe:

Trim(String)

Onde,

- **String**: argumento obrigatório, consistindo de uma string ou expressão que resulte em uma string. Se String for Null, Trim retornará Null (propagação do Null)

Exemplo: Empregue a janela Verificação Imediata para verificar o funcionamento da função Trim.

?Trim("   VBA   ")   'Retorna "VBA" (retira espaços à esquerda e à direita)

Ucase

Função empregada para converter todas as letras uma string para maiúsculas, utilizando esta sintaxe:

UCase(String)

Onde,

- **String**: argumento obrigatório, consistindo de uma string ou expressão que resulte em uma string, cujos caracteres devam ser convertidos para maiúsculas.

As seguintes considerações são válidas para a função Ucase:

- Se String for Null, Ucase retornará Null (propagação do Null).
- Apenas as letras minúsculas serão convertidas para maiúsculas. Números, símbolos e letras minúsculas são ignorados.

Exemplo: Empregue a janela Verificação Imediata para verificar o funcionamento da função Ucase.

?Ucase("Guia de referência do VBA")
GUIA DE REFERÊNCIA DO VBA

Funções de data e hora

Neste capítulo você obtém informações sobre as funções de manipulação de data e hora do VBA, permitindo efetuar cálculos entre datas (DateAdd e DateDiff), obter ou definir a data e hora do sistema (Date e Time), obter o número de segundos decorridos desde as 0:00 hs (Timer), obter o dia da semana (WeekDay e WeekDayName), do mês (MonthName) etc.;

Índice do capítulo

Date	157	MonthName	168
DateAdd	158	Now	168
DateDiff	160	Second	168
DatePart	162	Time	169
DateSerial	164	Timer	169
DateValue	165	TimeSerial	170
Day	166	TimeValue	171
Hour	166	Weekday	172
Minute	167	WeekdayName	173
Month	167	Year	173

Date

Função e instrução empregadas para retornar um valor Variant contendo a data atual do sistema (função Date) ou definir a data atual do sistema (instrução Date), empregando esta sintaxe:

Para a função Date:

Date

Para a instrução Date:

Date = Data

Onde,

- **Data**: argumento obrigatório, consistindo de uma data válida ou expressão string representando uma data válida, situada entre 1/1/100 e 31/12/9999.

Os seguintes comentários são válidos sobre a função e instrução Date:

- O VBA permite que a função Date empregue dois tipos de calendários distintos: Gregoriano e Hijri;
- Se o calendário definido for Gregoriano (padrão para o Brasil), a função Date retornará uma string de dez caracteres no formato dd-mm-aaaa, onde dd varia de 01 a 31, mm varia de 01 a 12 e ano varia de 1980 a 2099;
- Se o calendário definido for Hijri, Data retornará uma string de dez caracteres no formato dd-mm-aaaa, onde dd varia de 01 a 31, mm varia de 01 a 12 e ano varia de 1400 a 1523;
- Para definir a data do sistema, empregue a instrução Date, a qual poderá receber uma data válida entre 01/01/1980 e 31/12/2099 para o calendário Gregoriano e entre 01/01/1400 e 31/12/1523 para o calendário Hijri (indiano);
- Para fornecer uma data válida para a instrução Date, envolva a data entre caracteres "#".

Exemplo: O exemplo a seguir demonstra como empregar a função Date para retornar a data do sistema. A variável DataAtual poderá ser declarada como Variant, String ou Date:

Dim varDataAtual as Variant
varDataAtual = Date

O próximo exemplo mostra como empregar a instrução Date para alterar a data do sistema.

Date = #31/12/2003#

DateAdd

Função que retorna um valor Variant contendo uma data válida, sobre a qual uma determinada quantidade de tempo foi adicionada ou subtraída, empregando esta sintaxe:

DateAdd(Intervalo, Valor, DataInicial)

Onde os argumentos são:

- **Intervalo**: argumento obrigatório, especifica uma expressão string que define o intervalo de tempo a ser adicionado ou subtraído de DataInicial. A tabela a seguir demonstra como a definição da string Intervalo impacta no intervalo de tempo a ser somado ou subtraído de DataInicial:

Intervalo	Quantidade a ser somada ou subtraída
yyyy	anos
q	trimestres
m	meses
y	dia do ano
d	dia
w	dia da semana
ww	semanas
h	horas
n	minutos
s	segundos

- **Valor**: argumento obrigatório, define uma expressão numérica que indica a quantidade de tempo a ser adicionado ou subtraído de Data Inicial;
- **DataInicial**: argumento obrigatório, refere-se a uma data válida ou literal em um dos formatos suportados pelo Windows, indicando a data base sobre a qual será adicionado ou subtraído a quantidade de tempo definida pelo argumento Intervalo.

Os seguintes comentários são válidos sobre a função DateAdd:

- Valor deverá ser um número Inteiro Longo. Se Valor for um número real, será arredondado para o inteiro mais próximo antes de ser somado/subtraído de DataInicial;
- A função DateAdd sempre retorna a mais próxima data válida possível, independente da quantidade de tempo somada ou subtraída;
- O menor ano possível de ser atingido ao se subtrair um número de anos de uma data é o ano 100. Valores que retornem datas inferiores a este ano provocarão um erro em tempo de execução;
- Você pode empregar qualquer número Inteiro Longo em um intervalo definido como horas (h) ou segundos (s) para obter uma data completa (data e hora) no passado ou no futuro;
- O formato padrão retornado pela função DateAdd é definido no formato padrão de Data/Hora atualmente definidos na seção Configurações regionais do Windows;
- Antes de utilizar a função DateAdd em seus aplicativos, teste-a na janela Verificação Imediata do VBA, empregando a sintaxe desejada.

Exemplo: Os exemplos a seguir mostram como empregar a função DateAdd para obter uma data futura, utilizando-se diversos tipos de intervalos diferentes.

```
Dim varValor as Variant
varValor = DateAdd("yyyy", 100, Date)      ' Retorna 100 anos a frente
varValor = DateAdd("q", -2, Date)          ' Retorna uma data 6 meses atrás
varValor = DateAdd("y", 100, Date)         ' Retorna uma data 100 dias a frente
varValor = DateAdd("d", 100, Date)         ' Retorna uma data 100 dias a frente
varValor = DateAdd("w", 100, Date)         ' Retorna uma data 100 dias a frente
varValor = DateAdd("ww", 100, Date)        ' Retorna uma data 100 semanas a frente
varValor = DateAdd("h", -10, Date)         ' Retorna uma data 10 horas atrás
varValor = DateAdd("m", 10, Date)          ' Retorna uma data 10 minutos a frente
varValor = DateAdd("s", -10000, Date)      ' Retorna uma data 10000 segundos a frente
```

DateDiff

Função utilizada para especificar o número de vezes que ocorre um determinado intervalo de tempo entre duas datas especificadas, empregando esta sintaxe:

DateDiff(Intervalo, Data1, Data2[, PrimeiroDiaDaSemana[, PrimeiraSemanaDoMês]])

Onde os argumentos são:

- Intervalo: argumento obrigatório, indicando uma expressão string que designa o tipo de intervalo de tempo a ser calculado entre as duas datas, de acordo com a tabela a seguir:

Intervalo	Quantidade a ser somada ou subtraída
yyyy	anos
q	trimestres
m	meses
y	dia do ano
d	dia
w	dia da semana
ww	semanas
h	horas
n	minutos
s	segundos

- **Data1** e **Data2**: argumentos obrigatórios, indicam o valor de duas datas válidas sobre as quais a função irá encontrar o número de intervalos de tempo definidos no argumento Intervalo;

- **PrimeiroDiaDaSemana**: argumento opcional, é uma constante que especifica o qual é o primeiro dia da semana (domingo, segunda, terça....). O valor padrão para este argumento opcional é especificado na tabela a seguir:

Constante	Valor	Descrição
vbUseSystem	0	Usa a definição padrão API do Windows
vbSunday	1	Domingo (valor padrão)
vbMonday	2	Segunda
vbTuesday	3	Terça
vbWednesday	4	Quarta
VbThursday	5	Quinta
vbFriday	6	Sexta
vbSaturday	7	Sábado

- **PrimeiraSemanaDoAno**: argumento opcional, é uma constante que especifica qual será considerada a primeira semana do ano. A menos que seja explicitamente especificado, o VBA supõe que a primeira semana do ano é aquela onde se encontra o dia 1 de Janeiro.

Constante	Valor	Descrição
vbUseSystem	0	Usa a definição padrão API do Windows
vbFirstJan1	1	(Padrão) Inicia na semana onde ocorre o dia 1 de janeiro
vbFirstFourDays	2	Inicia na primeira semana que contém pelo menos 4 dias no ano atual
vbFirstFullWeek	3	Inicia com a primeira semana completa no ano

As seguintes considerações são válidas sobre a função DateDiff:

- DateDiff() é utilizada para contar quantos dias, semanas, meses, trimestres, anos etc. existem entre duas datas especificadas, dependendo do valor do argumento Intervalo;
- Quando o intervalo definido é "w" (dia da semana), DateDiff retorna o número de intervalos de 7 dias entre Data1e Data2 ("w" conta o número de ocorrências do mesmo dia da semana entre duas datas);
- Quando o intervalo definido é "ww" (semanas), DataDiff retorna o número de semanas do calendário entre as duas datas;
- Se Data1 for maior que Data2, DateDiff() retorna um número negativo;
- Se você fornecer Data1 e Data2 como strings, omitindo o ano (fornecendo apenas "dd/mm"), DateDiff() atribuirá a ambas as datas o ano atual do sistema. Use esta técnica para criar funções que calculem intervalos de datas independentes do ano atual;
- Se você fornecer um dia diferente para o argumento PrimeiroDiaDaSemana, ou uma semana diferente para o argumento PrimeiraSemanaDoAno, cálculos envolvendo o intervalo "w" e "ww" poderão ser alterados;

162 - Guia de Referência do VBA

- Quando empregar o intervalo "yyyy" para calcular o número de anos entre datas, DateDiff() levará em consideração apenas a parte do ano de cada data (e não um intervalo de 365 dias). Exemplo: DateDiff("yyyy", "31/12/2003","1/1/2004") = 1.

Exemplo: Os exemplos a seguir demonstram como empregar a função DateDiff para calcular diversos intervalos entre duas datas:

```
Dim lngIntervalo as Long
lngIntervalo = DateDiff("d","25/04/1961", Date)      'Retorna quantos dias eu já vivi
lngIntervalo = DateDiff("y","25/04/1961", Date)      'Retorna quantos dias eu já vivi
lngIntervalo = DateDiff("w","25/04/1961", Date)      'Retorna quantas semanas eu já vivi
lngIntervalo = DateDiff("m","25/04/1961", Date)      'Retorna quantos meses eu já vivi
lngIntervalo = DateDiff("yyyy","25/04/1961", Date)   'Retorna quantos anos eu já vivi
```

DatePart

Função empregada para retornar uma parte especificada de uma data que lhe é fornecida como argumento, utilizando esta sintaxe:

DatePart(Intervalo, Data[,PrimeiroDiaDaSemana[, PrimeiraSemanaDoAno]])

Onde os argumento são:

- **Intervalo:** argumento obrigatório, indicando uma expressão string que designa o tipo de intervalo de tempo a ser retirado do argumento Data ou calculado entre Data e o primeiro dia do ano atual, de acordo com a tabela a seguir:

Intervalo	Quantidade a ser somada ou subtraída
yyyy	Ano da data atual
q	Número do trimestre atual
m	Mês da data atual
y	Número de dias decorridos no ano
d	Dia da data atual
w	Número do dia da semana
ww	Número de semanas decorridas no ano
h	Hora da data atual
n	Minutos da data atual
s	Segundos da data atual

- **Data:** argumento obrigatório, indica o valor de uma data válida sobre a qual a função DatePart irá encontrar o número de intervalos de tempo definidos no argumento Intervalo;

- **PrimeiroDiaDaSemana**: argumento opcional, é uma constante que especifica o qual é o primeiro dia da semana (domingo, segunda, terça....). O valor padrão para este argumento opcional é "domingo" (valor 1). Outros valores possíveis podem ser encontrados na tabela a seguir:

Constante	Valor	Descrição
VbUseSystem	0	Usa a definição padrão API do Windows
VbSunday	1	Domingo (valor padrão)
VbMonday	2	Segunda
vbTuesday	3	Terça
vbWednesday	4	Quarta
VbThursday	5	Quinta
vbFriday	6	Sexta
vbSaturday	7	Sábado

- **PrimeiraSemanaDoAno**: argumento opcional, é uma constante que especifica qual será considerada a primeira semana do ano. A menos que seja explicitamente especificado, o VBA supõe que a primeira semana do ano é aquela onde se encontra o dia 1 de Janeiro.

Constante	Valor	Descrição
vbUseSystem	0	Usa a definição padrão API do Windows
vbFirstJan1	1	(Padrão) Inicia na semana onde ocorre o dia 1 de janeiro
VbFirstFourDays	2	Inicia na primeira semana que contém pelo menos 4 dias no ano atual
VbFirstFullWeek	3	Inicia com a primeira semana completa no ano

As seguintes considerações são válidas sobre a função DatePart:
- A função DatePart é empregada para avaliar uma data válida e retornar um intervalo de tempo específico sobre esta data, decorrido desde o início do ano, como o número de dias, semanas, meses, trimestres, horas, minutos etc.
- Os argumentos PrimeiroDiaDaSemana e PrimeiraSemanaDoAno afetam a forma como os intervalos "w" e "ww" retornam o número de semanas decorridas;
- Se você fornecer Data como uma string omitindo o ano (fornecendo apenas "dd/mm"), DateDiff() atribuirá à Data o ano atual do sistema. Use esta técnica para criar funções que calculem intervalos de tempo independentes do ano atual;

Exemplo: Os exemplos a seguir demonstram como calcular diversos intervalos de tempo decorridos entre a data atual e o primeiro dia do ano:

```
Dim lngIntervalo as Long
lngIntervalo = DatePart("d",Date)     'Retorna o dia data atual
```

```
lngIntervalo = DatePart("y",Date)     'Retorna o número de dias decorridos desde o início do ano
lngIntervalo = DatePart("w",Date)     'Retorna o dia da semana da data atual
lngIntervalo = DatePart("q",Date)     'Retorna o trimestre da data atual
lngIntervalo = DatePart("m",Date)     'Retorna o mês da data atual
lngIntervalo = DatePart("d",Date)     'Retorna o número de semanas decorridos desde o início do ano
lngIntervalo = DatePart("yyyy",Date)  'Retorna o ano data atual
lngIntervalo = DatePart("h",Date)     'Retorna a hora da data atual
```

DateSerial

Função empregada para retornar uma data válida, relativa a um ano, mês e dia especificados, utilizando a seguinte sintaxe:

DateSerial(Ano, Mês, Dia)

Onde os argumentos são:

- **Ano**: argumento obrigatório, um número inteiro ou expressão numérica (ou string contendo um número inteiro) cujo valor se situe entre 100 e 9999;
- **Mês**: argumento obrigatório, indicando um número inteiro ou expressão numérica (ou string contendo um número inteiro);
- **Dia**: argumento obrigatório, indicando um número inteiro ou expressão numérica (ou string contendo um número inteiro).

As seguintes considerações são válidas sobre a função DateSerial:

- A função DateSerial() retorna sempre uma data válida, relativa aos argumentos por ela recebidos;
- DateSerial() tem uma estranha sintaxe que permite especificar uma data válida a partir de uma expressão, no qual se soma ou subtrai um valor inteiro de um de seus argumentos. Por exemplo, para saber qual é o último dia do mês passado (28, 29, 30 ou 31), você pode empregar esta sintaxe:

  UltimoDia = DateSerial(Year(Date), Month(Date) , 1 –1)

  Nesta situação DateSerial irá calcular a data do primeiro dia do mês atual, subtrair uma unidade desta e retornar a data referente ao último dia do mês anterior;
- Quando um dos argumentos exceder a faixa aceitável para o mesmo (meses de 1 a 12 e dias de 1 a 31, dependendo do mês), DateSerial irá encontrar a data aumentando-a ou diminuindo-a pela maior unidade apropriada. Por exemplo, a seguinte expressão soma 42 dias ao primeiro dia do mês de março de 2003, e retorna a data "12/5/2003"

  Dia = DataSerial(2003,4,45)

Exemplo: O exemplo a seguir demonstra como empregar a função DateSerial para verificar se o ano atual é ou não bissexto, obtendo-se o número de dias de fevereiro. Ela retorna o último dia de fevereiro, o qual é capturado pela função Day() do VBA e testado em uma expressão lógica:

```
Function AnoBissexto() as Boolean
    Dim Dia as Integer
    Dia = Day(DateSerial(Year(Date), 3, 1 –1))
    AnoBisseto = (Dia=29)
End Function
```

DateValue

Função que retorna o valor da data de uma expressão string ou de um campo Data/Hora que contenha também uma hora, utilizando esta sintaxe:

DateValue(Data)

Onde,

- **Data**: argumento obrigatório, consistindo de uma data válida ou expressão string representando uma data válida, situada entre 1/1/100 e 31/12/9999.

As seguintes considerações são válidas sobre a função DateValue:

- Se o argumento Data for uma string, os campos numéricos indicando dia, mês e ano deverão estar separados por caracteres "/" ou "-";
- A ordem de fornecimento dos campos dia, mês e ano deverá estar de acordo com o formato especificado para "data abreviada", na seção Configurações Regionais do Painel de Controle do Windows;
- Se a parte do ano da data for omitido, DateValue irá considerar que a data ocorre no ano atual;
- Se Data incluir hora, DateValue exclui esta parte do campo, retornando apenas a data.
- No Microsoft Access, use a função DateValue() para retornar apenas a parte da data de um campo empregado em uma consulta, cujos registros você quer que sejam filtrados por um intervalo de dados. Por exemplo, se a tabela de Consultas contém um campo do tipo Data/Hora chamado DataDaConsulta, cujo valor contém tanto a data como a hora da consulta, para retornar apenas a parte da data relativa a este campo, e filtrar na consulta todos os registros marcados para a data de hoje, o campo a ser criado na consulta deverá ser:

Data da Consulta: DateValue(Consultas.DataDaConsulta)

Exemplo: O exemplo a seguir demonstra como empregar a função DateValue para converter uma string em uma data válida:

```
Dim varData as Date
varData = DateValue("4, março, 2003")
```

O próximo exemplo, retira a parte da hora retornada pela função Now(), fornecendo apenas a data (você obtém o mesmo resultado empregando a instrução Date).

varData = DateValue(Now)

Day

Função empregada para retornar um valor inteiro, especificando o dia do mês da data que lhe é fornecida como argumento, utilizando esta sintaxe:

Day(Data)

Onde,

- **Data:** argumento obrigatório especificando uma data válida, string contendo uma data válida ou expressão que retorne uma data válida.

As seguintes considerações são válidas para a função Date:

- Se o argumento Data for nulo, Day() retornará Null;
- Day() retorna sempre um número inteiro entre 1 e 31.

Exemplo: O exemplo a seguir demonstra como empregar a função Day para obter o dia do mês da data atual do sistema.

Dim varDia as Integer
VarDia = Day(Date)

Hour

Função empregada para retornar um valor inteiro, especificando uma hora válida, ou de uma data e hora que lhe é fornecida como argumento, utilizando esta sintaxe:

Hour(Hora)

Onde,

- **Hora:** argumento obrigatório, especificando uma hora ou data válida contendo uma hora, string contendo uma hora ou data válida ou expressão que retorne uma hora.

As seguintes considerações são válidas para a função Hour:

- Se o argumento Hora for nulo, Hour() retornará Null;
- Hour() retorna sempre um número inteiro entre 1 e 23.

Exemplo: O próximo exemplo demonstra como obter apenas a hora atual do sistema (sem minutos e segundos) a partir do valor retornado pela função Now() do VBA, que retorna a data e hora atuais do sistema:

Dim varHora
varHora = Hour(Now)

O próximo exemplo emprega a função Hour() para retornar a parte da hora de uma string contendo uma hora válida:

varHora = Hour("10:32:27 PM")   'Retorna 22 (horas)

Minute

Função empregada para retornar um valor inteiro, especificando os minutos atuais de uma hora válida, ou de uma data e hora que lhe é fornecida como argumento, utilizando esta sintaxe:

Minute(Hora)

Onde,

- **Hora**: argumento obrigatório, especificando uma hora ou data válida contendo uma hora, string contendo uma hora ou data válida ou expressão que retorne uma hora.

As seguintes considerações são válidas para a função Minute:

- Se o argumento Hora for nulo, Minute() retornará Null
- Minute() retorna sempre um número inteiro entre 1 e 59.

Exemplo: O exemplo a seguir demonstra como empregar a função Minute() para obter o valor dos minutos da hora atual do sistema.

    Dim varMinutos
    varMinutos = Minute(Now)

O próximo exemplo emprega a função Minute() para retornar a parte da hora de uma string contendo uma hora válida:

    varMinuto = Minute("10:47:27 PM")   'Retorna 47 (minutos)

Month

Função empregada para especificar o mês de uma data que lhe é fornecida como argumento, utilizando a seguinte sintaxe:

Month(Data)

Onde,

- **Data**: argumento obrigatório, especificando uma data válida, string contendo uma data válida ou expressão que retorne uma data válida.

As seguintes considerações são válidas para a função Month:

- Se o argumento Data for nulo, Month() retornará Null;
- Month() retorna sempre um número inteiro entre 1 e 12.

Exemplo: O exemplo a seguir demonstra como empregar a função Month() para obter o mês da data atual do sistema.

    Dim varMês as Integer
    varMês = Month(Date)

MonthName

Função empregada para retornar uma string indicando o mês atual do número do mês que lhe é fornecido como argumento, utilizando a seguinte sintaxe:

MonthName(Mês[, Abreviado])

Onde,

- **Mês**: argumento obrigatório, consistindo de uma expressão numérica entre 1 e 12, representando um número de mês válido;
- **Abreviado**: argumento opcional, indicando que o nome do mês retornado deverá ser abreviado para três caracteres.

Exemplo: O exemplo a seguir retorna o nome do mês atual da data do sistema, de forma normal e abreviada:

Dim strMês as string
strMês = MonthName(Month(Date))   'Em 3/1/2003, retorna "Janeiro"
strMês = MonthName(Month(Date), True) 'Em 3/1/2003, retorna "Jan"

Now

Função empregada para retornar a data e hora do sistema, utilizando esta sintaxe:

Now

Exemplo: O exemplo abaixo retorna para a variável varDataAtual a data e hora do sistema, no formato dd/mm/aaaa hh:mm:ss

varDataAtual = Now()

Second

Função empregada para retornar um valor inteiro, especificando os segundos atuais de uma hora válida, ou de uma data e hora que lhe é fornecida como argumento, utilizando esta sintaxe:

Second(Hora)

Onde,

- **Hora**: argumento obrigatório, especificando uma hora ou data válida contendo uma hora, string contendo uma hora ou data válida ou expressão que retorne uma hora.

As seguintes considerações são válidas para a função Minute:

- Se o argumento Hora for nulo, Second() retornará Null
- Second() retorna sempre um número inteiro entre 1 e 59.

Exemplo: O exemplo a seguir demonstra como empregar a função Second() para obter o valor dos segundos da hora atual do sistema.

```
Dim varSegundos
varSegundos = Second(Now)
```

O próximo exemplo emprega a função Minute() para retornar a parte da hora de uma string contendo uma hora válida:

```
varSegundos = Second("16:22:32 PM")    ' Second retorna 32
```

Time

Função e instrução empregadas para indicar ou definir a hora atual do sistema, utilizando esta sintaxe:

Para a função Time:

HoraAtual = **Time**

Para a instrução Time:

Time = HoraVálida

Onde

- HoraVálida: argumento obrigatório, indicando qualquer expressão string ou valor numérico que represente uma hora

As seguintes considerações são válidas para a instrução Time:

- Se o argumento HoraVálida for uma string, a instrução Time tentará convertê-lo para uma hora válida empregando os separadores utilizados para separa horas, minutos e segundos.
- Se a conversão for realizada com sucesso, a instrução Time redefinirá a hora do sistema;
- Se a conversão não puder ser feita, ocorrerá um erro em tempo de execução.

Exemplo: O exemplo que se segue demonstra como empregar a instrução Time para redefinir a hora atual do sistema:

```
Time = #15:48:11#
```

Ou

```
Time = "3:48:11 PM"
```

Timer

Função empregada para retornar o número de segundos decorridos desde a meia-noite, utilizando esta sintaxe:

Timer

São válidas as seguintes considerações sobre a função Timer:

- A função Timer retorna um número inteiro longo, representando o número total de segundos decorridos no dia atual. Empregue-a sempre que precisar gerar números únicos para o seu sistema, válidos por um intervalo de 24 horas (como o valor do campo ID empregando em funções de call-back utilizadas para preencher caixas de listagem e de combinação).

Exemplo: O exemplo a seguir emprega a função Timer para criar um cronômetro decrescente, o qual emite uma caixa de mensagem empregando a função MsgBox após decorrido o intervalo de tempo solicitado.

```
Public Function Cronometro(Tempo As Integer, Optional Mensagem As String)
    Dim Inicio As Long

    Inicio = Timer

    Do While Timer <= Inicio + Tempo
        DoEvents
    Loop
    MsgBox Mensagem, vbInformation, "Decorridos " & Tempo & " segundos"

End Function
```

Para utilizar a função, digite "?Cronometro(10, "Tempo vencido")" na janela Verificação Imediata e observe o resultado.

TimeSerial

Função empregada para retornar uma hora válida, relativa às horas, minutos e segundos especificados, utilizando a seguinte sintaxe:

TimeSerial(Horas, Minutos, Segundos)

Onde os argumentos são:
- **Horas**: argumento obrigatório, um número inteiro ou expressão numérica (ou string contendo um número inteiro) cujo valor se situe entre 0 e 59;
- **Minutos**: argumento obrigatório, um número inteiro ou expressão numérica (ou string contendo um número inteiro) cujo valor se situe entre 0 e 59;
- **Segundos**: argumento obrigatório, um número inteiro ou expressão numérica (ou string contendo um número inteiro) cujo valor se situe entre 0 e 59;

As seguintes considerações são válidas sobre a função TimeSerial:
- A função TimeSerial() retorna sempre uma hora válida, relativa aos argumentos por ela recebidos;
- TimeSerial(), de forma idêntica a DateSerial(), possui uma estranha sintaxe que permite especificar uma hora válida a partir de uma expressão, no qual se soma ou subtrai um valor inteiro de um de seus argumentos. Por exemplo, para saber qual é o hora resultante de se retirar 288 minutos da hora atual, você pode empregar esta sintaxe:

HoraAnterior= TimeSerial(Hour(Time), Minute(Time) - 288 , 0)

Funções de data e hora - 171

- Nesta situação TimeSerial irá calcular a hora correta, 288 minutos atrás.
- Quando um dos argumentos exceder a faixa aceitável para o mesmo (valores maiores que 60), TimeSerial irá encontrar a hora aumentando-a ou diminuindo-a pela maior unidade apropriada. Por exemplo, a seguinte expressão soma 15.000 segundos após meia-noite, retornando 04:10:00

    NovaHora = TimeSerial(0,0,15000)

- Se qualquer dos argumentos fornecidos exceder a faixa de um número inteiro simples (-32,768 a 32,767), ocorrerá um erro em tempo de execução;

Exemplo: O próximo exemplo mostra como empregar a função TimeSerial para obter a representação correta de uma hora, utilizando-se valores inteiros:

Dim varHora
VarHora = TimeSerial(21,14, 18)   ' varHora conterá "9:14:18 PM"

TimeValue

Função que retorna o valor da hora de um argumento contendo uma data/hora, ou uma string representando uma hora, utilizando esta sintaxe:

TimeValue(Hora)

Onde,

- **Hora**: argumento obrigatório, podendo ser um campo data/hora, uma string ou expressão que resulte em uma string contendo uma hora válida, na faixa de 0:00:00 até 23:59:59, inclusive.

As seguintes observações são válidas para a função TimeValue:

- Time aceita argumentos contendo horas nos formatos 12 horas (AM e PM) ou 24 horas;
- Se o argumento Hora for um valor nulo, TimeValue() retorna Null;
- Se o argumento Hora for um campo Data/Hora contendo também uma data, TimeValue extrai e hora deste campo, descartando a parte da data.

Exemplo: O exemplo a seguir demonstra como empregar a função TimeValue para recuperar a parte de hora de um valor data/hora:

Dim varHora as Variant
varHora = DateValue(Now)

O próximo exemplo mostra como empregar TimeValue para recuperar a hora de uma string contendo uma hora no formato 12 horas:

varHora = TimeValue("14:56 PM")   'Retorna 14:56:00

Weekday

Função empregada para retornar um número inteiro associado ao dia da semana da data recebida como argumento, utilizando esta sintaxe:

Weekday(Data, [PrimeiroDiaDaSemana])

Onde,

- **Data**: argumento obrigatório, indicando um valor que representa uma data válida.

- **PrimeiroDiaDaSemana**: argumento opcional, indicando uma constante do sistema que especifica o dia em que a semana se inicia. O valor padrão para este argumento opcional é "domingo" (valor 1). Outros valores possíveis podem ser encontrados na tabela a seguir:

Constante	Valor	Descrição
vbUseSystem	0	Usa a definição padrão API do Windows
vbSunday	1	Domingo (valor padrão)
vbMonday	2	Segunda
vbTuesday	3	Terça
vbWednesday	4	Quarta
vbThursday	5	Quinta
vbFriday	6	Sexta
vbSaturday	7	Sábado

As seguintes considerações são válidas para a função Weekday():

- Se Data for nulo, WeekDay() retornará Null;
- Se PrimeiroDiaDaSemana não for especificado, WeekDay considerará "Domingo" como o primeiro dia da semana (constante vbSunday)
- WeekDay retornará um valor inteiro, o qual poderá ser comparado com as mesmas constantes do VBA empregadas para o argumento PrimeiroDiaDaSemana.

Exemplo: O próximo exemplo mostra como empregar a função WeekDay() para verificar qual é o código do dia da semana da data atual do sistema:

```
Dim intDia as Integer
intDia = WeekDay(Date)
```

O próximo exemplo mostra como a função WeekDay pode receber um argumento string contendo uma data, e retornar o dia da semana a ele associado:

```
intdia = WeekDay("4, abril, 2003")
```

WeekdayName

Função utilizada para retornar uma string contendo o nome do número do dia da semana recebido como argumento, utilizando esta sintaxe:
   WeekdayName(DiaDaSemana[, Abreviado][, PrimeiroDiaDaSemana])

Onde,

- **DiaDaSemana**: argumento obrigatório, indicando um número inteiro entre 1 e 7 que representa um dos dias da semana (Padrão é 1 para Domingo);
- **Abreviado**: argumento opcional, indicando um boleano que indica se nome do dia da semana deverá ser retornado por extenso, ou apenas os três primeiros caracteres;
- **PrimeiroDiaDaSemana**: argumento opcional, indicando uma constante do sistema que especifica o dia em que a semana se inicia. O valor padrão para este argumento opcional é "domingo" (valor 1). Outros valores possíveis podem ser encontrados na tabela a seguir:

Constante	Valor	Descrição
vbUseSystem	0	Usa a definição padrão API do Windows
vbSunday	1	Domingo (valor padrão)
vbMonday	2	Segunda
vbTuesday	3	Terça
vbWednesday	4	Quarta
vbThursday	5	Quinta
vbFriday	6	Sexta
VbSaturday	7	Sábado

Exemplo: O exemplo a seguir indica como utilizar a função WeekDayName() para retornar o nome do dia da semana em que nasci. Note o número do dia da semana é retornado pela função WeekDay.

   Dim strDia as string
   strDia = WeekDayName(WeekDay("25/04/1961"))   ' Retorna "Terça-feira"
   strDia = WeekDayName(WeekDay("25/04/1961"),True)   ' Retorna "ter"

Year

Função que retorna um valor inteiro, indicando o número do ano de uma data válida recebida como argumento, empregando esta sintaxe:
   Year(Data)

Onde,

- **Data**: argumento obrigatório, indicando uma data válida. Se Data for nulo, Year retornará Null.

Exemplo: O próximo exemplo demonstra como utilizar a função Year para retornar o ano da data atual do sistema:

```
Dim intAno as integer
intAno = Year(Date)
```

O próximo exemplo mostra como a função Year() pode ser utilizada para receber uma data no formato de uma string e retornar o ano referente àquela data:

```
intAno = Year("25/04/2003 08:35 PM")
```

Funções Financeiras

Neste capítulo você obtém informações sobre as funções financeiras do VBA, permitindo executar facilmente cálculos que recuperam o valor do dinheiro ao longo do tempo, quando este é submetido a uma capitalização de juros compostos, obtendo o valor presente ou futuro (FV e PV), o valor presente líquido e a taxa interna de retorno (NPV e IRR), o valor de uma prestação ou o valor dos juros aplicados sobre ela (PMT e Rate) etc.

Índice do capítulo

DDB 176
FV 177
IPmt 178
Irr 180
Mirr 181
Nper 182
NPV 184
Pmt 185
PPmt 186
PV 188
Rate 189
SLN 190
SYD 191

Todas estas funções possuem em comum o fato de empregar em sua sintaxe, um mesmo conjunto de argumentos, os quais foram traduzidos neste manual de forma a facilitar sua compreensão. Entre estes argumentos incluem-se:

- **Rate:** Taxa: valor da taxa de juros;
- **Nper:** Períodos: número de períodos a ser considerado no cálculo (um período é o tempo no qual se aplica o valor de Taxa. Se Taxa for expressa em juros mensais, NPer deve ser considerado em meses);
- **PV:** Valor presente: valor inicial ou atual de um valor monetário;
- **FV:** Valor futuro: valor final ou resíduo de uma aplicação/empréstimo;

- **Pmt:** Pagamentos: valor dos pagamentos fixos efetuados em uma aplicação ou empréstimo. Normalmente", PV e FV são valores negativos para empréstimos e positivos para depósitos, gerando um Pmt de valor inverso ao valor de PV (ou seja, se você pega um empréstimo = PV, pagará n parcelas de PMT para abatê-lo).
- **Due:** Vencimento ou Tipo: forma como os juros são capitalizados. 0 ou False para aplicação no fim do período (caso de investimentos), e 1 ou True para aplicação no início do período (caso de empréstimos);

Regra geral, considere o esquema abaixo como indicativo de um fluxo financeiro ao longo do tempo, indicando a aplicação destes conceitos.

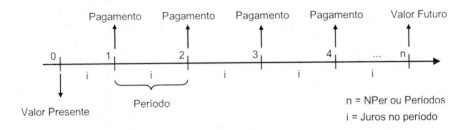

DDB

Retorna o valor da depreciação de um bem em determinado um período de tempo, empregando o método de declínio duplo (ou outro método especificado), utilizando esta sintaxe:

DDB(CustoDoBem, ValorResidual, VidaÚtil, Período[, Fator])

Onde,
- **CustoDoBem:** argumento obrigatório (Double), indicando o custo inicial do bem;
- **ValorResidual** argumento obrigatório (Double), indicando o valor residual pelo qual o bem pode ser vendido, ao fim de sua vida útil;
- **VidaÚtil:** argumento obrigatório (Double), indicando o número de períodos no qual o bem será depreciado;
- **Período:** argumento obrigatório (Double), indicando em qual período a depreciação do bem é calculada (o método de depreciação acelerada produz valores decrescentes de depreciação ao longo da vida útil do bem);
- **Fator:** argumento opcional (Variant), indicando a taxa na qual será depreciado o bem. Se Fator for omitido, a função DDB usará o valor padrão 2 (método de declínio duplo).

As seguintes considerações são válidas para a função DDB:
- DDB retorna o valor estimado para a depreciação do bem empregando o conceito de "depreciação acelerada", no qual os valores depreciados são maiores nos períodos iniciais e menores nos períodos subseqüentes, empregando a seguinte fórmula:

Depreciação_n/Período_n = ((CustoDoBem – ValorResidual) * Fator)/ VidaÚtil

Onde n = período em que ocorre a depreciação.

- Para o cálculo correto da depreciação acelerada, empregando a função DDB, os argumentos VidaÚtil e Período devem ser expressos nas mesmas unidades;
- Todos os argumentos da função DDB devem ser números positivos.

Exemplo: O próximo exemplo emprega a função DDB para retornar uma matriz, indicando o valor da depreciação acelerada de um bem em cada período, dados o custo inicial do bem, sua vida útil total (número de períodos) e, opcionalmente, seu valor residual.

```
Public Function DepreciaçãoAcelerada(CustoDoBem as Double, VidaÚtil as Integer, _
                        Optional ValorResidual as Double) as Variant
    Dim avarDDB() as Variant
    Dim intI as Integer

    Redim avarDDB(VidaÚtil –1)
    For intI = 0 to VidaÚtil –1
        avarDDB(intI) = DDB(CustoDoBem, ValorResidual, VidaÚtil, intI + 1)
    Next

    DepreciaçãoAcelerada = avarDDB
End Function
```

FV

Função empregada para retornar o valor futuro de um investimento, com ou sem pagamentos fixos (ou depósitos) periódicos, baseados em uma taxa fixa de juros, utilizando esta sintaxe:

FV(TaxaDeJuros, NúmeroDePeríodos, Pagamentos[, ValorPresente[, Tipo]])

Onde,

- **TaxaDeJuros**: argumento obrigatório (Double), indicando a taxa de juros a ser empregada por período;
- **NúmeroDePeríodos**: argumento obrigatório (Integer), indicando o número total de períodos no qual o valor será capitalizado;
- **Pagamentos**: argumento obrigatório (Double), indicando o valor de cada pagamento (ou depósito) a ser efetuado em cada período;
- **ValorPresente**: argumento opcional (Variant), indicando o valor presente (ou valor inicial) do investimento;

- **Tipo**: argumento opcional (Variant), indicando quando ocorre a capitalização dos juros. Use o valor 0 (valor padrão) para investimentos onde os juros ocorrem no final dos períodos (como poupança, investimentos etc.) e 1 para investimento onde os juros ocorrem no início dos períodos (como empréstimos bancários, financiamento de automóveis etc.).

As seguintes considerações são válidas para a função FV:

- FV calcula o valor futuro de um investimento empregando o conceito de juros compostos, onde pode ou não ocorrer o pagamento (ou depósito) de valores periódicos em um investimento, com um valor inicial >=0;
- Os argumentos TaxaDeJuros e NúmeroDePeríodos devem ser expressos para as mesmas unidades de tempo (usualmente meses);
- Se os argumentos ValorPresente e Pagamentos forem positivos, FV retornará um valor negativo, e vice-versa.

Exemplo: O próximo exemplo demonstra como empregar o VBA para calcular o valor futuro de um investimento (como, por exemplo, o depósito inicial de R$100,00 em uma conta de poupança, que capitaliza juros de 0.7% por período – meses – seguido de depósitos mensais de R$100,00 por 30 anos – ou 360 meses. Neste caso, o valor calculado será de R$ 162.945,75).

```
Function ValorFuturo(ValorInicial as Double, TaxaDeJuros as Double, _
            NúmeroDePeríodos as Integer, Optional DepósitoMensal as Double, _
            Optional Tipo as Integer) _
            as Double
    ValorFuturo = VF(TaxaDeJuros, NúmeroDePeriodos, DepósitoMensal, ValorInicial, Tipo)
End Function

?Debug.Print ValorFuturo(100, 0.007, 360)
162.945,75
```

IPmt

Função empregada para retornar o valor monetário dos juros pagos em um determinado período de uma série de pagamentos periódicos iguais (normalmente mensais), dado um valor inicial, o valor final residual (normalmente zero), e uma taxa de juros nominal por período, utilizando esta sintaxe:

IPmt(TaxaDeJuros, Período, NúmeroDePeríodos, ValorPresente[, ValorFuturo[, Tipo]])

Onde,

- **TaxaDeJuros**: argumento obrigatório (Double), indicando a taxa de juros a ser empregada por período;
- **Período**: argumento obrigatório (Integer), indicando o número do períodos no qual a taxa de juros real deverá ser calculada;
- **NúmeroDePeríodos**: argumento obrigatório (Integer), indicando o número total de períodos no qual o valor será capitalizado;

- **ValorPresente**: argumento obrigatório (Double), indicando o valor presente (ou valor inicial) do investimento;
- **ValorFuturo**: argumento opcional (Variant), indicando o valor final (ou valor residual) do investimento (normalmente = 0);
- **Tipo**: argumento opcional (Variant), indicando quando ocorre a capitalização dos juros. Use o valor 0 (valor padrão) para investimentos onde os juros ocorre no final dos períodos (como poupança, investimentos etc.) e 1 para investimento onde os juros ocorrem no início dos períodos (como empréstimos bancários, financiamento de automóveis etc.).

As seguintes considerações são válidas para a função IPmt:

- IPmt calcula o valor monetário dos juros pagos em um determinado período de uma série de pagamentos de um investimento, empregando o conceito de juros compostos, onde ocorrem o pagamento (ou depósito) de valores periódicos iguais em um investimento, com um valor inicial >=0 e um valor residual >=0;
- Os argumentos TaxaDeJuros, Período e NúmeroDePeríodos devem ser expressos para as mesmas unidades de tempo (usualmente meses);
- Se os argumentos ValorPresente e ValorFuturo forem positivos, IPmt retornará um valor negativo, e vice-versa.

Exemplo: O próximo exemplo demonstra como empregar o VBA para calcular o valor futuro de um investimento (como, por exemplo, o depósito inicial de R$100,00 em uma conta de poupança, que capitaliza juros de 0.7% por período – meses – seguido de depósitos mensais de R$100,00 por 30 anos – ou 360 meses. Neste caso, o valor calculado será de R$ 162.945,75).

```
Function JurosNoPeríodo(Período as Integer, ValorInicial as Double, _
            TaxaDeJuros as Double, NúmeroDePeríodos as Integer, _
            Optional ValorResidual as Double, Optional Tipo as Integer) _
            as Double
    JurosNoPeríodo = IPmt(TaxaDeJuros, Período, NúmeroDePeriodos, ValorInicial, _
            ValorResidual, Tipo)
End Function
```

No próximo exemplo, o procedimento JurosPagos() recebe os mesmos argumentos (excetuando-se o argumento Período), empregando um laço para totalizar os juros pagos em cada período e devolver o total de juros pagos na operação.

```
Function JurosPagos(ValorInicial as Double, TaxaDeJuros as Double, _
            NúmeroDePeríodos as Integer, Optional ValorResidual as Double, _
            Optional Tipo as Integer) as Double
    Dim curTotalPago as Currency
    Dim intI as Integer

    For intI = 1 to NúmeroDePeríodos
        curTotalPago = curTotalPago + IPmt(TaxaDeJuros, intI, NúmeroDePeriodos, _
            ValorInicial, ValorResidual, Tipo)
```

```
        Next

        JurosPagos = curTotalPago
    End Function
```

Irr

Função empregada para retornar a taxa interna de retorno de um fluxo de caixa, utilizando esta sintaxe:

IRR(Valores()[, Estimativa])

Onde,
- **Valores**: argumento obrigatório (Double), consistindo de uma matriz unidimensional contendo os valores do fluxo de caixa;
- **Estimativa**: argumento opcional, consistindo de uma estimativa a partir da qual a função IRR tentará obter a taxa interna de retorno do fluxo de caixa. Se omitido, IRR usará o valor padrão de 0.1 (10%).

As seguintes considerações são válidas para a função IRR:
- A taxa interna de um investimento é a taxa de juros que, quando aplicada a todo o fluxo de caixa, faz com que o Valor Presente Líquido deste fluxo seja igual a zero;
- IRR espera receber um fluxo de caixa no formato de uma matriz, onde existe pelo menos um valor negativo e um valor positivo (idealmente, o período 0 do fluxo de caixa é destinado ao valor total do investimento, consistindo de um número negativo);
- IRR emprega a ordem dos valores fornecidos na matriz como a ordem natural dos valores ocorridos no fluxo de caixa;
- IRR calcula a taxa interna de retorno por iterações, iniciando com o valor definido por Estimativa (10% por padrão), convergindo sucessivamente até obter uma diferença <= 0.00001 entre as estimativas.
- Se IRR não conseguir determinar a taxa interna de retorno do fluxo de caixa após 20 iterações, será gerado um erro em tempo de execução.

Exemplo: O procedimento TIR() (**T**axa **I**nterna de **R**etorno) recebe um número ilimitado de argumentos (empregando em sua declaração a palavra-chave ParamArray do VBA) consistindo dos valores do fluxo de caixa, e devolve a taxa interna de retorno deste fluxo de caixa.

```
    Function TIR(ParamArray FluxoDeCaixa() as Variant) as Double
        Dim adblFluxoDeCaixa() As Double
        Dim intI As Integer

        ReDim adblFluxoDeCaixa(UBound(FluxoDeCaixa))
        For intI = 0 To UBound(FluxoDeCaixa)
            adblFluxoDeCaixa(intI) = FluxoDeCaixa(intI)
        Next
```

TIR = IRR(adblFluxoDeCaixa())End Function

Supondo o seguinte fluxo de caixa:

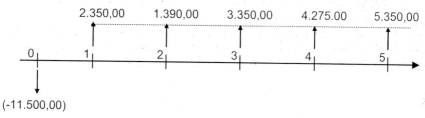

A obtenção de sua taxa interna de retorno será dada por:
?TIR(-11500,2350,1390,3350,4275,5350)
0.115370696172523

Mirr

Função empregada para calcular a taxa interna de retorno modificada de um fluxo de caixa, utilizando esta sintaxe:

MIRR(Valores(), TaxaDeFinanciamento, TaxaDeReinvestimento)

Onde,

- **Valores**: argumento obrigatório (Double), consistindo de uma matriz unidimensional contendo os valores do fluxo de caixa;
- **TaxaDeFinanciamento**: argumento obrigatório (Double), consistindo da taxa de juros paga como custo de financiamento;
- **TaxaDeReinvestimento**: argumento obrigatório (Double), consistindo da taxa de juros recebida pelo reinvestimento dos valores positivos do fluxo de caixa.

As seguintes considerações são válidas para a função MIRR:

- A taxa interna de retorno modificada de um investimento, é a taxa de remuneração de um fluxo de caixa que faz seu Valor Presente Líquido ser igual a zero, quando seus investimentos (valores negativos) e recebimentos (valores positivos) são financiados a taxas diferentes;
- TaxaDeFinanciamento e TaxaDeReinvestimento devem ser expressas em valores decimais (use 0.1 para 10%);
- IRR espera receber um fluxo de caixa no formato de uma matriz, onde existe pelo menos um valor negativo e um valor positivo (idealmente, o período 0 do fluxo de caixa é destinado ao valor total do investimento, consistindo de um número negativo);
- IRR emprega a ordem dos valores fornecidos na matriz como a ordem natural dos valores ocorridos no fluxo de caixa;

182 - Guia de Referência do VBA

Exemplo: O procedimento a seguir, TaxaInternaDeRetornoModificada() recebe como argumentos TaxaDeFinanciamento, TaxaDeReinvestimento e um número ilimitado de argumentos (empregando em sua declaração a palavra-chave ParamArray do VBA) consistindo dos valores do fluxo de caixa. O procedimento devolve a taxa interna de retorno modificada deste fluxo de caixa.

```
Function TIRModificada(TaxaDeFinanciamento as Double, _
                      TaxaDeReinvestimento as Double, _
                      ParamArray FluxoDeCaixa() as Variant) as Double
    Dim adblFluxoDeCaixa() As Double
    Dim intI As Integer

    ReDim adblFluxoDeCaixa(UBound(FluxoDeCaixa))
    For intI = 0 To UBound(FluxoDeCaixa)
        adblFluxoDeCaixa(intI) = FluxoDeCaixa(intI)
    Next
    TIRModificada = MIRR(adblFluxoDeCaixa(),TaxaDeFinanciamento, _
                        TaxaDeReinvestimento)
End Function
```

Supondo que no seguinte fluxo de caixa a taxa de financiamento é de 12% e a de reinvestimento é de 18%:

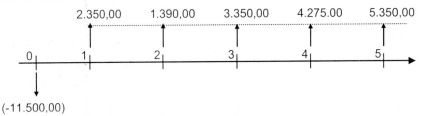

A obtenção de sua taxa interna de retorno modificada será dada por:
?TIRModificada(0.26 ,0.11,-11500,2350,1390,3350,4275,5350)
0.137483794608664

Nper

Função empregada para indicar o número de períodos a serem utilizados para se efetuar uma série de pagamentos iguais, que amortizam um valor principal (valor presente), com ou sem um valor residual (valor futuro), utilizando esta sintaxe:

NPer(TaxaDeJuros, Pagamentos, ValorPresente[, ValorFuturo[, Tipo]])

Onde,

- **TaxaDeJuros**: argumento obrigatório (Double), indicando a taxa de juros a ser empregada por período;

- **Período**: argumento obrigatório (Integer), indicando o número do períodos no qual a taxa de juros real deverá ser calculada;
- **Pagamentos**: argumento obrigatório (Double), indicando o valor de cada parcela a ser paga na amortização;
- **ValorPresente**: argumento obrigatório (Double), indicando o valor presente (ou valor inicial) do investimento;
- **ValorFuturo**: argumento opcional (Variant), indicando o valor final (ou valor residual) do investimento (normalmente = 0);
- **Tipo**: argumento opcional (Variant), indicando quando ocorre a capitalização dos juros. Use o valor 0 (valor padrão) para investimentos onde os juros ocorrem no final dos períodos (como poupança, investimentos etc.) e 1 para investimento onde os juros ocorrem no início dos períodos (como empréstimos bancários, financiamento de automóveis etc.).

Exemplo: O procedimento NúmeroDePeríodos() descrito a seguir recebe como argumentos o ValorPresente, ValorDaParcela, TaxaDeJuros e, opcionalmente, ValorFuturo e Tipo, empregando a função NPer para retornar o número de parcelas necessárias para amortizar o ValorPresente em parcelas iguais a ValorDaParcela.

```
Function NúmeroDePeriodos(ValorPresente as Double, ValorDaParcela as Double, _
            TaxaDeJuros as Double, Optional ValorFuturo as Double, _
            Optional Tipo as Integer) as Integer
   NúmeroDePeríodos = Nper(TaxaDeJuros, ValorDaParcela, -ValorPresente, _
            ValorFuturo, Tipo)
End Function
```

Para verificar quantas parcelas de R$200,00 são necessárias para se adquirir uma televisão de R$3.000,00, empregando-se uma taxa de juros de 6% ao mês, usa-se:

?NúmeroDePeríodos(3000,200,.06)
40

Outra forma de se usar NPer é para verificar quantas parcelas de um determinado valor são necessárias para se obter um valor principal no futuro. Por exemplo, suponha que você possui disponível R$150,00 por mês para colocar na poupança, com juros de 0.7% ao mês. Quantos meses serão necessários para que você obtenha o montante de R$300.000,00? Neste caso, ValorPresente = 0, Pagamentos = 100, TaxaDeJuros = 0.007 e ValorFuturo = 300.000:

?NúmeroDePeríodos(0,100,.007,300000)
443

Ou seja, são necessários 443 meses, ou aproximadamente, 37 anos de poupança.

NPV

Função empregada para calcular o Valor Presente Líquido (VPL) de um fluxo de caixa, descontado a uma determinada taxa de juros (ou de desconto) para o ponto zero do investimento, utilizando esta sintaxe:

NPV(TaxaDeJuros, Valores())

Onde,

- **TaxaDeJuros**: consistindo da taxa de desconto decimal a ser aplicada a cada um dos valores do fluxo de caixa, até o ponto zero do investimento;
- **Valores**: argumento obrigatório (Double), consistindo de uma matriz unidimensional contendo os valores do fluxo de caixa;

As seguintes considerações são válidas para a função NPV:

- NPV traz para o ponto zero do fluxo de caixa o valor de cada período, descontado a uma taxa de juros fixa;
- NPV (ou VPL) é considerada uma forma mais adequada do que TIR (Taxa Interna de Retorno) para se comparar diferentes fluxos de caixa submetidos à mesma taxa de desconto;
- NPV é calculado com base em fluxos de caixa futuros (que ocorrem ao final dos períodos), iniciando no período zero do fluxo de caixa e terminando no período "n";
- Se o valor do primeiro fluxo de caixa ocorrer no início do período, este valor não poderá ser descontado por NPV e, portanto, não deverá ser fornecido na série Valores().
- NPV é similar à função PV (Valor presente), descontando valores por um número de períodos e taxa de juros especificado. A diferença entre ambas as funções é que NPV atual sobre uma série de valores, enquanto PV atua sobre um valor fixo. Além disso, PV permite definir se os descontos ocorrem no início ou no fim de cada período.

Exemplo: O procedimento VPL() descrito a seguir recebe como argumentos a taxa de desconto a ser aplicada, e um número indeterminado de argumentos, consistindo do fluxo de caixa a ser depreciado (empregando um argumento declarado como ParamArray). O procedimento emprega a função NPV para retornar o valor presente líquido do fluxo de caixa recebido.

```
Function VPL(TaxaDeDesconto as Double, ParamArray FluxoDeCaixa() as Variant) as Double
    Dim adblFluxoDeCaixa() As Double
    Dim intI As Integer

    ReDim adblFluxoDeCaixa(UBound(FluxoDeCaixa))
    For intI = 0 To UBound(FluxoDeCaixa)
        adblFluxoDeCaixa(intI) = FluxoDeCaixa(intI)
    Next
    VPL = NPV(TaxaDeDesconto, adblFluxoDeCaixa,)
```

End Function

Supondo que no seguinte fluxo de caixa a taxa de financiamento é de 12% e a de reinvestimento é de 18%:

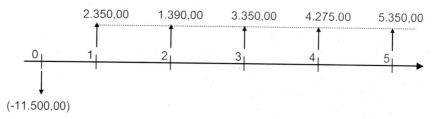

A obtenção de seu valor presente líquido descontada a uma taxa de 10% por período é dada por:
?VPL(0.10,-11500,2350,1390,3350,4275,5350)
494.400136376901

Pmt

Função empregada para calcular o valor fixo dos pagamentos periódicos a serem efetuados para amortizar um valor presente (ou futuro) em n parcelas, sobre o qual serão capitalizados juros fixos sobre cada um dos períodos, utilizando esta sintaxe:

Pmt(TaxaDeJuros, NúmeroDePeríodos, ValorPresente[, ValorFuturo[, Tipo]])

Onde,
- **TaxaDeJuros**: argumento obrigatório (Double), indicando a taxa de juros a ser empregada por período;
- **NúmeroDePeríodos**: argumento obrigatório (Integer), indicando o número total de períodos no qual o valor será capitalizado;
- **ValorPresente**: argumento obrigatório (Double), indicando o valor presente (ou valor inicial) do investimento ou empréstimo;
- **ValorFuturo**: argumento opcional (Variant), indicando o valor final (ou valor residual) do investimento ou empréstimo (normalmente = 0);
- **Tipo**: argumento opcional (Variant), indicando quando ocorre a capitalização dos juros. Use o valor 0 (valor padrão) para investimentos onde os juros ocorrem no final dos períodos (como poupança, investimentos etc.) e 1 para investimento onde os juros ocorrem no início dos períodos (como empréstimos bancários, financiamento de automóveis etc.).

As seguintes considerações são válidas para a função PMT:
- PMT é empregada para calcular o valor da prestação de um empréstimo (valor presente), sobre o qual são acrescidos juros fixos e compostos, a ser pago em n parcelas, ou para calcular o valor dos depósitos a serem efetuados mensalmente

em uma conta de capitalização de juros (poupança) para se obter após n parcelas um determinado montante (valor futuro);
- Os argumentos TaxaDeJuros e NúmeroDePeríodos devem ser expressos para as mesmas unidades de tempo (usualmente meses);
- Se os argumentos ValorPresente e ValorFuturo forem positivos, PMT retornará um valor negativo, e vice-versa.

Exemplo: O procedimento ValorDaPrestação() emprega a função PMT para calcular o valor a ser pago em cada parcela de um empréstimo:

```
Function ValorDaPrestação(ValorInicial as Double, TaxaDeJuros as Double,
        NúmeroDePeríodos as Integer, _
        Optional ValorFuturo as Double, _
        Optional Tipo as Integer) as Double
    ValorDaPrestação = Pmt(TaxaDeJuros, NúmeroDePeriodos, -ValorInicial, -ValorFuturo, _
        Tipo)
End Function
```

Para calcular o valor a ser pago no financiamento de um automóvel, sobre o qual se está tomando emprestado R$20.000,00, a uma taxa de juros de 1.99%, em 36 parcelas, (R: 36 x R$783,40):

?ValorDaPrestação(20000, 0.0199, 36)
783.397471887026

Para calcular o valor dos depósitos a serem efetuados para se obter um determinado montante. Por exemplo, suponha que você tem 30 anos e quer poupar nos próximos 30 anos (360 meses) um determinado valor, de forma a garantir que ao final do período, você terá disponível R$300.000,00. Qual é o valor a ser depositado na caderneta de poupança, se a taxa de juros é de 0.7% ao mês? (R: 360 x R$185.51)

?ValorDaPrestação(0, 0.007, 360, 300000)
185.512975816557

PPmt

Função empregada para retornar o valor do principal pago em um determinado período (pagamento + juros), de um valor principal parcelado em uma série de pagamentos fixos e periódicos iguais, submetido a uma determinada taxa de juros, utilizando esta sintaxe:

PPmt(TaxaDeJuros, Período, NúmeroDePeríodos, ValorPresente[, ValorFuturo[, Tipo]])

Onde,
- **TaxaDeJuros**: argumento obrigatório (Double), indicando a taxa de juros a ser empregada por período;
- **Período**: argumento obrigatório (Integer), indicando o número do períodos no qual a taxa de juros real deverá ser calculada;

- **NúmeroDePeríodos**: argumento obrigatório (Integer), indicando o número total de períodos no qual o valor será capitalizado;
- **ValorPresente**: argumento obrigatório (Double), indicando o valor presente (ou valor inicial) do investimento ou empréstimo;
- **ValorFuturo**: argumento opcional (Variant), indicando o valor final (ou valor residual) do investimento ou empréstimo (normalmente = 0);
- **Tipo**: argumento opcional (Variant), indicando quando ocorre a capitalização dos juros. Use o valor 0 (valor padrão) para investimentos onde os juros ocorrem no final dos períodos (como poupança, investimentos etc.) e 1 para investimento onde os juros ocorrem no início dos períodos (como empréstimos bancários, financiamento de automóveis etc.).

As seguintes considerações são válidas para a função PPMT:

- PPMT é empregada para calcular o valor do principal (pagamento + juros) aplicado a cada período de um financiamento (valor presente) parcelado em n períodos, sobre o qual são acrescidos juros compostos (ou para calcular o valor capitalizado em cada período de depósitos efetuados mensalmente em uma conta de capitalização de juros (poupança) para se obter após n parcelas um determinado montante (valor futuro));
- Os argumentos TaxaDeJuros e NúmeroDePeríodos devem ser expressos para as mesmas unidades de tempo (usualmente meses);
- Se os argumentos ValorPresente e ValorFuturo forem positivos, Pmt retornará um valor negativo, e vice-versa.

Exemplo: O procedimento ValorDoPrincipal() emprega a função PPmt para calcular o valor do principal a ser pago em um determinado período de uma série de parcelas de um empréstimo, ou para retornar uma matriz, contendo o valor do principal a ser pago em cada período, dependendo do valor de seu último argumento, RetornarSérie:

```
Function ValorDoPrincipal (ValorInicial as Double, TaxaDeJuros as Double, _
                Período as Integer, _
                NúmeroDePeríodos as Integer, _
                Optional ValorFuturo as Double, _
                Optional Tipo as Integer, _
                Optional RetornarSérie as Boolean = False) as Variant
    Dim avarPrincipal() as Double
    Dim intI as integer

    If RetornarSérie Then
        Redim avarPrincipal(0 To NúmeroDePeríodos –1)
        For intI = 0 to NúmeroDePeríodos –1
            avarPrincipal(intI) = PPmt(TaxaDeJuros, intI + 1, NúmeroDePeriodos, _
                            -ValorInicial, -ValorFuturo, Tipo)
        Next
        ValorDoPrincipal = avarPrincipal
    Else
```

ValorDoPrincipal = PPmt(TaxaDeJuros, Período, NúmeroDePeriodos, ValorInicial, _
                        -ValorFuturo, Tipo)
        End If
    End Function

Para calcular o valor do principal a ser pago nas parcelas 1 e 10 do financiamento de um automóvel, sobre o qual se está tomando um empréstimo de R$20.000,00, a uma taxa de juros de 1.99%, em 36 parcelas (R: Parcela 1=$385,40; Parcela 10=$460,18):

?ValorDoPrincipal (20000, 0.0199, 1, 36), ValorDoPrincipal (20000, 0.0199, 10, 36)
-385.397471887026   -460.179414846741

PV

Função empregada para calcular o valor presente de uma série de parcelas fixas a serem pagas no futuro, submetidas a uma taxa de juros constante (ou para calcular o valor presente descontado a uma taxa de juros de um valor futuro capitalizado a uma taxa de juros constante), utilizando esta sintaxe:

PV(TaxaDeJuros, NúmeroDePeríodos, Pagamentos[, ValorFuturo[, Tipo]])

Onde,

- **TaxaDeJuros**: argumento obrigatório (Double), indicando a taxa de juros a ser empregada por período;
- **NúmeroDePeríodos**: argumento obrigatório (Integer), indicando o número total de períodos no qual o valor será capitalizado;
- **Pagamentos**: argumento obrigatório (Double), indicando o valor de cada parcela a ser paga na amortização;
- **ValorFuturo**: argumento opcional (Variant), indicando o valor final (ou valor residual) do investimento ou empréstimo (normalmente = 0);
- **Tipo**: argumento opcional (Variant), indicando quando ocorre a capitalização dos juros. Use o valor 0 (valor padrão) para investimentos onde os juros ocorrem no final dos períodos (como poupança, investimentos etc.) e 1 para investimento onde os juros ocorrem no início dos períodos (como empréstimos bancários, financiamento de automóveis etc.).

As seguintes considerações são válidas para a função PV:

- PV (Valor Presente) faz exatamente o inverso da função FV (Valor Futuro), ou seja, retorna o valor inicial sobre o qual é capitalizada uma taxa de juros por n períodos, com ou sem depósitos fixos e iguais em cada período (Pagamentos), necessário para produzir um determinado valor futuro;
- Os argumentos TaxaDeJuros e NúmeroDePeríodos devem ser expressos para as mesmas unidades de tempo (usualmente meses);
- Se os argumentos ValorFuturo e Pagamentos forem positivos, PV retornará um valor negativo, e vice-versa.

Exemplo: O próximo exemplo exibe o procedimento ValorPresente, que emprega a função PV para calcular o valor presente de um montante final, sobre o qual são aplicados juros compostos por n períodos de capitalização:

```
Function ValorPresente(ValorFinal as Double, TaxaDeJuros as Double, _
                NúmeroDePeríodos as Integer, _
                Optional DepósitoMensal as Double, _
                Optional Tipo as Integer) as Double
   ValorPresente = PV(TaxaDeJuros, NúmeroDePeríodos, DepósitoMensal, ValorFinal, _
                Tipo)
End Function
```

Para se calcular qual é o valor depósito inicial que se precisa fazer hoje, em uma conta de poupança, que capitaliza juros de 0.7% por período (meses), para se obter após 30 anos (ou 360 meses), o montante de R$250.000,00 (R: R$20.292,27):

?ValorPresente(250000,0.007,360)
-20292.2689325662

Supondo que serão efetuados depósitos mensais na conta de poupança de R$50.00 durante 30 anos (ou 360 meses), neste caso, o valor do depósito inicial será obtido desta forma: (R:R$13729,19)

?ValorPresente(250000,0.007,360,-50)
-13729.1909020681

Rate

Função empregada para calcular a taxa de juros utilizada para gerar uma série de pagamentos iguais e constantes, necessários para financiar um valor inicial por n períodos, empregando esta sintaxe:

Rate(NúmeroDePeríodos, Pagamentos, ValorPresente[, ValorFuturo[, Tipo[, Estimativa]]])

Onde,

- **NúmeroDePeríodos**: argumento obrigatório (Integer), indicando o número total de períodos no qual o valor será capitalizado;
- **Pagamentos**: argumento obrigatório (Double), indicando o valor de cada parcela a ser paga na amortização;
- **ValorPresente**: argumento obrigatório (Double), indicando o valor presente (ou valor inicial) do investimento ou empréstimo;
- **ValorFuturo**: argumento opcional (Variant), indicando o valor final (ou valor residual) do investimento ou empréstimo (normalmente = 0);
- **Tipo**: argumento opcional (Variant), indicando quando ocorre a capitalização dos juros. Use o valor 0 (valor padrão) para investimentos onde os juros ocorrem no final dos períodos (como poupança, investimentos etc.) e 1 para investimento onde

os juros ocorrem no início dos períodos (como empréstimos bancários, financiamento de automóveis etc.).
- **Estimativa**: argumento opcional, consistindo de uma estimativa a partir da qual a função Rate irá tentar obter a taxa juros utilizada na amortização. Se omitido, Rate usará o valor padrão de 0.1 (10%).

As seguintes considerações são válidas para a função Rate:
- Rate é útil para verificar se as condições de financiamento de um bem são exatamente aquelas citadas em uma propaganda (como por exemplo, comprar uma televisão a prazo por n parcelas de um determinado valor fixo empregando os juros citados na propaganda, contra seu pagamento à vista);
- Os argumentos TaxaDeJuros e NúmeroDePeríodos devem ser expressos para as mesmas unidades de tempo (usualmente meses);
- Se os argumentos Pagamentos, ValorPresente e ValorFuturo forem positivos, Rate retornará um valor negativo, e vice-versa.

Exemplo: Neste exemplo, o procedimento TaxaDeJuros() calcula a taxa de juros embutida em um financiamento de um bem, fornecendo-se o valor à vista (ValorDoBem = ValorPresente), o valor de cada parcela (ValorDaParcela = Pagamentos) e o número de parcelas (NúmeroDePeríodos). O argumento ValorResidual (ou ValorFuturo) pode ser empregado para os casos de leasing, onde eventualmente sobra um resíduo do financiamento a ser pago após o término das prestações. Já o argumento opcional Tipo é definido por padrão para 1, indicando que os pagamentos são efetuados no início do período (ou pagamento com entrada). Para usar um parcelamento sem entrada, empregue Tipo = 0.

```
Function TaxaDeJuros(ValorDoBem as Double, ValorDaParcela as Double, _
         NúmeroDeParcelas as Double, Optional ValorResidual as Double, _
         Optional Tipo as Integer = 1) as Double
    TaxaDeJuros = Rate(NúmeroDeParcelas, ValorDaParcela, ValorDoBem, _
                  ValorResidual, Tipo)
End Function
```

Suponha que uma televisão de 34" está sendo anunciada por R$2.500,00 à vista, ou em 12 parcelas de R$260,00. Qual é o juros aplicado ao financiamento? (R: 4.31%)

?TaxaDeJuros(2500,-260,12)
4.31094148613213E-02

SLN

Função empregada para calcular o valor de depreciação de um ativo para um único período, empregando o método de depreciação linear (onde todos os períodos são depreciados pelo mesmo valor), utilizando esta sintaxe:

SLN(CustoDoBem, ValorResidual, VidaÚtil)

Onde,

- **CustoDoBem**: argumento obrigatório (Double), indicando o custo inicial do bem;
- **ValorResidual:** argumento obrigatório (Double), indicando o valor residual pelo qual o bem pode ser vendido, ao fim de sua vida útil;
- **VidaÚtil:** argumento obrigatório (Double), indicando o numero de períodos no qual o bem será depreciado;

As seguintes considerações são válidas para a função SLN:

- SLN calcula a depreciação como um valor constante para todos os períodos especificados no argumento VidaÚtil, empregando a seguinte fórmula:

  Depreciação = (CustoDoBem − ValorResidual) / VidaÚtil

- Todos os argumentos devem ser números positivos.

Exemplo: O procedimento DepreciaçãoLinear() a seguir, recebe como argumentos o ValorDoBem, VidaÚtil e ValorResidual, empregando a função SLN para calcular o valor a ser depreciado em cada um dos períodos da vida útil do bem.

```
Function DepreciaçãoLinear(ValorDoBem as Double, VidaUtil as Integer, _
            Optional ValorResidual as Double) as Double
    DepreciaçãoLinear = SLN(ValorDoBem, ValorResidual, VidaUtil)
End Function
```

Supondo que o ativo a ser depreciado custa R$10.000,00, que a sua vida útil é de 10 anos, e seu valor residual é 0, o valor da depreciação deste ativo é = R$1000,00:

?DepreciaçãoLinear(10000,10)
  1000

SYD

Função empregada para calcular o valor de depreciação de um ativo para o período especificado, empregando o método de soma dos dígitos do ano (**S**um of **Y**ears **D**igit):

  SYD(CustoDoBem, ValorResidual, VidaÚtil, Período)

Onde,

- **CustoDoBem**: argumento obrigatório (Double), indicando o custo inicial do bem;
- **ValorResidual** argumento obrigatório (Double), indicando o valor residual pelo qual o bem pode ser vendido, ao fim de sua vida útil;
- **VidaÚtil**: argumento obrigatório (Double), indicando o número de períodos no qual o bem será depreciado;
- **Período**: argumento obrigatório (Integer), indicando o período para o qual o valor da depreciação será calculada (Período <= VidaÚtil).

As seguintes considerações são válidas para a função SYD:

192 - Guia de Referência do VBA

- SYD calcula a depreciação para cada período empregando o método da soma dos dígitos do ano, através da seguinte fórmula:

$$\text{Depreciação} = \frac{2(n - y + 1)}{n(n + 1)}$$

Onde n = número de períodos (anos), e y = número consecutivo do ano a ser depreciado.

- Todos os argumentos devem ser números positivos.

Exemplo: O procedimento DepreciaçãoSYD() emprega a função SYD para calcular o valor a ser depreciado em cada um dos períodos da vida útil do bem, recebendo como argumentos o ValorDoBem, VidaÚtil, Período e, opcionalmente ValorResidual e RetornaMatriz, um argumento booleano que, quando definido para True, força DepreciaçãoSYD a retornar uma matriz contendo o valor a ser depreciado em cada um dos períodos da vida útil do bem.

```
Function DepreciaçãoSYD (ValorDoBem as Double, VidaUtil as Integer, _
                        Período as Integer, Optional ValorResidual as Double, _
                        Optional RetornaMatriz as Boolean) _
                        as Variant
    Dim avarMatriz() as Variant
    Dim intI as Integer

    If RetornaMatriz then
        Redim avarMatriz(0 to VidaUtil – 1)
        For intI = 0 to VidaUtil –1
            avarMatriz(intI) = SYD(ValorDoBem, ValorResidual, VidaUtil, intI + 1)
        Next
        DepreciaçãoSYD = avarMatriz
    Else
        DepreciaçãoSYD = SYD(ValorDoBem, ValorResidual, VidaUtil, Período)
    End If
End Function
```

Supondo que o ativo a ser depreciado custa R$10.000,00, que a sua vida útil é de 10 anos e seu valor residual é 0, o valor da depreciação deste ativo no ano 5 pode ser calculado por:

? DepreciaçãoSYD (10000,10,5)
1090.90909090909

Funções para manipulação de matrizes

Neste capítulo você obtém informações sobre as funções do VBA empregadas para manipular matrizes, como por exemplo, redimensionar a última dimensão de uma matriz para conter um número maior de elementos (Redim), obter os limites inferior e superior de qualquer uma de suas dimensões (Lbound e Ubound), separar uma matriz em duas (Split), extrair de uma matriz de strings uma submatriz contendo elementos que obedeçam a um determinado critério (Filter) etc.

Índice do capítulo

Filter 193	Split 196
Lbound 195	Ubound 197
Redim 195	

Filter

Função empregada para percorrer uma matriz declarada As String, filtrar seus elementos baseando-se no critério de filtro especificado, e retornar uma nova matriz contendo apenas os elementos filtrados, utilizando esta sintaxe:

    Filter(MatrizOriginal, Encontrar[, Incluir[, TipoDeComparação]])

Onde,

- **MatrizOriginal**: argumento obrigatório, consistindo de uma matriz unidimensional de strings, cujos valores serão pesquisados;

- **Encontrar**: argumento obrigatório, consistindo na string a ser procurada dentro de MatrizOriginal;
- **Incluir**: argumento opcional, consistindo de um valor booleano que indica se a matriz a ser retornada deverá incluir os elementos que possuem ou os que não possuem o argumento Encontrar. O valor padrão False, indica para retornar apenas os itens que *não possuem* o valor a Encontrar;
- **TipoDeComparação**: argumento opcional, indicando o tipo de comparação a ser efetuada durante a pesquisa, de acordo com a seguinte tabela:

Constante	Valor	Descrição
vbUseCompareOption	-1	Efetua a comparação padrão, especificada pelo argumento Option Compare empregado na seção Declaração do módulo onde se encontra a função
vbBinaryCompare	0	Efetua uma comparação binária (case-sensitiva a maiúsculas/minúsculas)
vbTextCompare	1	Executa uma comparação textual (case-insensitiva)
vbDatabaseCompare	2	Usada apenas no Microsoft Access, emprega o padrão de comparação utilizado pela cópia atual do Access

As seguintes considerações são válidas para a função Filter():

- Se não for encontrada qualquer equivalência dentro de MatrizOriginal, a função Filter retornará uma matriz vazia;
- Se MatrizOriginal for Null, ou for uma matriz de mais de uma dimensão, ocorrerá um erro em tempo de execução;

Exemplo: O próximo exemplo demonstra como empregar a função Filter para criar uma nova matriz contendo apenas os elementos da matriz original que atendam ao critério de pesquisa solicitado.

```
Function TestaFilter()
    Dim avarMatrizOriginal(0 to 3)
    Dim varMatrizFiltrada as Variant
    Dim intI as Integer

    avarMatrizOriginal(0) = "VBA"
    avarMatrizOriginal(1) = "Guia"
    avarMatrizOriginal(2) = "de"
    avarMatrizOriginal(3) = "Referência"

    varMatrizFiltrada = Filter(avarMatrizOriginal, "ia")

    For intI = 0 to Ubound(varMatrizFiltrada)
```

```
            Debug.Print "Indice " & intI & " = " & varMatrizFiltrada(intI)
        Next
End Function
```

Use a janela Imediata para verificar o funcionamento da função TestaFilter():
```
?TestaFIlter()
Indice 0 = Guia
Indice 1 = Referência
```

Lbound

Função empregada para retornar o índice inicial da dimensão especificada de uma matriz, utilizando esta sintaxe:

LBound(Matriz[, Dimensão])

Onde,

- **Matriz:** argumento obrigatório, consistindo do nome da variável matriz a ser analisada;
- **Dimensão:** argumento opcional, indicando qual será a dimensão a ser analisada. A primeira dimensão é a de número 1, a segunda, número 2 etc. Se Dimensão for omitida, Lbound retornará o índice inicial da primeira dimensão da matriz.

As seguintes considerações são válidas para a função Lbound:

- Lbound e Ubound são empregadas para determinar via código as dimensões de uma matriz;
- O limite inferior de uma matriz é usualmente 0 (zero). Porém, este limite pode ser alterado para 1 empregando-se a instrução Option Base;
- O limite inferior de uma matriz declarada com Dim, Redim ou Static pode receber qualquer valor inteiro como índice inicial de suas dimensões.
- Toda matriz criada com a função Array() possui dimensão inicial igual a zero (0), independente da instrução Option Base indicar o contrário.

Exemplo: Os exemplos a seguir demonstram como empregar a função Lbound para retornar o índice inicial das dimensões de uma matriz.

```
Dim avarMatriz(1 to 10, 0 to 4, -2 to 100)
Debug.Print Lbound(avarMatriz, 1)    'Retorna 1
Debug.Print Lbound(avarMatriz, 2)    'Retorna 0
Debug.Print Lbound(avarMatriz, 3)    'Retorna -2
```

Redim

Veja a função Redim no Capítulo 2, "Funções de Declaração do VBA".

Split

Função empregada para particionar uma string de texto delimitada por um determinado caractere, retornando uma matriz unidimensional, contendo um número especificado de substrings, utilizando esta sintaxe:

Split(Expressão[, Delimitador[, Limite[, TipoDeComparação]]])

Onde,

- **Expressão**: argumento obrigatório, consistindo de uma string contendo substrings delimitadas por um caractere específico;
- **Delimitador**: argumento opcional, consistindo do caractere empregado no interior de Expressão para delimitar as substrings a serem extraídas. Se omitido, Split irá considerar o caractere de espaço como o delimitador.
- **Limite**: Número de substrings a serem retornadas. Se Limite for omitido, será utilizado o valor padrão –1 para indicar que todas as substrings deverão ser retornadas;
- **TipoDeComparação**: argumento opcional, indicando o tipo de comparação a ser efetuada durante a pesquisa, de acordo com a seguinte tabela:

Constante	Valor	Descrição
vbUseCompareOption	-1	Efetua a comparação padrão, especificada pelo argumento Option Compare empregado na seção Declaração do módulo onde se encontra a função
vbBinaryCompare	0	Efetua uma comparação binária (case-sensitiva a maiúsculas/minúsculas)
vbTextCompare	1	Executa uma comparação textual (case - insensitiva)
vbDatabaseCompare	2	Usada apenas no Microsoft Access, emprega o padrão de comparação utilizado pela cópia atual do Access

As seguintes considerações são válidas para a função Split():

- Se Delimitador for uma string de comprimento zero, Split irá retornar uma matriz unidimensional, contendo um único elemento definido por Expressão.

Exemplo: Split é bastante útil para criar uma matriz de elementos contidos em uma string, usualmente armazenados em um arquivo texto aberto com a instrução Open, para criar uma matriz de argumentos de linha de comando recuperados com a função Command ou qualquer outro uso no qual uma matriz deva ser criada a partir de uma string delimitada por um caractere específico.

```
Function TestaSplit()
    Dim varMatriz as Variant
    Dim strTexto as String
```

```
    Dim intI as Integer

    strTexto = "VBA Guia de Referência"
    varMatriz = Split(strTexto)    'Não é necessário especificar o caractere delimitador, pois
                                   'espaço é o caractere padrão
    For intI = 0 to Ubound(varMatriz)
        Debug.Print "Indice " & intI & " = " & varMatriz(intI)
    Next
End Function
```

Use a janela Imediata do VBA para testar a função TestaSplit():
```
?TestaSPlit()
Indice 0 = VBA
Indice 1 = Guia
Indice 2 = de
Indice 3 = Referência
```

Ubound

Função empregada para retornar o índice final da dimensão especificada de uma matriz, utilizando esta sintaxe:

UBound(Matriz[, Dimensão])

Onde,

- **Matriz:** argumento obrigatório, consistindo do nome da variável matriz a ser analisada;
- **Dimensão:** argumento opcional, indicando qual será a dimensão a ser analisada. A primeira dimensão é a de número 1, a segunda, número 2 etc. Se Dimensão for omitida, Ubound retornará o índice inicial da primeira dimensão da matriz.

As seguintes considerações são válidas para a função Ubound:

- Lbound e Ubound são empregadas para determinar via código as dimensões de uma matriz;
- O limite superior de uma matriz declarada com Dim, Redim ou Static pode receber qualquer valor inteiro positivo como índice inicial de suas dimensões.

Exemplo: Os exemplos a seguir demonstram como empregar a função Ubound para retornar o índice inicial das dimensões de uma matriz.

```
Dim avarMatriz(1 to 10, 0 to 4, -2 to 100)
Debug.Print Ubound(avarMatriz, 1)    'Retorna 10
Debug.Print Ubound(avarMatriz, 2)    'Retorna 4
Debug.Print Ubound(avarMatriz, 3)    'Retorna 100
```

Funções de manipulação de arquivos e pastas

Neste capítulo você encontra informações sobre as funções do VBA empregadas para manipular arquivos e pastas, permitindo verificar a existência de um determinado arquivo ou percorrer todos os arquivos de uma pasta (Dir), indicar o drive e pasta padrão apontada pelo seu aplicativo (ChDrive e ChDir), obter a pasta atual (CurDir), manipular variáveis de ambiente (Environ), copiar e excluir arquivos (FileCopy e Kill etc.

Índice do capítulo

ChDir	199	GetAttr	205
ChDrive	200	Kill	205
CurDir	200	MkDir	206
Dir	201	Name	206
Environ	203	QBColor	207
FileCopy	203	RGB	208
FileDateTime	204	RmDir	209
FileLen	204	SetAttr	209

ChDir

Instrução que alterna a pasta atualmente refenciada pelo seu aplicativo, empregando esta sintaxe:

ChDir Caminho

Onde,

- **Caminho**: argumento obrigatório, é uma string que identifica um caminho válido para a pasta padrão do seu aplicativo.

As seguintes considerações são válidas para a instrução ChDir:

- A instrução ChDir troca a pasta padrão do sistema, mas não altera o drive padrão, o qual deve ser alterado pela função ChDrive;
- Caminho não precisa necessariamente incluir a letra do drive. Se Caminho não incluir o drive, ChDir altera a pasta padrão no drive atual;

Exemplo: Os exemplos a seguir demonstram o resultado da aplicação de diferentes instruções ChDir.

    ChDir "C:\Access\VBA"   ' Alterna para a pasta Access\VBA do drive C:
    ChDir ".."   'Alterna a pasta atual para a pasta "C:\"
    ChDir "D:\Matriz"   'Alterna a pasta atual para D\Matriz, nas o drive atual ainda é o 'drive "C"

ChDrive

Instrução utilizada para alternar o drive atual do seu aplicativo para um outro drive do sistema, empregando esta sintaxe:

    ChDrive LetraDoDrive

Onde,

- **LetraDoDrive**: argumento obrigatório, constituindo uma string que especifica uma letra de drive válida para o sistema.

As seguintes considerações são válidas para a instrução ChDrive:

- Não é necessário empregar o caractere ":" no argumento LetraDoDrive quando especificar um novo drive padrão.
- LetraDoDrive pode ser uma string de qualquer comprimento, desde que a primeira letra da string se refencie a um drive válido do seu sistema;
- Se LetraDoDrive for uma string de comprimento zero, ChDrive não irá alternar o drive atual do sistema.

Exemplo: O exemplo a seguir alterna o drive padrão do sistema para o drive "F".

    ChDrive "F"   ' F: é o novo drive padrão (caso este exista no sistema)

CurDir

Função empregada para retornar uma string indicando o caminho completo atualmente empregado pelo sistema para ler e gravar informações em um drive especificado, utilizando esta sintaxe:

    CurDir[(Drive)]

Onde,

- **Drive**: argumento opcional, contendo uma string que especifica o caminho válido para o sistema no drive fornecido;

As seguintes considerações são válidas para a função CurDir:

- Se Drive for uma string de comprimento zero (""), CurDir irá retornar o caminho atual do sistema para o drive atual (o qual pode ser definido pela instrução ChDrive).

Exemplo: Os exemplos que se seguem demonstram como utilizar a função CurDir para retornar o caminho atual do sistema em diferentes drives.

```
Dim Caminho as string
Caminho = CurDir()        ' Retorna o caminho atual no drive atual, Ex.: C:\Meus Documentos
ChDir "C:\AccessVBA"      'Define a pasta atual como C:\AccessVBA
Caminho = CurDir(())      'Retorna C:\AccessVBA
Caminho = CurDir("E")     'Retorna E:\, se a pasta padrão de "E:" ainda não foi alterada
```

Dir

Função empregada para retornar o nome ou atributos de um arquivo ou pasta em um disco, ou nome de um volume de um drive, utilizando esta sintaxe:

Dir[(Caminho[, Atributos])]

Onde,

- **Caminho**: argumento opcional, consistindo de uma expressão string que define o nome de um arquivo, incluindo ou não a letra do drive e a pasta onde se encontra;
- **Atributos**: argumento opcional, consistindo de uma constante ou expressão numérica cuja soma defina os atributos desejados para o arquivo ou pasta cuja existência se deseja verificar, de acordo com as seguintes constantes:

Constante	Valor	Descrição
vbNormal	0	Valor padrão, indica arquivos sem atributos definidos
vbReadOnly	1	Arquivos Somente-Leitura
vbHidden	2	Arquivos ocultos
VbSystem	4	Arquivos de sistema
vbVolume	8	Nome do volume
vbDirectory	16	Diretórios (ou Pastas)

As seguintes considerações são válidas para a função Dir:

- A primeira vez que se executa a função Dir, é necessário fornecer o caminho completo da pasta que se quer examinar, ou ocorrerá um erro em tempo de execução;

- Da segunda vez em diante, forneça uma string vazia para o argumento Caminho para continuar a pesquisar todos os arquivos contidos na pasta cujo caminho foi fornecido na primeira vez;
- A função Dir suporta os caracteres curingas "*" e "?" do DOS para especificar múltiplos caracteres ou apenas um caractere na posição indicada, respectivamente.
- Dir retorna o primeiro nome de arquivo equivalente ao argumento Caminho. Para obter novos arquivos com o mesmo padrão, execute Dir novamente sem qualquer argumento.
- Quando a função Dir encontrar um arquivo equivalente ela retornará seu nome completo. Quando não houver mais equivalências, Dir retornará uma string vazia (""), indicando o término da pesquisa;
- Quando Dir retornar uma string vazia, será obrigatório fornecer novamente o argumento Caminho para a função Dir, ou ocorrerá um erro em tempo de execução.
- Para fazer com que Dir retorne apenas nomes de pasta, empregue no argumento Atributos a constante vbDirectory. A primeira pasta existente no caminho especificado será retornada. Continue empregando a função Dir sem qualquer argumento para obter os nomes de pastas subseqüentes, até que a função retorne uma string vazia, indicando o término das pastas no caminho especificado;
- A função Dir retorna nomes de arquivos e pastas na ordem em que eles foram criados no disco, não havendo opção de retornar os nomes de arquivos e pastas em ordem alfabética;
- A função Dir não pode ser chamada recursivamente.

Exemplo: O exemplo a seguir demonstra como empregar a função Dir para retornar uma matriz contendo o nome de todas as pastas contidas no caminho especificado pelo argumento Caminho recebido pelo procedimento. O procedimento emprega a instrução Redim Preserve para redimensionar dinamicamente a matriz a cada passagem pelo laço – o que ocorre a cada pasta encontrada).

```
Function NomesDePasta(Caminho as string) as variant
    Dim avarPastas()
    Dim Pasta as string
    Dim intPastas as integer

    Pasta = Dir(Caminho, vbDirectory)
    Do While Len(Pasta)
        Redim Preserve AvarPastas(intPastas)
        AvarPastas(intPastas) = Pasta
        IntPastas = intPastas + 1
        Pasta = Dir
    Loop
    NomesDePasta = avarPastas
End Function
```

Environ

Função empregada para retornar uma string associada a uma variável de ambiente (declarada nos arquivos Config.Sys e Autoexe.bat), utilizando esta sintaxe:

Environ({NomeDaVariável | Número})

Onde,

- **NomeDaVariável**: argumento opcional, indicando o nome da variável de ambiente;
- **Número**: argumento opcional, expressão numérica consistindo de um valor inteiro indicando a ordem da variável desejada existente na tabela de variáveis de ambiente.

As seguintes considerações são válidas para a função Environ:

- Você deve utilizar apenas um dos argumentos NomeDaString ou Número ao executar a função Environ;
- Se NomeDaVariável for encontrada, Environ irá retornar o valor atribuído à variável de ambiente desejada (o valor localizado do lado direito do sinal de igual, empregado para se atribuir valores a variáveis de ambiente);
- Se NomeDaVariável não puder ser encontrada na tabela de variáveis de ambiente, Environ irá retornar uma string de comprimento zero;
- Se no lugar de NomeDaVariável for fornecido o argumento Número, e este número se referir a uma variável de ambiente válida, Environ irá retornar todo o texto, incluindo o nome da variável e o sinal de "=".

Exemplo: O exemplo que se segue retorna o texto da variável de ambiente "Path", que indica o caminho completo atualmente empregado pelo Windows no seu computador:

Dim Caminho as string
Caminho = Environ("Path")

FileCopy

Instrução empregada para copiar um arquivo existente no sistema, utilizando esta sintaxe:

FileCopy Origem, Destino

Onde,

- **Origem:** argumento obrigatório, consiste de uma expressão string que indica o nome do arquivo a ser copiado;
- **Destino:** argumento obrigatório, consiste de uma expressão string que indica o nome do arquivo de destino.

As seguintes considerações são válidas para a instrução FileCopy:

204 - Guia de Referência do VBA

- FileCopy não pode ser empregada em arquivos atualmente abertos pelo sistema, ou ocorrerá um erro em tempo de execução.
- É obrigatório fornecer o nome do arquivo de destino (não basta fornecer apenas a pasta).

Exemplo: O exemplo a seguir demonstra como copiar o arquivo Dados.MDB, contido na pasta C:\AcessVBA para a pasta D:\Backup

FileCopy "C:\AccessVBA\Dados.MDB", "D:\Backup\Dados.MDB"

FileDateTime

Função empregada para indicar a data e hora de criação ou modificação de um arquivo, utilizando esta sintaxe:

FileDateTime(Caminho)

Onde,

- **Caminho**: argumento obrigatório, consistindo de uma expressão string que especifica o caminho completo para um determinado arquivo de dados.

Exemplo: O exemplo a seguir indica a data e hora da última atualização do arquivo Clientes2000.MDB contido na pasta C:\AccessVBA:

Dim varDataHora as variant
VarDataHOra = FileDateTime("C:\ACCESSVBA\Clientes2000.MDB")

FileLen

Função empregada para retornar o comprimento em bytes de um determinado arquivo de dados, utilizando esta sintaxe:

FileLen(Caminho)

Onde,

- **Caminho**: argumento obrigatório indicando o nome do arquivo cujo comprimento se deseja obter.

As seguintes considerações são válidas para a função FileLen:

- FileLen retorna o tamanho em bytes do arquivo recebido como argumento. Se o arquivo estiver aberto, FileLen retornará o tamanho do arquivo imediatamente antes de o mesmo ter sido aberto (ou após a última gravação sofrida);
- Para verificar o tamanho atual de um arquivo aberto, empregue a função LOF (Length of File).

Exemplo: O exemplo que se segue indica como retornar o tamanho do arquivo C:\AccessVBA\Clientes2000,MDB:

Dim lngTamanho as string
lngTamanho = FileLen("C:\ACCESSVBA\Clientes2000.MDB")

GetAttr

Função empregada para retornar um número inteiro representando os atributos atuais do arquivo ou pasta recebido como argumento, utilizando esta sintaxe:
   GetAttr(Caminho)

Onde,

- **Caminho**: argumento obrigatório, consistindo de uma expressão string que especifica o nome do arquivo cujos atributos se deseja obter.

As seguintes considerações são válidas para a função GetAttr:

- Se o arquivo não for encontrado, GetAttr retornará um erro em tempo de execução (Erro 58, Arquivo não encontrado);
- Se o arquivo for encontrado, GetAttr retornará um número inteiro, formado pela soma dos atributos do arquivo, os quais correspondem a seguinte tabela:

Constante	Valor	Descrição
vbNormal	0	Normal
vbReadOnly	1	Somente leitura
vbHidden	2	Oculto
vbSystem	4	Arquivo de sistema
vbDirectory	16	Pasta
vbArchive	32	Indica que o arquivo foi alterado desde a última operação de backup

- Para determinar quais atributos foram definidos para o arquivo, empregue o operador And do VBA para efetuar uma comparação binária com o valor retornado por GetAttr. Se o valor da comparação for diferente de zero, o atributo comparado foi definido para o arquivo.

Exemplo: O exemplo a seguir demonstra como empregar a função GetAttr para verificar que o atributo do arquivo C:\MSDOS.SYS (arquivo de sistema) foi definido como Oculto:

Dim intValor as integer

intValor = GetATtr("C:\MSDOS.SYS") and vbHidden   'Retorna 2, atributo definido

Kill

Instrução empregada para excluir um arquivo do disco, utilizando esta sintaxe:
   Kill Caminho

206 - Guia de Referência do VBA

Ónde:
- **Caminho**: argumento obrigatório, consistindo de uma expressão string que indica um ou mais nomes de arquivos a serem excluídos do disco.

As seguintes considerações são válidas para a instrução Kill:
- Kill exclui o(s) arquivo(s) recebido(s) como argumento sem solicitar uma confirmação do usuário;
- Kill aceita os caracteres coringas "*" e "?" para especificar uma ampla faixa de arquivos a serem excluídos, tornando-se uma instrução extremamente perigosa. Cuidado ao utilizá-la;
- Kill não é capaz de excluir pastas do disco, apenas seu conteúdo. Para excluir uma pasta, empregue a função RmDir;
- Se o arquivo não for encontrado, Kill retornará um erro em tempo de execução (Erro 53, Arquivo não encontrado).

Exemplo: O exemplo a seguir demonstra como empregar a função Kill para excluir todos os arquivos temporários atualmente contidos na pasta C:\Windows\Temp do seu disco rígido:

Kill "C:\Windows\Temp*.TMO"

MkDir

Instrução empregada para criar uma nova pasta no caminho indicado, utilizando esta sintaxe:

MkDir Caminho

Onde,
- **Caminho**: argumento obrigatório, indicando o nome da pasta a ser criada, podendo ou não incluir a letra do drive. Se a letra do drive for omitida MkDir irá criar a pasta no drive atual.

Exemplo: O exemplo a seguir demonstra como empregar a função MkDir para criar a pasta Meu Aplicativo dentro da C:\Arquivos de programas:

Mkdir("C:\Arquivos de programas\Meu Aplicativo")

Name

Instrução empregada para renomear um arquivo ou pasta no sistema, utilizando esta sintaxe:

Name NomeAtual **As** NovoNome

Onde,
- **NomeAtual**: argumento obrigatório, indica o nome de um arquivo ou pasta existente;

- **NovoNome**: argumento obrigatório, indica o novo nome a ser aplicado ao arquivo ou pasta.

As seguintes considerações são válidas para a instrução Name:

- Name não pode criar um novo arquivo ou pasta, mas pode mover um arquivo existente para outra pasta do sistema;
- Se o caminho fornecido para NomeAtual e NovoNome forem idênticos, Name irá renomear o arquivo existente;
- Se o caminho fornecido para NomeAtual for diferente do arquivo fornecido para NovoNome, Name irá renomear e mover o arquivo para a nova localização;
- Se o arquivo especificado em NomeAtual estiver aberto, Name provocará um erro em tempo de execução;
- Name não aceita o emprego de caracteres curingas ("*" e "?").

Exemplo: O exemplo a seguir renomeia e move o arquivo C:\AUTOEXEC.OLD para a pasta D:\AUTOEXEC.BAT.

Name "C:\AUTOEXEC.BAT" As "D:\AUTOEXEC.BAT"

QBColor

Função empregada para retornar um número do tipo Long, representando um código de cor RGB correspondente a um número de cor, utilizando esta sintaxe:

QBColor(Cor)

Onde,

- **Cor**: argumento obrigatório, indica um número inteiro entre 0 e 15, conforme a tabela:

Número	Cor
0	Preto
1	Azul
2	Verde
3	Ciano
4	Vermelho
5	Magenta
6	Amarelo
7	Branco

Número	Cor
8	Cinza
9	Azul claro
10	Verde claro
11	Ciano claro
12	Vermelho claro
13	Magenta claro
14	Amarelo claro
15	Branco brilhante

As seguintes considerações são válidas para a função QBColor:

- QBColor retorna valores de cores utilizados pelas primeiras versões do Basic que empregavam apenas 16 cores, consideradas cores básicas. Ela emprega os bits menos significativos para retornar os valores que definem a quantidade de vermelho, verde e azul para definir as cores apropriadas no sistema de cores RGB.

Exemplo: O exemplo a seguir emprega a função QBColor para definir a cor da letra contida na etiqueta lblTexto para a cor básica vermelho, definida pela função QBColor(4):

Const conVermelho = 4
Me.lblTexto.BackColor = QBColor(conVermelho)

RGB

Função empregada para retornar um número inteiro representando o valor de uma cor RGB, dependendo dos teores de vermelho, verde e azul fornecidos, utilizando esta sintaxe:

RGB(Vermelho, Verde, Azul)

Onde,

- **Vermelho**: argumento obrigatório, indica um número inteiro entre 0 e 255, representando o teor da cor vermelho na cor final;
- **Verde**: argumento obrigatório, indica um número inteiro entre 0 e 255, representando o teor da cor verde na cor final;
- **Azul**: argumento obrigatório, indica um número inteiro entre 0 e 255, representando o teor da cor azul na cor final;

As seguintes considerações são válidas para a função RGB:

- A função RGB espera um valor entre 0 e 255 para cada um de seus argumentos. Se qualquer dos argumentos for maior que 255, o valor será convertido para 255;
- Vários componentes da interface gráfica com o usuário podem ter suas cores de fundo, de borda ou de letra alteradas por um valor numérico que indica a cor desejada. Esta cor pode ser obtida diretamente da função RGB, a qual especifica os níveis de vermelho, verde e azul a serem fornecidos, conforme os exemplos citados na tabela.

Cor	Vermelho	Verde	Azul
Preto	0	0	0
Azul	0	0	255
Verde	0	255	0
Ciano	0	255	255
Vermelho	255	0	0

Magenta	255	0	255
Amarelo	255	255	0
Branco	255	255	255

Exemplo: O próximo exemplo demonstra como empregar a função RGB para pintar o fundo do formulário atual de amarelo:
Me.BackColor = RGB(255,255,0)

RmDir

Instrução empregada para remover um diretório ou pasta existente no sistema, utilizando esta sintaxe:

RmDir Caminho

Onde,

- **Caminho**: argumento obrigatório, indicando no nome de uma pasta válida no sistema a ser removida.

As seguintes considerações são válidas para a instrução RmDir:

- RmDir pode remover uma pasta apenas se esta não contiver quaisquer arquivos em seu interior;
- Caso a pasta que se pretende remover contenha um ou mais arquivos, RmDir irá gerar um erro em tempo de execução (empregue a função Kill com o coringa "*" para remover os arquivos da pasta antes de empregar a função RmDir).

SetAttr

Instrução empregada para definir os atributos de um arquivo ou pasta, utilizando esta sintaxe:

SetAttr Caminho, Atributos

Onde,

- **Caminho**: argumento obrigatório, identifica o nome do arquivo ou pasta cujos atributos se pretende alterar;
- **Atributos**: argumento obrigatório, indica uma constante ou expressão numérica cuja soma especifique os atributos a serem definidos, de acordo com a seguinte tabela:

Constante	Valor	Descrição
vbNormal	0	Normal
vbReadOnly	1	Somente leitura

vbHidden	2	Oculto
vbSystem	4	Arquivo de sistema
vbDirectory	16	Pasta
vbArchive	32	Indica que o arquivo foi alterado desde a última operação de backup

As seguintes considerações são válidas para a instrução SetAttr:

- Se o arquivo cujos atributos se deseja alterar estiver aberto, SetAttr irá gerar um erro em tempo de execução;
- Para definir os atributos do arquivo, some as constantes da tabela anterior (ou seus valores) ou empregue o operador And.

Exemplo: O exemplo a seguir torna o arquivo C:\AccessVBA\Clientes2000.MDB oculto e protegido contra gravação (Somente leitura):

SetAttr "C:\ACCESSVBA\Clientes2000.MDB, vbHidden + vbReadOnly

Funções de entrada e saída de dados em arquivos

Neste capítulo você obtém informações sobre as funções do VBA empregadas para abrir (Open), ler (Get, Input e Line Input #) e gravar (Put, Print # e Write #) informações em arquivos texto, binários ou de acesso aleatório, obter o comprimento de um arquivo (LOF), seus atributos (FileAttr), definir a largura máxima de suas linhas (Width #), encontrar a posição atual de gravação em um arquivo qualquer (Loc), bloquear e desbloquear arquivos (Lock e Unlock) etc.

Índice do capítulo

Close	211	Open	225
EOF	212	Print #	227
FileAttr	213	Put	229
FreeFile	215	Reset	232
Get	216	Seek	232
Input	219	Spc	235
Line Input #	221	Tab	236
Loc	222	Width #	237
Lock, Unlock	223	Write #	238
LOF	224		

Close

Instrução empregada para fechar um arquivo que tenha sido aberto com uma instrução Open, utilizando esta sintaxe:

Close [ListaDeArquivos]

Onde,

- **ListaDeArquivos**: argumento opcional, referenciando o número de um ou mais arquivos abertos, precedidos pelo caractere "#", com esta sintaxe (Arquivo1, Arquivo2..., referem-se ao número do arquivo aberto com a instrução Open):
[#]Arquivo1, [#]Arquivo2, ...

As seguintes considerações são válidas para a instrução Close:
- A instrução Close pode ser empregada sem qualquer argumento. Neste caso, todos os arquivos abertos por instruções Open serão automaticamente fechados;
- Para fechar um arquivo específico, forneça o seu número como argumento para a instrução Close (Ex.: Close #1);
- Se os arquivos abertos pela instrução Open forem arquivos de saída de dados, empregando as palavras-chave "For Output" ou "For Append", o buffer final de saída do sistema para estes arquivos será gravado e sua memória liberada, antes de o arquivo ser fechado.
- Após a execução da instrução Close, a associação existente entre um ou mais arquivos abertos pela instrução Open é terminada, impedindo a utilização subseqüente do arquivo até que o mesmo seja novamente aberto.

Exemplo: o exemplo a seguir emprega a instrução Close para fechar o arquivo aberto pela instrução Open. Neste exemplo, a função GravarArquivo recebe como argumentos o nome (caminho completo) para o arquivo a ser gravado e o conteúdo do arquivo. O arquivo é criado por uma instrução Open, o conteúdo do arquivo é definido por uma instrução Print, e o arquivo aberto com o código #1, é fechado pela instrução Close.

```
Function GravarArquivo(strArquivo as String, strTextoDoArquivo as String)
    Open strArquivo for Ouput as #1
        Print #1, strTextoDoArquivo
    Close #1
End Function
```

EOF

Função empregada para retornar um número inteiro contendo o valor True, quando tiver sido atingido o fim de um arquivo aberto com as palavras-chave "Randon" ou "Input", utilizando esta sintaxe:

EOF(NúmeroDoArquivo)

Onde,

- **NúmeroDoArquivo**: argumento obrigatório, indicando um número inteiro que se referencie a um número válido de arquivo aberto com a instrução Open.

As seguintes considerações são válidas para a instrução EOF:
- A instrução EOF é empregada no código escrito em VBA para evitar o erro gerado em tempo de execução quando se tenta executar operações após ter-se atingido o fim do arquivo;

- EOF sempre retorna verdadeiro para arquivos abertos pela instrução Open com a palavra-chave "for Output";
- EOF retorna False até o fim do arquivo ser atingido, ou até que uma instrução Get seja incapaz de ler todo um registro completo de dados de um arquivo aberto com a instrução Open empregando as palavras-chave "for Randon" e "for Binary";
- Para ler arquivos binários, abertos com a palavra-chave "for Binary" empregue a função Get junto com a função EOF para determinar quando se atinge o fim do arquivo;
- A tentativa de empregar a função Input para ler arquivos binários, abertos com a palavra-chave "for Binary", até EOF retornar True irá gerar um erro em tempo de execução;
- Para ler arquivos binários, abertos com a palavra-chave "for Binary" com a instrução Input, empregue as funções LOF (Lengh of File) e LOC (indica a posição atual de gravação) no lugar da instrução EOF.

Exemplo: O próximo exemplo demonstra como empregar a função EOF para verificar o momento em que se atinge o fim de um arquivo texto cujo nome é recebido como argumento pela função. Quando o arquivo termina, o mesmo é impresso na Janela Verificação Imediata do VBA, com suas linhas numeradas:

```
Function AbrirArquivo(strFile) as string
    Dim strLinha As String
    Dim strTexto As String
    Dim intLinha As Integer

    Open strFile For Input As #1   ' Abre o arquivo para leitura.
    Do While Not EOF(1) ' Verifica se o fim do arquivo foi atingido.
        intLinha = intLinha + 1
        Line Input #1, strLinha ' Lê cada linha do arquivo, atribuindo-o à variável strLinha.
        strTexto = strTexto & intLinha & ": " & strLinha & vbCrLf  'Numera as linhas do arquivo
    Loop
    Debug.Print strTexto  ' Imprime na janela Verificação Imediata
    Close #1   ' Fecha o arquivo.
End Function
```

FileAttr

Função empregada para representar um número Long, contendo o modo em que foi aberto um arquivo pela instrução Open, utilizando esta sintaxe:

FileAttr(NúmeroDoArquivo, ModoDeAbertura)

Onde,

- **NúmeroDoArquivo**: argumento obrigatório, consistindo de um número inteiro que represente um número válido associado a um arquivo aberto com a instrução Open;

- **ModoDeAbertura**: argumento obrigatório, consistindo de um número inteiro contendo o tipo de informação que se deseja obter, de acordo com a seguinte tabela:

Valor	Descrição
1	Modo de abertura do arquivo
2	Handle do sistema operacional para o arquivo, empregada apenas em sistemas operacionais de 16 bits. Gera um erro em tempo de execução no Windows 95 ou superior

- A função FileAttr retorna os seguintes valores, quando o argumento ModoDeAbertura for =1:

Valor	Modo de abertura
1	Input
2	Output
4	Random
8	Append
32	Binnary

Exemplo: O exemplo a seguir demonstra como empregar a função FileAttr para verificar o modo de abertura do arquivo referenciado pela função AbrirArquivo(). Note que AbrirArquivo() associa o arquivo aberto ao próximo número disponível empregando a função FreeFile, e que o arquivo não é fechado após o término da função. A referência ao número do arquivo aberto encontra-se em uma variável declarada a nível de módulo (mintFile) possibilitando verificar o modo como o arquivo foi aberto por outro procedimento.

```
    Dim mintFile as integer

Function AbrirArquivo(strFile) as string
    Dim strLinha As String
    Dim strTexto As String
    Dim intLinha As Integer

    mintFile = FreeFile
    Open strFile For Input As #mintFile   ' Abre o arquivo para leitura.
    Do While Not EOF(mintFile) ' Verifica se o fim do arquivo foi atingido.
        intLinha = intLinha + 1
        Line Input #mintFile, strLinha ' Lê cada linha do arquivo, atribuindo-o à variável strLinha.
        strTexto = strTexto & intLinha & ":" & strLinha & vbCrLf  'Númera as linhas do arquivo
    Loop
```

        Debug.Print strTexto   ' Imprime na janela Verificação Imediata
End Function

Function ModoDeAbertura() as integer
     FileAttr(mintFile, 1)
End Function

FreeFile

Função utilizada para retornar um número inteiro, associado ao próximo número de arquivo disponível para ser usado pela instrução Open, empregando esta sintaxe:
FreeFile[(FaixaDeNúmeros)]

Onde,

- **FaixaDeNúmeros**: argumento opcional, especificando a faixa na qual o próximo número válido será obtido, podendo ser apenas dois valores: 0 (valor padrão), retorna um número na faixa entre 1-255, e 1 retorna um número na faixa entre 256-511.

As seguintes considerações são válidas para a função FreeFile:

- FreeFile é empregada para gerar o próximo número de arquivo válido a ser usado pela instrução Open, evitando a duplicação não-intencional de números de arquivos no VBA. Use FreeFile para atribuir o próximo número válido a uma variável, no lugar de empregar um número fixo em seu código, evitando a possibilidade de erros em tempo de execução pelo emprego simultâneo do mesmo número em procedimentos diferentes.

Exemplo: O exemplo a seguir demonstra como empregar a função FreeFile para obter o próximo número válido de arquivo antes de se empregar a instrução Open. O procedimento emprega as funções Input() e LOF() (Lengh Of File) para ler todo o conteúdo do arquivo recebido pelo argumento na variável strTexto, retornando o conteúdo do arquivo.

     Function LeiaArquivo(strFile) As String
         Dim strTexto As String
         Dim intFile As Integer

         intFile = FreeFile
         Open strFile For Input As #intFile   ' Abre o arquivo para leitura.
         strTexto = Input(LOF(intFile), intFile) ' Lê todo o arquivo, atribuindo-o à variável strTexto
         Close intFile   'Fecha o arquivo
         LeiaArquivo = strTexto
     End Function

Get

Instrução empregada para ler dados de um arquivo aberto do disco para uma variável declarada no código, empregando esta sintaxe:

Get [#]NúmeroDoArquivo, [NúmeroDoRegistro], NomeDaVariável

Onde,

- **NúmeroDoArquivo**: argumento obrigatório, indica o número associado ao arquivo que se deseja ler, o qual foi aberto pela instrução Open;
- **NúmeroDoRegistro**: argumento opcional, indica um valor inteiro longo que representa o número do registro a ser lido para arquivos abertos com a palavra-chave "for Random", ou o número do byte a ser lido do arquivo para arquivos abertos com a palavra-chave "for Binary";
- **NomeDaVariável**: argumento obrigatório, indicando o nome da variável que irá receber os dados lidos pela função Get.

As seguintes considerações são válidas para a função Get:

- A função Get é empregada para permitir o acesso a um arquivo com uma estrutura de banco de dados (registros e campos) criado pelo usuário (texto ou binário). O primeiro registro ou byte lido pela função Get encontra-se na posição 1; o segundo na posição 2 e assim sucessivamente. Dados lidos com a função Get são normalmente gravados com a função Put;
- Se você omitir NúmeroDoRegistro ao executar uma instrução Get, a primeira vez que ela for executada retornará o primeiro byte do arquivo ou o primeiro registro. Da segunda vez em diante, se você continuar a omitir NúmeroDoRegistro, a função Get irá ler o próximo byte ou registro existente no arquivo (ou o próximo registro apontado);
- A função Seek posiciona o ponteiro de leitura em um byte ou registro específico. Portanto, ao executar Get omitindo NúmeroDoRegistro, o byte ou registro atualmente apontado será lido pela função Get;
- Para ler um byte ou registro específico, você deverá indicar sua posição e a variável que irá conter o valor retornado por Get, separados por vírgulas:

    Get #4,,MinhaVariável

- As seguintes regras se aplicam para arquivos abertos em modo Random (acesso aleatório:
    o Para evitar problemas com os dados lidos em um arquivo pela instrução Get, faça com que o comprimento dos dados a serem lidos seja idêntico ao valor definido na cláusula TamanhoDoRegistro da instrução Open.
    o Para ter certeza de que a instrução Get retorna sempre um registro específico, faça com que o tamanho do registro lido seja idêntico ao tamanho especificado na cláusula TamanhoDoRegistro da instrução Open.

- Se o comprimento dos dados lidos for maior que a cláusula TamanhoDoRegistro, ocorrerá um erro em tempo de execução.
- Se a cláusula TamanhoDoRegistro da instrução Open for diferente do comprimento dos dados a serem lidos, Get lerá dados de registros subseqüentes, sobrepondo o conteúdo de forma inesperada;
- Você pode empregar a instrução Get para ler uma matriz declarada As Variant de um arquivo gravado em disco (ou seja, o argumento NomeDaVariável pode ser uma matriz declarada as Variant);
- Você NÃO PODE empregar a instrução Get para ler uma matriz de um arquivo gravado em disco, e atribuí-lo a uma variável Variant que contém uma referência a uma matriz. Também não pode empregar Get para ler um objeto gravado em disco. Em ambos os casos, ocorrerá um erro em tempo de execução;
- Se a variável empregada como argumento da função Get for:

String de comprimento fixo: Get lerá um descritor de 2 bytes contendo o comprimento da string, e depois adicionará os dados à variável. Por este motivo, o valor da cláusula TamanhoDoRegistro da instrução Open deverá ser pelo menos 2 bytes maior do que o comprimento da string de tamanho fixo;

Variant ou um tipo numérico: Get lerá 2 bytes para identificar o tipo de dados (VarType) e em seguida o dado a ser atribuído à variável. Por exemplo, se o dado a ser lido seja do tipo Inteiro longo (VarType = 3), Get lerá 6 bytes: 2 bytes para o tipo de dados e 4 bytes para o valor Inteiro longo. Por este motivo, o valor da cláusula TamanhoDoRegistro da instrução Open deverá ser pelo menos 2 bytes maior do que o comprimento da string de tamanho fixo;

String: (VarType = 8), Get lerá 2 bytes para identificar o tipo de dados, 2 bytes para indicar o comprimento da string e então lerá os dados na variável. Por este motivo, o valor da cláusula TamanhoDoRegistro da instrução Open deverá ser pelo menos 4 bytes maior do que o comprimento da string de tamanho fixo;

Matriz de tamanho fixo: Get lerá apenas os dados, sem qualquer descritor para os dados;

Matriz dinâmica: Get lerá um descritor cujo comprimento será igual a 2+8*Número de dimensões. Por este motivo, o valor da cláusula TamanhoDoRegistro da instrução Open deverá ser maior ou igual à soma de todos os bytes exigidos para ler os dados matriciais e o descritor da matriz. Por exemplo, se a matriz for declarada como:

Redim aintMatriz(1 to 4, 1 to 10)

A cláusula TamanhoDoRegistro da instrução Open deverá ser definida para 98 bytes:

(2+(8*2 dimensões) = 18 + (2 x 4 x 10) =80 bytes para os dados = 98 bytes;

Tipos de dados definidos pelo usuário: Get lerá os elementos do tipo de dados como se eles tivessem sido gravados individualmente, sem qualquer espaço complementar (padding) entre os elementos;

Qualquer outro tipo de dados: Get lê apenas os dados da variável. O valor da cláusula TamanhoDoRegistro da instrução Open deverá ser maior ou igual ao comprimento dos dados a serem lidos.

- Para arquivos abertos em modo Binary (binário), todas as regras empregadas para o modo Random se aplicam, exceto:
    o A cláusula TamanhoDoRegistro da instrução Open não possui qualquer efeito. Get lerá as variáveis contiguamente, sem qualquer espaço entre os registros (padding);
    o Para qualquer matriz, excetuando-se uma matriz contida em um tipo de dado definido pelo usuário Get lerá apenas os dados, sem qualquer descritor de conteúdo;
    o Get lê strings de tamanho variável (desde que não sejam elementos de tipos definidos pelo usuário) sem empregar um descritor de 2 bytes. O número de bytes lidos será igual ao número de caracteres contidos na string. O exemplo a seguir demonstra que Get lerá 256 bytes do arquivo aberto com o código #1:
    strTexto = String(256," ")
    Get #1,,strTexto

Exemplo: O exemplo a seguir emprega a função Get para ler registro a registro de um arquivo gravado em disco com formato de banco de dados, onde cada registro possui um comprimento fixo determinado por um tipo de dado definido pelo usuário.

```
    Type Cliente     ' Tipo definido pelo usuário.
        Código As Long
        Nome As String * 50
        Telefone as String * 15
    End Type

    Dim typRegistro As Cliente,
    Dim intPosição as integer.

    ' Abre o arquivo para acesso aleatório (Random)
    Open "Arquivo" For Random As #1 Len = Len(typRegistro)

    ' Lê o 5 registro do arquivo (se houver)
    intPosição = 5
    Get #1, intPosição, typRegistro        ' Lê o quinto registro (código, nome e telefone).
    Close #1     ' Fecha o arquivo.
```

Input

Instrução e função empregadas para ler dados de um arquivo seqüencial aberto em modo Binary ou Input, e atribuí-los a variáveis, empregando uma destas sintaxes:

Instrução Input:
Input #NúmeroDoArquivo, ListaDeVariáveis

Função Input
Input(Número, [#]NúmeroDoArquivo)

Onde,

- **NúmeroDoArquivo**: argumento obrigatório, indica um número de arquivo válido, aberto com uma instrução Open;
- **ListaDeVariáveis**: argumento obrigatório, contendo o nome de uma ou mais variáveis, separadas por vírgulas, às quais serão atribuídos os valores lidos pela instrução Input;
- **Número**: argumento obrigatório, usado apenas na função Input(), indica o número de caracteres a ser lido do arquivo referenciado no argumento NúmeroDoArquivo.

As seguintes considerações são válidas para a **instrução Input**:

- ListaDeVariáveis *não pode conter uma matriz ou variável de objeto*. Entretanto, poderá conter um tipo de dados definido pelo usuário;
- A instrução Input pode ser usada apenas com arquivos abertos em modo Input ou Binary;
- Dados lidos com Input são normalmente gravados com a instrução Write, em vez da instrução Print. O emprego de Write garante que cada campo de dados seja adequadamente delimitado no arquivo no momento de sua gravação, permitindo sua correta recuperação com a instrução Input;
- A instrução Input ignora aspas duplas. Se o arquivo contiver texto envolvendo aspas duplas, a instrução Input irá ignorar as aspas e dividir a string em strings diferentes;
- A lista de variáveis empregada pela instrução Input deverá ser do mesmo tipo dos dados armazenados seqüencialmente no arquivo.
- Se a variável empregada na instrução Input for numérica e o dado a ser lido for não-numérico, Input atribuirá o valor zero (0) à variável;
- Quando os dados são lidos, strings e dados numéricos são atribuídos a variáveis sem alteração. Outros tipos de dados são tratados de acordo com a seguinte tabela:

Tipo de dado	Valor atribuído
Linha em branco ou vírgula delimitadora	Empty
#NULL#	Nulo
#TRUE# or #FALSE#	True ou False
#yyyy-mm-dd hh:mm:ss#	Data ou hora representados pela expressão
#ERROR NúmeroDoErro#	Número do erro (Variant com subtipo Error)

- Sempre verifique se o fim do arquivo já foi atingido antes de executar uma instrução Input. Caso o fim do arquivo tenha sido atingido e se execute uma instrução Input, ocorrerá um erro em tempo de execução.

Exemplo: O exemplo a seguir emprega uma instrução Input para ler dados de um arquivo texto, gravado com a instrução Write no formato ("String", Valor) (sem os parênteses), onde Valor é um campo numérico, e atribuí-los a uma matriz dinâmica, redimensionada a cada dado lido do arquivo, até que o fim do arquivo seja atingido.

```
Dim avarItens() as Variant
Dim strPeça as String
Dim dblValor as Double
Dim intItems as Integer

Open "DADOS.TXT" For Input As #1    ' Abre o arquivo para leitura.
Do While Not EOF(1)                 ' Executa um laço até atingir o fim do arquivo.
    Redim Preserve avarItens(2, intItens)
    Input #1, strPeça, dblValor     ' Lê os dados em 2 variáveis com a instrução Input
    avarItens(0, intItens) = strPeça    ' Adiciona o nome à dimensão 0 da matriz
    avarItens(1, intItens) = strValor   ' Adiciona o valor à dimensão 1 da matriz
    intitens = intItens + 1
Loop
Close #1                            'Fecha o arquivo.
```

Todas as considerações citadas para a instrução Input são válidas para a Função Input, exceto:

- Dados lidos com a função Input() retornam todos os caracteres lidos, incluindo vírgulas, Carriage return (Cr), LineFeed (Lf), aspas duplas e espaços;
- Quando o arquivo for aberto em modo Binary, a tentativa de ler o arquivo empregando a função Input até atingir o fim do arquivo (EOF = True) gera um erro em tempo de execução. Em vez de utilizar EOF, empregue as funções LOF (Length of File – Comprimento do arquivo) e Loc para arquivos binários, ou use a função Get quando quiser utilizar EOF;

Funções de entrada e saída de dados em arquivos - 221

- Para ler dados binários contidos em arquivos texto, empregue a função InputB(), na qual o argumento Número indica o número de bytes a serem lidos, em vez de o número de carateres.

Exemplo: o exemplo a seguir emprega a função Input para ler todo o conteúdo do arquivo AutoExec.Bat e atribuí-lo à variável strAutoExec. Repare que o número de carateres a ser lido é retornado pela função LOF() (Length of File = comprimento do arquivo).

```
Dim strAutoExec
Open "C:\Autoexec.bat" For Input As #1     ' Abre o arquivo.
strAutoExec = Input(LOF(#1), #1)            ' Lê todo o arquivo de uma só vez.
Close #1                                    ' Fecha o arquivo.
```

Line Input

Instrução empregada para ler uma única linha de um arquivo seqüencial e atribuí-la à uma variável string, utilizando esta sintaxe:

Line Input #NúmeroDoArquivo, Variável

Onde,

- **NúmeroDoArquivo**: argumento obrigatório, indica um número de arquivo válido, aberto com uma instrução Open;
- **Variável**: argumento obrigatório, contendo o nome da variável a receber o valor lido pela instrução Line Input.

As seguintes considerações são válidas sobre a instrução Line Input:

- Dados lidos com a instrução Line Input são normalmente gravados no arquivo empregando-se a instrução Print;
- A instrução Line Input lê caractere a caractere do arquivo indicado, até encontrar um caractere de retorno do carro (Carriage Return ou Chr(13) ou uma seqüência retorno do carro e quebra de linha (Chr(13) + Chr(10));
- Os caracteres de retorno do carro (Chr(13)) e quebra de linha (Chr(10)) são ignorados pela instrução Line Input (não são adicionados à variável).

Exemplo: O próximo exemplo emprega uma instrução Line Input para ler cada linha de um arquivo e atribuí-la a uma matriz dinâmica, redimensionada a cada linha lida, até atingir o fim do arquivo.

```
Dim avarLinhas() as String
Dim strLinha as String
Dim intLinhas as Integer

Open "Autoexec.Bat" For Input As #1   ' Abre o arquivo para leitura.
Do While Not EOF(1)                    ' Executa um laço até atingir o fim do arquivo.
    Redim Preserve avarLinhas (intLinhas)
    Line Input #1, strLinha            ' Lê a próxima linha do arquivo na variável strLinha.
    avarItens(intLinhas) = strLinha    ' Adiciona a linha lida à matriz
```

```
        intLinhas = intLinhas + 1
    Loop
    Close #1                          'Fecha o arquivo.
```

Loc

Função empregada para retornar um número Inteiro longo, que indica a posição atual de leitura/gravação de um arquivo aberto, utilizando a seguinte sintaxe:

Loc(NúmeroDoArquivo)

Onde,

- **NúmeroDoArquivo**: argumento obrigatório, indica um número de arquivo válido, aberto com uma instrução Open.

As seguintes considerações são válidas para a função Loc:

- A função Loc retorna diferentes valores, dependendo da forma como o arquivo indicado no argumento NúmeroDoArquivo foi aberto:
  o Random: retorna o número do último registro lido ou gravado no arquivo;
  o Binary: retorna o último byte lido ou gravado
  o Sequential: retorna a posição atual no arquivo em bytes, dividida por 128 (esta informação é raramente utilizada).

Exemplo: O próximo exemplo emprega a função Loc para retornar a posição atual de leitura/gravação de um arquivo aberto em modo Binary. O procedimento lê caractere a caractere do arquivo aberto e, caso o caractere seja igual à letra indicada na constante conLetra, imprime o caractere e sua posição na janela Verificação Imediata, empregando uma instrução Debug.Print.

```
    Function AchaLetras(Arquivo as string)
        Dim intPosição as integer
        Dim strLetra as string
        Const conLetra = "A"

        Open Arquivo For Binary As #1        ' Abre o arquivo.

        Do While intPosição < LOF(1)         ' Efetua um laço por todas as suas letras
            IntPosição = Loc(1)              ' Recupera a posição atual dentro do arquivo
            strLetra = Input(1, #1)          ' Lê cada caractere.
            If strLetra = conLetra then
                Debug.Print strLetra & " = " & intPosição
            End If
        Loop
        Close #1                             ' Fecha o arquivo.
    End Function
```

Lock, Unlock

Instruções empregadas para controlar o acesso de outros processos a todo ou parte de um arquivo aberto com a instrução Open, utilizando esta sintaxe:

Lock [#]NúmeroDoArquivo[, FaixaDeRegistros]

. . .

Unlock [#]NúmeroDoArquivo [,FaixaDeRegistros]

Onde,

- **NúmeroDoArquivo**: argumento obrigatório, indica um número de arquivo válido, aberto com uma instrução Open.
- **FaixaDeRegistros**: argumento opcional, indica a faixa de registros que devem ser bloqueados/desbloqueados, empregando a seguinte sintaxe:

    NúmeroDoRegistro | [Início] **To** Fim

    o **NúmeroDoRegistro**: numero do registro a ser bloqueado (para arquivos abertos em modo Randon) ou número do byte (para arquivos abertos em modo Binary);
    o **Início**: Número do primeiro registro ou byte a ser bloqueado/desbloqueado;
    o **Fim**: Número do último registro ou byte a ser bloqueado/desbloqueado.

As seguintes considerações são válidas para a função Loc:

- As instruções Lock e Unlock são sempre empregadas em pares, com os mesmos argumentos. Elas são usadas em ambientes onde diferentes processos necessitam acessar um mesmo arquivo (normalmente empregada em bancos de dados);
- O emprego de Lock sem a indicação de um número de registro bloqueia todo o arquivo. Para desbloqueá-lo, emprega-se a instrução Unlock sem a indicação de qualquer registro;
- Se o arquivo foi aberto em modo seqüencial, o emprego de Lock/Unlock bloqueia/desbloqueia todo o arquivo, independente da especificação do registro a ser bloqueado;
- O primeiro byte ou registro de um arquivo encontra-se na posição 1; o segundo na posição 2 e assim sucessivamente. Você pode bloquear um único byte ou registro especificando sua posição, ou pode bloquear uma faixa de registros indicando o primeiro e o último registros a serem bloqueados;
- Se você omitir o número do primeiro byte ou registro a ser bloqueado, mas fornecer o número do último, todos os bytes/registros existentes entre o primeiro byte/registro e o byte/registro especificado, serão bloqueados;
- Use a instrução Unlock para remover todos os bloqueios efetuados com a instrução Lock, antes de fechar o arquivo ou finalizar o aplicativo. A não remoção de bloqueios em um arquivo antes de fechá-lo poderá provocar resultados imprevisíveis, inclusive com perda de dados.

224 - Guia de Referência do VBA

Exemplo: Neste exemplo, emprega-se as instruções Lock e UnLock para bloquear o um registro específico de um arquivo de dados enquanto o mesmo está sendo modificado, (de forma idêntica à empregada pelo Microsoft Access). O exemplo passa o nome do arquivo, registro a ser alterado e novos valores para o registro como argumentos do procedimento AlteraDados. A estrutura do registro é definida por um tipo de dados definido pelo usuário chamado Cliente.

```
    Type Cliente    ' Tipo de dado definido pelo usuário.
        Código As Long
        Nome As String *50
        Telefone as String *15
    End Type

    Function AlteraDados(Arquivo as string, NumRegistro as integer, _
                NovoNome as string, NovoTelefone as string)
        Dim Registro As Cliente

        ' Abre o arquivo para acesso aleatório.
        Open Arquivo For Random Shared As #1 Len = Len(Registro)
            Lock #1, NumRegistro                ' Bloqueia o registro especificado.
            Get #1, NumRegistro, Cliente        ' Lê o registro atual
            Registro.Nome = NovoNome
            Registro.Telefone = NovoTelefone
            Put #1, NumRegistro, Registro       ' Grava o registro alterado.
            Unlock #1, NumRegistro              ' Desbloqueia o registro.
        Close #1                                ' Fecha o arquivo.
    End Function
```

LOF

Função empregada para retornar um número inteiro longo, indicando o tamanho em bytes de um arquivo aberto empregando uma instrução Open, utilizando esta sintaxe:

LOF(NúmeroDoArquivo)

Onde,

- **NúmeroDoArquivo**: argumento obrigatório, indica um número de arquivo válido, aberto com uma instrução Open. Use a função FileLen() para obter o comprimento de um arquivo que não se encontra aberto.

Exemplo: O próximo exemplo demonstra como empregar a função Lof() para obter tamanho do arquivo C:\AUTOEXEC.BAT, e utilizar a função Input() para ler todo o arquivo de uma só vez.

```
    Function LêArquivo(Arquivo as String) as String
        Dim strArquivo
        Open Arquivo For Input As #1            ' Abre o arquivo.
```

```
            strArquivo = Input(LOF(#1), #1)        ' Lê todo o arquivo de uma só vez.
            Close #1                               ' Fecha o arquivo.
            LêArquivo = strArquivo
      End Function
```

Open

Instrução empregada para permitir a abertura de um arquivo para entrada e saída de dados (I/O ou Input/Output), utilizando esta sintaxe

Open Caminho **For** Modo [**Access** TipoDeAcesso] [TipoDeBloqueio] **As** _
[**#**]NúmeroDoArquivo [**Len**=TamanhoDoRegistro]

Onde,

- **Caminho**: argumento obrigatório, especificando o caminho completo para o arquivo a ser aberto (contendo Drive, pasta e nome do ARQUIVO.EXT). Também pode especificar a impressora, quando se emprega a expressão LPT1 (ou qualquer outra porta LPT, existente no sistema);
- **Modo**: argumento obrigatório, consistindo de uma palavra-chave que especifica o método como o arquivo será manipulado:
  - **Append**: empregado apenas para adicionar novos dados ao fim do arquivo;
  - **Binary**: empregado para abrir arquivos binários;
  - **Input**: empregado para ler dados do arquivo;
  - **Output**: empregado para gravar dados no arquivo;
  - **Random**: valor padrão, quando não especificado, empregado para abrir arquivos de acesso aleatório, consistindo de registros armazenados (bancos de dados).
- **TipoDeAcesso**: argumento opcional, consistindo de uma palavra-chave que indica quais serão as operações permitidas no arquivo:
  - **Read**: somente leitura
  - **Write**: somente gravação
  - **Read Write**: leitura e gravação
- **TipoDeBloqueio**: argumento opcional, consistindo de uma palavra-chave que indica quais operações são restritas a outros processos quando o arquivo se encontra aberto:
  - **Share**: aberto em modo compartilhado. Múltiplos processos podem ler e gravar no arquivo;
  - **Lock Read**: bloqueia o arquivo contra leitura por outros processos;
  - **Lock Write**: bloqueia o arquivo contra gravação por outros processos;
  - **Lock Read Write**: bloqueia o arquivo contra leitura/gravação por outros processos.

- **NúmeroDoArquivo**: argumento obrigatório, indica um número válido de arquivo, na faixa de 1 a 511 (inclusive), associando o arquivo aberto a tal número. Empregue a função FreeFile para obter acesso ao próximo número válido de arquivo a ser aberto em um mesmo processo;
- **TamanhoDoRegistro**: argumento opcional, indica um número menor ou igual a 32767 bytes que, para arquivos de acesso seqüencial, define o tamanho máximo do buffer de caracteres, e para arquivos de acesso aleatório (Randon), define o tamanho do registro de dados.

As seguintes considerações são válidas para a instrução Open:

- A instrução Open abre um arquivo qualquer permitindo sua manipulação via código escrito com VBA. Ao ser executada, aloca um buffer de entrada/saída (I/O) ao arquivo e determina o modo de acesso a ser empregado por este buffer;
- Caso o arquivo especificado no argumento Caminho não seja encontrado, e a instrução Open tenha sido aberta em um dos modos Append, Binary, Output ou Random, o arquivo será automaticamente criado no caminho especificado;
- Os modos Binary, Input e Random permitem que um mesmo arquivo já aberto por outra instrução Open seja aberto com outro número de arquivo, sem que o arquivo anterior seja fechado. Nos modos Append e Output é ncessário fechar o arquivo antes que ele seja aberto novamente, mesmo com um número de arquivo diferente;
- Se o arquivo especificado no argumento Caminho já se encontrar aberto por um outro processo e o tipo de acesso solicitado não for permitido, ocorrerá um erro em tempo de execução (o arquivo não poderá ser manipulado);
- Se o arquivo for aberto em modo Binary, a cláusula TamanhoDoRegistro será ignorada;

Exemplo: O próximo exemplo mostra diversos modos de abertura de arquivos empregando a instrução Open:

```
' Abrir o arquivo em modo de leitura seqüencial (se o arquivo não existir, ele será criado)
Open "C:\Arquivo.txt" For Input As #1
' Feche o arquivo antes de tentar abri-lo em outro modo
Close #1

' Abre o arquivo em modo Binary apenas para operações de gravação
Open "C:\Arquivo.txt " For Binary Access Write As #1
' Feche o arquivo antes de tentar abri-lo em outro modo
Close #1

' Abre o arquivo em modo aleatório (Random). O arquivo contém registros cuja estrutura é
' definida pelo tipo de dados Cliente
Type Cliente    ' Tipo de dados definido pelo usuário
    Código As Long
    Nome As String * 50
    Telefone as String *15
```

End Type

Função AbrirArquivo()
    Dim Registro As Cliente
    Open "C:\Arquivo.dat " For Random As #1 Len = Len(Registro)
    ' Feche o arquivo antes de tentar abri-lo em outro modo
    '...
    Close #1
End Function

' Abre o arquivo para operações seqüenciais de saída. Qualquer processo pode ler e gravar
' no arquivo, pois ele foi aberto em modo compartilhado (shared)
Open "C:\Arquivo.dat " For Output Shared As #1
' Close before reopening in another mode.
Close #1
' Feche o arquivo antes de tentar abri-lo em outro modo
Close #1

Print

Instrução empregada para gravar dados em um arquivo seqüencial, ou diretamente na impressora, de forma idêntica como os dados são formatados na tela (empregando colunas fixas), utilizando esta sintaxe:

Print #NúmeroDoArquivo, [ListaDeSaída]

Onde,

- **NúmeroDoArquivo**: argumento obrigatório, indica um número de arquivo válido, aberto com uma instrução Open. Use a função FileLen() para obter o comprimento de um arquivo que não se encontra aberto.
- **ListaDeSaída**: argumento opcional, uma ou mais expressões, separadas por espaços ou caracteres de tabulações, utilizando a seguinte sintaxe:

   [{**Spc**(n) | **Tab**[(n)]}] [Expressão] [PosiçãoDoCaractere]

   Onde,
   - **Spc(n)**: empregada para inserir n caracteres de espaços na saída;
   - **Tab(n)**: empregada para fazer com que a próxima saída ocorra na coluna de número n. Caso n não seja fornecida, Tab fará com que a próxima inserção ocorra na próxima coluna de dados;
   - **Expressão**: valor a ser impresso (ou gravado) no arquivo;
   - **PosiçãoDoCaractere**: indica o ponto de inserção do próximo caractere. Use um ponto-e-vírgula para posicionar o ponto de inserção imediatamente após o último caractere impresso (ou gravado). Se PosiçãoDoCaractere for omitida (sem ";"), o próximo caractere será impresso em uma nova linha.

As seguintes considerações são válidas para a instrução Print:

- Dados gravados com a instrução Print são normalmente lidos com as instruções Input e Line Input;
- Caso você deseje ler os dados gravados em um arquivo empregando a função Input, use a função Write para gravá-los no lugar de Print. Write garante a integridade dos campos de dados, delimitando-os com vírgulas, de forma que os mesmos possam ser lidos novamente, independente do idioma.
- Para forçar a impressão de uma nova linha em branco, coloque um caractere de ponto-e-vírgula após o número do arquivo;
- Múltiplos valores ou expressões podem ser separados com espaços ou ponto-e-vírgula (ambos provocam o mesmo efeito);
- Dados booleanos são impressos como True/False – não são traduzidos para os booleanos Verdadeiro/Falso empregados no VBA em português;
- Datas são escritas no arquivo empregando o formato de "Data abreviada" atualmente utilizado pelo Painel de Controle do Windows. Apenas a parte da data fornecida é impressa no arquivo (você pode omitir o ano, mês ou dia);
- Se Expressão for uma variável Variant contendo o valor Empty, nada será impresso no arquivo. Se o valor for nulo (Null), será impresso "Null" (sem os parênteses) no arquivo;
- Caso Expressão seja um objeto do tipo Error, será impressa a expressão "Error CódigoDoErro" (não haverá tradução);
- Todos os dados impressos em um arquivo com a instrução Print possuem formato internacional, empregando o separador decimal apropriado;

Exemplo: O próximo exemplo emprega a função Print para criar uma lista tabulada de dados a ser enviada diretamente para uma impressora matricial, linha a linha. Este tipo de impressão é muito utilizada em vídeo locadoras, ou em impressoras fiscais, para criar listas de colunas fixas empregando papel carbono. O procedimento recebe como argumentos uma matriz com três colunas (contendo o código da fita, o nome do filme e seu valor) além do nome do usuário. Ao final da impressão, várias linhas em branco são impressas para permitir o corte do papel (o ajuste das linhas pontilhadas embaixo das colunas deve ser feito por tentativa e erro).

```
Function ImprimirDados(Filmes() as variant, NomeDoCliente as string)
    Dim curValor as Currency
    Open LPT1 For Output As #1        ' Imprime diretamente na impressora
    Print #1, "SuperLocadora – VideoClube"
    Print #1,    ' Linha em branco.
    Print #1, "Código"; Tab ; "Filme'; Tab; "Valor"
    Print #1, "-----------------------------------------------"
    For intI =0 to Ubound(Filmes())
        Print #1, Filmes(intI, 0), Filmes(intI, 1), Filmes(intI, 2)  'Imprime elementos da matriz
        curValor = curValor + Filmes(intI,2)
    Next
    Print #1, "-----------------------------------------------"
```

```
        Print #1, "                    Total: " & Format(curValor, "Currency")
        Print #1,   ' Linha em branco.
        Print #1,   ' Linha em branco.
        Print #1,   ' Linha em branco.
        Print #1,   "_____"
        Print #1,   "          " & NomeDoCliente
        Print #1,   ' Linha em branco.
        Print #1,   ' Linha em branco.
        Print #1,   ' Linha em branco.
        Print #1,   ' Linha em branco.
        Print #1,   ' Linha em branco.
        Close #1    ' Fecha a impressora
    End Function
```

Put

Instrução empregada para gravar dados de uma variável em um arquivo no disco, usando esta sintaxe:

Put [#]NúmeroDoArquivo, [NúmeroDoRegistro], NomeDaVariável

Onde,

- **NúmeroDoArquivo**: argumento obrigatório, indica um número de arquivo válido, aberto com uma instrução Open.

- **NúmeroDoRegistro:** argumento opcional, consistindo de um número Inteiro longo (ou Variant contendo um Inteiro longo), representando o número do registro (para arquivos abertos em modo Randon) ou número do byte (para arquivos abertos em modo Binary) no qual se iniciará a gravação do valor da variável;

- **NomeDaVariável:** argumento obrigatório, indicando o nome da variável contendo os dados que serão escritos no arquivo.

As seguintes considerações são válidas para a função Put:

- Dados gravados com a instrução Put são normalmente lidos com a instrução Get;
- Se NúmeroDoRegistro for omitido, você deverá fornecer obrigatoriamente as vírgulas que o delimitam, sem qualquer valor, ou ocorrerá um erro em tempo de execução;
- O primeiro byte ou registro de um arquivo encontra-se na posição 1; o segundo na posição 2 e assim sucessivamente. Ao omitir o argumento NúmeroDoRegistro, a gravação ocorrerá no local imediatamente após a última operação Get, Put ou Seek;
- Você pode determinar onde ocorrerá a próxima gravação empregando a função Loc;
- As seguintes regras se aplicam para arquivos abertos em modo Randon (acesso aleatório):

- Para evitar problemas com os dados gravados em disco pela instrução Put, faça com que o comprimento dos dados a serem gravados seja idêntico ao valor definido na cláusula TamanhoDoRegistro da instrução Open.
- Se o comprimento dos dados for maior que a cláusula TamanhoDoRegistro, ocorrerá um erro em tempo de execução.
- Se a cláusula TamanhoDoRegistro da instrução Open for menor do que o tamanho dos bytes a serem gravadas, Put gravará registros subseqüentes no locais corretos no disco, adicionando entre o fim de um registro e o início de outro dados existentes no buffer de registro (lixo).
- Você pode empregar a instrução Put para gravar uma matriz declarada As Variant em um arquivo (ou seja, o argumento NomeDaVariável pode ser uma matriz declarada as Variant).
- Você NÃO PODE empregar a instrução Put para gravar o conteúdo de uma variável Variant que contém o ponteiro de uma variável matriz. Também não pode empregar Put para gravar um objeto gravado em disco. Em ambos os casos, ocorrerá um erro em tempo de execução.
- Se a variável empregada como argumento da função Put for:

  String: (VarType = 8), Put gravará um descritor de 2 bytes para identificar o tipo de dados, outros 2 bytes para indicar o comprimento da string e então gravará os dados no arquivo. Por este motivo, o valor da cláusula TamanhoDoRegistro da instrução Open deverá ser pelo menos 4 bytes maior do que o comprimento da string;

  String de comprimento fixo: Put gravará um descritor de 2 bytes contendo o comprimento da string, e depois gravará os dados no disco. Por este motivo, o valor da cláusula TamanhoDoRegistro da instrução Open deverá ser pelo menos 2 bytes maior do que o comprimento da string de tamanho fixo;

  Variant ou um tipo numérico: Put gravará 2 bytes para identificar o tipo de dados (VarType) e em seguida o dado a ser atribuído à variável. Por exemplo, se o dado a ser lido seja do tipo Inteiro longo (VarType = 3), Put gravará 6 bytes: 2 bytes para o tipo de dados e 4 bytes para o valor Inteiro longo. Por este motivo, o valor da cláusula TamanhoDoRegistro da instrução Open deverá ser pelo menos 2 bytes maior do que o número de bytes exigido para gravar a variável;

  Matriz de tamanho fixo: Put gravará apenas os dados, sem qualquer descritor para os dados;

  Matriz dinâmica: Put gravará um descritor cujo comprimento será igual a 2+8*Número de dimensões. Por este motivo, o valor da cláusula TamanhoDoRegistro da instrução Open deverá ser maior ou igual à soma de todos os bytes exigidos para ler os dados matriciais e o descritor da matriz. Por exemplo, se a matriz for declarada como:

  Redim aintMatriz(1 to 4, 1 to 10)

- A cláusula TamanhoDoRegistro da instrução Open deverá ser definida para 98 bytes:

(2+(8*2 dimensões) = 18 + (2 x 4 x 10) =80 bytes para os dados = 98 bytes;

Tipos de dados definidos pelo usuário: Put gravará os elementos do tipo de dados como se eles tivessem sido gravados individualmente, sem qualquer espaço complementar (padding) entre os elementos.

Qualquer outro tipo de dado: Put gravará apenas os dados da variável. O valor da cláusula TamanhoDoRegistro da instrução Open deverá ser maior ou igual ao comprimento dos dados a serem lidos;

- Para arquivos abertos em modo Binary (binário), todas as regras empregadas para o modo Random se aplicam, exceto:
  - A cláusula TamanhoDoRegistro da instrução Open não possui qualquer efeito. Put gravará todas as variáveis contiguamente, sem qualquer espaço entre os registros (padding);
  - Para qualquer matriz, excetuando-se uma matriz contida em um tipo de dado definido pelo usuário Put gravará apenas os dados, sem qualquer descritor de conteúdo;
  - Put grava strings de tamanho variável (desde que não sejam elementos de tipos definidos pelo usuário) sem empregar um descritor de 2 bytes. O número de bytes lidos será igual ao número de caracteres contidos na string. O exemplo a seguir demonstra que Put gravará uma string vazia de 256 bytes no arquivo aberto com o código #1:

    strTexto = String(256," ")
    Put #1,,strTexto

Exemplo: O exemplo a seguir emprega duas funções: GravaRegistro(), que utiliza um laço para gerar dados de 100 registros fictícios, com estrutura definida pelo tipo de dados definido pelo usuário "Cliente", e AdicionaRegistro(), que emprega o arquivo "Dados.Dat" aberto em modo Randon, e com tamanho de registro definido pelo tipo de dados Cliente, para adicionar ao fim do arquivo cada um dos registros gerados.

```
Type Cliente    ' Tipo definido pelo usuário.
    Código As Long
    Nome As String * 50
    Telefone As String * 15
End Type

Function GravaRegistro()
    Dim intI As Integer
    Dim Registro As Cliente

    For intI = 1 To 100
        Registro.Código = CLng(intI)
        Registro.Nome = "Registro" & intI
        Registro.Telefone = "(21)-" & Int(Rnd(intI) * 5000000)
        Call AdicionaRegistro(Registro)
```

            Next
        End Function

        Sub AdicionaRegistro(Registro As Cliente)
            Dim lngNumRegistros As Long
            Dim intPosição As Integer

            ' Abre o arquivo para acesso aleatório (Random)
            Open "Dados.Dat" For Random As #1 Len = Len(Registro)
            lngNumRegistros = LOF(1)/Len(Registro) 'Obtém o número de registros no arquivo
            ' Adiciona o registro ao fim do arquivo
            Put #1, lngNumRegistros + 1, Registro   'Adiciona o registro após ao fim do arquivo
            Close #1   ' Fecha o arquivo   'Fecha o arquivo
        End Sub

Reset

Instrução empregada para fechar todos os arquivos atualmente abertos por uma instrução Open, escrevendo o conteúdo dos buffers de arquivos em disco, utilizando esta sintaxe:

Reset

Exemplo: Este exemplo emprega um laço para adicionar o conteúdo das variáveis recebidas como argumento, ao final de certos arquivos de log de dados. O nome dos arquivos e o conteúdo a ser gravado em cada um deles é escolhido dentro do laço empregando-se a função Choose() do VBA.

        Function GravaDados(Arq1, Arq2, Arq3)
            Dim strArquivo as String
            Dim intI as integer

            For intI = 1 to 3
                strArquivo = Choose(intI, "LogEntrada.Log", "LogAlteração.Log", "LogInserção.Log")
                Open strArquivo for Append as #intI
                Write #intI, Choose(intI, Arq1, Arq2, Arq3)
            Next
            Reset   'Fecha todos os arquivos e grava os valores
        End Function

Seek

Função (e instrução) empregada para retornar (ou definir) um valor Inteiro longo, que indica a posição atual de leitura/gravação em um arquivo aberto com a instrução Open, utilizando uma destas sintaxes:

        Função Seek

Seek(NúmeroDoArquivo)
ou
Instrução Seek
Seek [#]NúmeroDoArquivo, Posição

Onde,

- **NúmeroDoArquivo**: argumento obrigatório, indica um número de arquivo válido, aberto com uma instrução Open.
- **Posição**: argumento obrigatório (apenas para a instrução Seek), consistindo de um número Inteiro longo na faixa de 1 a $(2^{31}-1)=2.147.483.647$ (inclusive), que indica onde verá ocorrer a próxima operação de leitura/gravação;

As seguintes considerações são válidas para a **Função** Seek:

- Seek irá retornar um número inteiro longo positivo, variando em os limites de 1 e $(2^{31}-1)=2.147.483.647$ (inclusive). Dependendo do modo de acesso em que o arquivo foi aberto, o valor retornado representa:
    - **Modo Randon**: indica o número do próximo registro a ser gravado/lido;
    - **Modo Append, Binary, Input e Output**: posição do byte no qual a próxima operação será executada (o primeiro byte do arquivo está na posição 1).

As seguintes considerações são válidas para a **Instrução** Seek:

- As instruções Get e Put, quando executadas, alteram o valor definido pela instrução Seek;
- Se a instrução Seek indicar um valor além dos limites do arquivo, e for executada uma operação de gravação, o valor gravado será acrescido ao final do arquivo;
- Se o argumento Posição for <=0, ocorrerá um erro em tempo de execução.

Exemplo: O exemplo a seguir emprega duas funções: LocalizaRegistroDoMeio() que emprega a **função Seek** para retornar a posição em que se encontra o registro situado no meio de um arquivo com formato de banco de dados, cuja estrutura do registro é definida pelo tipo de dado Cliente (definido pelo usuário); e ExibeRegistroDoMeio(), que exibe o registro recuperado empregando a função MsgBox. O código indica o número do registro que se encontra no meio do arquivo empregando a função Seek para retornar a posição do meio do arquivo como valor retornado pelo procedimento (veja o exemplo da função Put para verificar como o arquivo foi gerado).

```
    Type Cliente    ' Tipo definido pelo usuário.
        Código As Long
        Nome As String * 50
        Telefone As String * 15
    End Type

    Function LocalizaRegistroDoMeio(Registro As Cliente) As Long
        Dim lngNumRegistros As Long
        Dim lngRegistroDoMeio As Long
```

```
    Open "Dados.Dat" For Random As #1 Len = Len(Registro)
    lngNumRegistros = LOF(1) / Len(Registro)
    lngRegistroDoMeio = lngNumRegistros \ 2
    Get #1, lngRegistroDoMeio, Registro
    LocalizaRegistroDoMeio = Seek(1) - 1
End Function

Function ExibeRegistroDoMeio()
    Dim Registro As Cliente
    Dim strMsg As String
    Dim lngPos As Long

    lngPos = LocalizaRegistroDoMeio(Registro)
    strMsg = "O registro está na posição " & lngPos & vbCrLf
    strMsg = strMsg & Registro.Código & vbCrLf
    strMsg = strMsg & Registro.Nome & vbCrLf
    strMsg = strMsg & Registro.Telefone
    MsgBox strMsg, vbInformation, "Registro Do Meio - Arquivo DADOS.DAT"
End Function
```

No próximo exemplo, o procedimento EncontraRegistroDoMeio() emprega a **instrução Seek** para determinar a posição do registro que se encontra no meio do arquivo, e em seguida retorna o registro utilizando a função Get (sem fornecer o número do registro a ser retornado).

```
Sub EncontraRegistroDoMeio(Registro As Cliente)
    Dim lngNumRegistros As Long
    Dim lngRegistroDoMeio As Long

    Open "Dados.Dat" For Random As #1 Len = Len(Registro)
    lngNumRegistros = LOF(1) / Len(Registro)
    lngRegistroDoMeio = lngNumRegistros \ 2
    Seek #1, lngRegistroDoMeio
    Get #1, , Registro
End Function
```

Os próximos exemplos referem-se ao comportamento da função e instrução Seek para arquivos abertos em um modo diferente de Random. Nesta situação, a função Seek irá retornar (e a instrução Seek irá definir) a posição do byte onde irá ocorrer a próxima operação de leitura/gravação no arquivo.

Neste exemplo, o procedimento EncontraTexto emprega a função Seek para retornar a posição no arquivo onde ocorre a string de texto fornecida como argumento para o procedimento (se a string pesquisada não for encontrada, o procedimento retornará –1).

```
Function EncontraTexto(Arquivo as String, TextoPesquisado as String) as Long
    Dim strTexto as String
```

```
        Dim intLen as Integer
        Const conTextoNãoEncontrado = -1

        intLen = Len(TextoPesquisado)
        Open Arquivo for Input as #1
        Do While Not EOF(1)
            strTexto = Input(intLen, #1)
            If strTexto = TextoPesquisado Then
                EncontraTexto = Seek(1)
                Exit Function
            End If
        Loop

        EncontraTexto = conTextoNãoEncontrado
    End Function
```

Spc

Função empregada junto da instrução Print # (ou do método Print do objeto Debug) para posicionar horizontalmente o local onde irá ocorrer a próxima saída de dados, utilizando esta sintaxe:

Spc(n)

Onde,

- **n**: argumento obrigatório, indica o número de espaços a serem inseridos antes do próximo ponto de saída de dados.

As seguintes considerações são válidas para a instrução Spc:

- Se o valor de n for menor que a largura da linha, a próxima posição de impressão será definida após o número de espaços impressos na nova linha de dados;
- Se o valor de n for maior do que a largura da linha, a próxima saída de dados será definida pela fórmula PosiçãoAtual + (n Mod LarguraDaLinha). Por exemplo, se a largura da linha for de 60 caracteres, a posição atual de impressão encontra-se na linha 20, e você enviou uma instrução Spc(70), a próxima saída ocorrerá na posição coluna 30 (20 + 70 Mod 60 = 20 + 10 = 30);
- Se a diferença PosiçãoAtual − LarguraDaLinha < n, a função Spc irá reiniciar a impressão na próxima linha, gerando (n − LarguraDaLinha − PosiçãoAtual) espaços no início da nova linha;
- A largura das colunas de impressão deve ser larga o suficiente para conter a largura de cada uma das letras. Portanto, verifique se a fonte empregada na impressão é apropriada para a largura pretendida;
- Para evitar problemas com larguras de fonte, empregue fontes monoespaçadas, como Courier. Fontes de largura proporcional (como Times New Roman, Arial etc.)

não possuem qualquer correlação entre o número de caracteres impressos e a largura que os mesmos ocupam, podendo provocar distorções no alinhamento de colunas impressas de texto.

Exemplo: Neste exemplo, a função Spc é empregada para criar um espaçamento fixo entre as colunas de texto de 10 caracteres.

Open "Arquivo.txt" for Output as #1
Print 1#, "Código", Spc(10), "Fita", Spc(10), "Valor"
Close #1

Alternativamente, você pode empregar o método Print do objeto Debug para gerar saídas formatadas na janela Verificação Imediata do VBA:

Debug.Print "Código", Spc(10), "Fita", Spc(10), "Valor"

Tab

Função empregada junto da instrução Print # (ou do método Print do objeto Debug) para posicionar horizontalmente o local onde irá ocorrer a próxima saída de dados, utilizando esta sintaxe:

Tab[(n)]

Onde,

- **n**: argumento opcional, indica o número da coluna na qual será impressa a próxima expressão de uma lista.

As seguintes considerações são válidas para a instrução Tab:

- Tab permite que se defina a próxima saída de texto para versões do Windows onde a vírgula é o caractere definido como caractere de separação decimal (padrão para o Brasil);
- A primeira posição de impressão (aquela situada mais à esquerda) é sempre a posição 1;
- Quando se emprega a instrução Print para imprimir em arquivos, a posição mais à direita de impressão é definida pela largura do arquivo de saída, que pode ser definida pela instrução Width #;
- Se n for omitido, a função Tab fará com que a próxima saída de dados ocorra na próxima coluna de texto;
- Se a posição na linha atual for maior que n (PosiçãoAtual > n), Tab irá pular para a n-ésima coluna da próxima linha;
- Se n < 1, Tab irá mover a posição de impressão para a coluna 1
- Se n > LarguraDaLinha, a posição na linha atual for maior que n (PosiçãoAtual > n), a nova posição de impressão será calculada por (n Mod LarguraDaLinha). Por exemplo, se LarguraDaLinha = 60, e for especificado Tab(70), a próxima impressão ocorrerá na coluna 10 (70 mod 60).

- Se, após este cálculo, n for menor do que a posição atual, a impressão ocorrerá na próxima linha na posição calculada. Por outro lado, se n for maior do que a posição de impressão, a impressão será iniciada na posição calculada na linha atual.
- Quando se emprega a função Tab com o método Print do objeto Debug para imprimir na janela Verificação Imediata, a janela será dividida em colunas de largura fixa, cuja largura é definida pela média da largura dos caracteres para o tamanho da fonte escolhida.
- Para evitar problemas com larguras de fonte, empregue fontes monoespaçadas, como Courier. Fontes de largura proporcional (como Times New Roman, Arial etc.) não possuem qualquer correlação entre o número de caracteres impressos e a largura que os mesmos ocupam, podendo provocar distorções no alinhamento de colunas impressas de texto.

Exemplo: O próximo exemplo utiliza a função Tab para imprimir valores em um arquivo texto, separados em colunas fixas.

```
Open "Arquivo.TXT" for Output as #1
Print #1, "Código"; Tab; "Nome da fita"; Tab; "Valor"
Close #1
```

Para imprimir na janela Verificação Imediata na próxima coluna de texto, empregue esta sintaxe:

```
Debug.Print "Código"; Tab; "Nome da fita"; Tab; "Valor"
```

Width

Instrução empregada para definir a largura da linha de saída de um arquivo aberto com a instrução Open, o qual será preenchido com a instrução Print, utilizando esta sintaxe:

Width #NúmeroDoArquivo, LarguraDaLinha

Onde,

- **NúmeroDoArquivo**: argumento obrigatório, indica um número de arquivo válido, aberto com uma instrução Open.
- **LarguraDaLinha**: argumento obrigatório, consistindo de uma expressão numérica na faixa de 0-255 (inclusive), que define quantos caracteres poderão ser impressos em cada linha de texto com a instrução Print #, antes de uma nova linha ser iniciada. Se a largura for definida para zero (0=Valor padrão), não haverá limite para o comprimento da linha.

Exemplo: Neste exemplo, instrução Width # é empregada para definir a largura do arquivo de saída para 200 caracteres.

```
Open "Arquivo.TXT" for Output as #1
    Width #1, 200
Close #1    ' Fecha o arquivo.
```

Write

Instrução empregada para escrever dados em um arquivo seqüencial, utilizando esta sintaxe:

Write #NúmeroDoArquivo, [ListaDeSaída]

Onde,

- **NúmeroDoArquivo**: argumento obrigatório, indica um número de arquivo válido, aberto com uma instrução Open;
- **ListaDeSaída**: argumento opcional, uma ou mais expressões, separadas por vírgulas, a serem gravadas no arquivo.

As seguintes considerações são válidas para a instrução Write:

- Dados gravados com a instrução Write # são normalmente lidos com a instrução Input #;
- A impressão de múltiplas expressões pode ser feita empregando-se espaços, ponto-e-vírgulas ou vírgulas entre as expressões;
- Para imprimir uma linha em branco, emita uma instrução Write # seguida de uma vírgula (sem qualquer expressão a ser impressa);
- Quando se emprega Write # para gravar dados em um arquivo, as seguintes regras se aplicarão para permitir que os dados possam ser corretamente lidos com uma instrução Input#:
    o Write # insere automaticamente um caractere de retorno de carro/alimentação de linha (chr(13) + chr(10)) após o término de impressão de cada linha
    o De forma diferente da utilizada para a instrução Print, a instrução Write insere vírgulas entre os itens impressos e envolve valores string em aspas duplas;
    o Dados numéricos são sempre gravados empregando-se o ponto como separador decimal;
    o Dados booleanos são sempre impressos como #True ou #False (sem qualquer tradução);
    o Datas são sempre escritas no formato universal (aaaa/mm/dd hh:mm:ss). Apenas a parte fornecida da data/hora é impressa;
    o Se o valor da variável contida na lista de expressões for Empty, nada será impresso;
    o Se o valor da variável contida na lista de expressões for Null, será impresso a expressão #NULL#;
    o Dados de erros são gravados como "#ERROR CódigoDoErro#" (sem tradução e sem aspas);
    o Evite imprimir strings com aspas duplas usando a instrução Write# para lê-las com a instrução Input, pois ao serem lidas, Input # irá dividir a string no ponto onde encontrar as aspas em duas strings diferentes, levando a erros de interpretação.

Exemplo: O próximo exemplo emprega a instrução Write para gravar dados em um arquivo seqüencial. Esta operação é normalmente empregada quando se deseja exportar dados de um banco de dados qualquer para um formato de dados universal, onde cada registro constitui uma linha do arquivo e possui, um delimitador específico para os campos (a vírgula). O conjunto de dados a ser impresso no arquivo é recebido como argumento para a função, que emprega o DAO – Data Access Objects – para caminhar pelos registros e escrever no arquivo texto de saída o valor dos cinco primeiros campos de dados do recordset (o procedimento espera que os dados sejam fornecidos como o nome de uma tabela, consulta ou instrução SQL válidas para o banco de dados atualmente aberto no Microsoft Access).

```
Function ExportaRecordSet(Tabela As String)
    Dim dB As DAO.Database
    Dim rs As DAO.Recordset

    Set dB = CurrentDb()
    Set rs = dB.OpenRecordset(Tabela)
    Open "ArqExportado.TXT" For Output As #1
        Do Until rs.EOF
            Write #1, rs(0), rs(1), rs(2), rs(3), rs(4)
            rs.MoveNext
        Loop
    Close #1
    rs.Close
End Function
```

Funções de interação com o usuário

Neste capítulo você encontra informações sobre as funções do VBA que permitem interagir com o usuário do seu sistema, obtendo informações necessárias à execução do código (InputBox), exibindo caixas de mensagem (MsgBox) e som (Beep), ativando a janela de um aplicativo externo (AppActivate), enviando seqüências de teclas para controlar qualquer janela aberta no Windows (SendKeys) e obtendo os argumentos de linha de comando porventura utilizados na abertura de um aplicativo (Command).

Índice do capítulo

AppActivate	241	InputBox	244
Beep	243	MsgBox	246
Command	243	SendKeys	248

AppActivate

Instrução empregada para ativar a janela de um aplicativo, utilizando a seguinte sintaxe:

AppActivate TítuloDoAplicativo[, Aguardar]

Onde,

- **TítuloDoAplicativo**: argumento obrigatório, consistindo do texto existente na barra de título da janela do aplicativo que se deseja ativar, ou da identidade do aplicativo (TaskID) retornada pela função Shell;
- **Aguardar**: argumento opcional, valor booleando indicando se o aplicativo chamador possui o foco antes de ativar outro aplicativo. Use False (valor padrão) para indicar que o aplicativo chamado será imediatamente ativado, mesmo se o aplicativo chamador não tiver o foco do sistema. Use True para indicar que o aplicativo

242 - Guia de Referência do VBA

chamador irá aguardar até que o mesmo receba o foco para ativar o aplicativo especificado.

As seguintes considerações são válidas para a instrução AppActivate:

- A instrução AppActivate altera o foco do Windows para o aplicativo solicitado, independente do estado de sua janela. Para controlar o estilo com o qual a janela do aplicativo será ativada, empregue a função Shell.

- Para encontrar o aplicativo solicitado, o VBA irá comparar o argumento TítuloDoAplicativo com o texto exibido na barra de título dos aplicativos atualmente em execução. Caso não seja encontrada uma equivalência exata entre os títulos, o aplicativo que possuir as iniciais idênticas a TítuloDoAplicativo será ativado.

- Caso AppActivate encontre vários exemplares de TítuloDoAplicativo em execução, o primeiro exemplar na lista de aplicativos em execução será ativada;

- Pressione Ctrl+Alt+Del no Windows para verificar a lista e ordem dos aplicativos em execução.

Exemplo: Para testar o funcionamento da função AppActivate, abra cópias de alguns programas, como Paint, Bloco de notas, Calculadora etc., e em seguida, empregue a janela Verificação Imediata para verificar a ativação. Supondo que o Paint, Bloco de notas e Calculadora estão carregados, ao pressionar Ctrl+Alt+Del no Windows XP Professional, você encontrará as seguintes instruções:

Use as seguintes instruções para ativar a janela desejada a partir de código escrito em VBA:

AppActivate "Imagem - Paint"   ' Ativa a janela do Paint
AppActivate "Calculadora"   'Ativa a janela da calculadora
AppActivate "Sem titulo – Bloco de notas" 'Ativa a janela do bloco de notas

Eventualmente, empregue o valor retornado pela função Shell como argumento para a função AppActivate:

Dim lngRetVal as Long\
lngRetVal = Shell("Calculadora", 1)   'Executa a calculadora
AppActivate lngRetVal

Beep

Instrução empregada para soar um beep no alto-falante do computador, utilizando esta sintaxe:

Beep

As seguintes considerações são válidas para a instrução Beep:

- Beep emite um simples tom sonoro no alto-falante do sistema, com freqüência e duração pre-definidos, e de efeito variável, de acordo com as especificações de hardware do seu sistema.
- Use Beep para chamar a atenção do usuário para certos eventos no seu software. Evite utilizá-lo para indicar que o usuário executou um erro no sistema, empregando-o apenas para advertências graves, nos quais as ações a serem executadas tenham efeito permanente e inalterável nos dados gerenciados pelo aplicativo.

Command

Função empregada para retornar os argumentos de linha de comando utilizados para se executar um aplicativo executável criado com o Visual Basic, usando esta sintaxe:

Command

As seguintes considerações são válidas para a função Command:

- Command não pode ser utilizados como aplicativos criados com componentes do Office. Apenas executáveis criados com o Visual Basic podem utilizar sua funcionalidade;
- Quando um aplicativo criado no Visual Basic permitir ser iniciado com diferentes opções de inicialização, use Command para obter todos os argumentos fornecidos ao aplicativo após o seu nome.

Exemplo: Suponha que seu aplicativo permita empregar argumentos de linha de comando para alterar a ação que o mesmo deverá disparar no momento em que é inicializado. O procedimento que se segue, ArgumentosRecebidos(), emprega a função Command para retornar os argumentos de linha de comando por ventura passados ao procedimento.

```
Function ArgumentosRecebidos() as String
    ArgumentosRecebidos = Command
End Function
```

InputBox

Função empregada para exibir uma caixa de diálogo que coleta informações do usuário, contendo uma caixa de texto e os botões OK e Cancelar, utilizando esta sintaxe:

InputBox(Mensagem[, Título] [, ValorPadrão] [, X] [, Y] [, ArquivoDeAjuda, IndiceDoContexto])

Onde,

- **Mensagem**: argumento obrigatório, consistindo de uma string de texto a ser exibida na caixa de mensagem;
- **Título**: argumento opcional, consistindo de uma string de texto a ser exibida na barra de título da caixa de diálogo. Se você omitir Título, será exibido o título do aplicativo;
- **ValorPadrão**: argumento opcional, consistindo de uma expressão ou valor a ser exibido na caixa de texto da caixa de diálogo, como resposta padrão esperada. Se ValorPadrão for omitido, InputBox apresentará uma caixa de texto vazia;
- **X**: argumento opcional, consistindo de uma expressão numérica definida em Twips, que especifica a distância horizontal entre a borda esquerda da caixa de diálogo e a borda esquerda da tela. Se X for omitido, a caixa de diálogo será centralizada horizontalmente na tela;
- **Y**: argumento opcional consistindo de uma expressão numérica definida em Twips, que especifica a distância vertical entre a borda superior da caixa de diálogo e a borda superior da tela. Se Y for omitido, a caixa de diálogo será centralizada verticalmente na tela;
- **ArquivoDeAjuda**: argumento opcional, consistindo do nome do arquivo de ajuda a ser acionado, caso o usuário clique no botão Ajuda exibido pela caixa de diálogo. Se ArquivoDeAjuda for fornecido, ÍndiceDoContexto também deverá ser fornecido;
- **ÍndiceDoContexto**: argumento opcional, consistindo de uma expressão numérica que identifica o código da página do ArquivoDeAjuda a ser exibido. Se ÍndiceDoContexto for fornecido, ArquivoDeAjuda também deverá ser fornecido.

As seguintes considerações são válidas para a função InputBox:

- Mensagem deverá possuir no máximo 1024 caracteres. Dependendo da largura dos caracteres utilizados no texto, alguns deles poderão deixar de ser exibidos na mensagem;
- Para quebrar as linhas de Mensagem, segmente a string deste argumento, concatenando-a com a constante VBCrLf, ou com os caracteres Chr(13) (Enter ou Retorno do Carro) e Chr(10) (Alimentação de linha);

- Se a caixa de texto da mensagem exibida por InputBox estiver vazia e o usuário pressionar Enter, ou se for pressionado o botão Cancelar (ou pressionada a tecla Esc), InputBox retornará uma string vazia ("");
- InputBox sempre devolve uma string. Números retornados por InputBox deverão ser convertidos com as funções de conversão do VBA (Cbol, Clng, Cint, Cdbl, Csng e Ccur);
- Empregue a função Len() do VBA para testar para verificar se o usuário inseriu algo na caixa de mensagem exibida por InputBox;
- Empregue a função Isnumeric() ao valor retornado por MsgBox para certificar-se que é um número;
- Se ambos os argumento ArquivoDeAjuda e ÍndiceDoContexto forem preenchidos, InpuBox fornecerá um botão Ajuda automaticamente. Nesta solução, a página da Ajuda também será exibida se o usuário pressionar a tecla F1.

Exemplo: O próximo exemplo mostra como empregar a função MsgBox para solicitar ao usuário a entrada de um valor. Observe que o valor digitado pelo usuário é validado utilizando-se primeiro a função Len() (pois se o usuário clicar em Cancelar, nada será retornado) e, depois com a função Isnumeric():

```
Function DiasDeIdade()
    Dim strMsg as String
    Dim strTitle as String
    Dim strIdade as String

    strMsg = "Forneça a sua idade (em anos):"
    strTitle = "Idade?"
    strIdade = InputBox(strMsg, strTitle)
    If Len(strIdade) then
        'A função passa por aqui se algo foi digitado e "Cancelar" não foi pressionado
        If Isnumeric(strIdade) then
            MsgBox "Você já viveu aproximadamente " &  Cint(strIdade) * 360 & " dias!"
        Else
            MsgBox "Idade inválida. Empregue apenas números!"
        End If
    End If
End Function
```

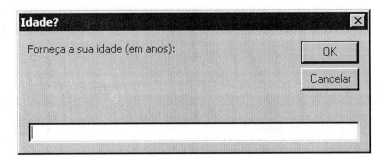

MsgBox

Função empregada para criar um diálogo com o usuário, exibindo botões e um ícone de (opcional), que permitem a tomada de decisão dentro do código, utilizando esta sintaxe:

MsgBox(Mensagem[, Botões] [, Título] [, ArquivoDeAjuda, IndiceDoContexto])

Onde,

- **Mensagem**: argumento obrigatório, consistindo de uma string de texto a ser exibida na caixa de mensagem;
- **Título**: argumento opcional, consistindo de uma string de texto a ser exibida na barra de título da caixa de diálogo. Se você omitir Título, será exibido o título do aplicativo;
- **Botões**: argumento opcional, consistindo de uma ou mais constantes ou valores que, ao serem somados, permitem especificar quais botões serão exibidos na caixa de diálogo, se haverá ou não um ícone, qual destes botões será o padrão. Este argumento permite também especificar se a caixa de diálogo será modal ao sistema ou ao Windows, utilizando a seguinte tabela:

Constante	Valor	Resultado
vbOKOnly	0	Botão OK apenas
vbOKCancel	1	Botões OK e Cancelar
vbAbortRetryIgnore	2	Botões Abortar, Repetir e Ignorar
vbYesNoCancel	3	Botões Sim, Não e Cancelar
vbYesNo	4	Botões Sim e Não
vbRetryCancel	5	Botões Repetir e Cancelar
vbCritical	16	Ícone de parada crítica (contramão)
vbQuestion	32	Ícone de interrogação
vbExclamation	48	Ícone de exclamação
vbInformation	64	Ícone de informação
vbDefaultButton1	0	Define como padrão o botão 1
vbDefaultButton2	256	Define como padrão o botão 2

vbDefaultButton3	512	Define como padrão o botão 3
vbDefaultButton4	768	Define como padrão o botão 4 (Ajuda)
vbApplicationModal	0	Modal ao aplicativo (padrão). O código do aplicativo é interrompido até a mensagem ser respondida
vbSystemModal	4096	Modal ao sistema. Todos os aplicativos são interrompidos até a mensagem ser respondida
vbMsgBoxHelpButton	16384	Adiciona o botão Ajuda
VbMsgBoxSetForeground	65536	Faz com que a caixa de diálogo fique em primeiro plano
vbMsgBoxRight	524288	Alinha o texto à direita
vbMsgBoxRtlReading	1048576	Define que o texto será da direita para a esquerda (para hebraico ou árabe)

- **ArquivoDeAjuda**: argumento opcional, consistindo do nome do arquivo de ajuda a ser acionado, caso o usuário clique no botão Ajuda exibido pela caixa de diálogo. Se ArquivoDeAjuda for fornecido, ÍndiceDoContexto também deverá ser fornecido;
- **ÍndiceDoContexto**: argumento opcional, consistindo de uma expressão numérica que identifica o código da página do ArquivoDeAjuda a ser exibido. Se ÍndiceDoContexto for fornecido, ArquivoDeAjuda também deverá ser fornecido.

As seguintes considerações são válidas para a função MsgBox:

- O argumento Botões é composto de uma ou mais constantes somadas que definem a aparência da caixa de diálogo exibida. Constantes com valor de 0-5, indicam quais serão os botões exibidos; as que possuem valor de 16, 32, 48, 56 e 64 indicam o ícone; as que possuem os valores 256, 512 ou 768 indicam qual será o botão padrão; as demais constantes permitem definir outros atributos da caixa de diálogo relacionados à sua aparência;
- MsgBox retorna sempre um valor inteiro, indicando o código do botão clicado pelo usuário, de acordo com a seguinte tabela:

Constante	Valor	Botão pressionado
vbOK	1	OK
vbCancel	2	Cancelar
vbAbort	3	Abortar
vbRetry	4	Repetir
vbIgnore	5	Ignorar
vbYes	6	Sim
vbNo	7	Não

Exemplo: O próximo código solicita ao usuário digitar sua data de nascimento, de forma que o procedimento CalculaIdadeEmDias( ) possa retornar quantos dias o usuário já viveu. O procedimento utiliza a função MsgBox para exibir o resultado ao usuário e para solicitar uma nova digitação caso o valor fornecido para a data de nascimento não seja válido. Neste caso, o sistema utiliza um rótulo (TentaDeNovo) para reexibir a InputBox para o usuário.

```
Function CalculaIdadeEmDias()
    Dim strMsg As String
    Dim strTitle As String
    Dim strData As String
    Dim lngDias As Long

TentaDeNovo:
    strMsg = "Forneça sua data de nascimento (dd/mm/aaaa):"
    strTitle = "Data de Nascimento?"
    strData = InputBox(strMsg, strTitle)
    If Len(strData) Then
        'A função passa por aqui se algo foi digitado e "Cancelar" não foi pressionado
        If IsDate(strData) Then
            'Calcula a idade
            lngDias = DateDiff("d", CVDate(strData), Date)
            MsgBox "Você já viveu " & lngDias & " dias!"
        Else
            strMsg = "Data de Nascimento inválida." & vbCrLf
            strMsg = strMsg & "Deseja fornecer outra data?"
            strTitle = "Data Inválida!"
            If MsgBox(strMsg, vbQuestion + vbYesNo, strTitle) = vbYes Then
                GoTo TentaDeNovo
            End If
        End If
    End If
End Function
```

SendKeys

Instrução empregada para enviar um ou mais caracteres para a janela ativa, como se eles tivessem sido digitados no teclado, utilizando esta sintaxe:

SendKeys String[, Aguardar]

Onde,

- **String**: argumento obrigatório, consistindo de uma string ou expressão que resulte numa string, indicando as teclas a serem exibidas;

Funções de interação com o usuário - 249

- **Aguardar**: argumento opcional, se for False (valor padrão), indica que o controle do sistema deverá retornar imediatamente ao procedimento; se for True, indica para aguardar o processamento das teclas antes de prosseguir na execução do procedimento.

As seguintes considerações são válidas para a instrução SendKeys:

- Cada tecla pode ser gerada pela instrução SendKeys, empregando um ou mais caracteres;
- Caracteres podem ser enviados simplesmente digitando-os em String. Por exemplo "A" envia a letra A; "XYZ" envia as letras X, Y e Z;
- Os sinais "+", "^", "%", "~", e "( )" possuem significado especial para SendKeys. Caso você deseje enviá-los como "caracteres", envolva-os em chaves "{ }";
- Colchetes "[ ]" não possuem qualquer significado para SendKeys, mas para enviá-los, você também deverá envolvê-los em colchetes;
- Para enviar os caracteres de colchetes { e }, envolva-os em colchetes. Ex: "{{}"
- Caracteres não digitáveis, como Enter, Tab e teclas que indicam ações, como Ctrl+A, devem ser digitadas de acordo com as especificações da próxima tabela.

Tecla	Código executado
Backspace	{BACKSPACE}, {BS}, or {BKSP}
Break	{BREAK}
Caps lock	{CAPSLOCK}
Del or delete	{DELETE} or {DEL}
Seta para baixo	{DOWN}
End	{END}
Enter	{ENTER} or ~
Esc	{ESC}
Help	{HELP}
Home	{HOME}
Ins or Insert	{INSERT} or {INS}
Seta para esqueda	{LEFT}
Num lock	{NUMLOCK}
Page down	{PGDN}
Page up	{PGUP}
Print screen	{PRTSC}
Seta para direita	{RIGHT}
Scroll lock	{SCROLLLOCK}
Tab	{TAB}
Seta para cima	{UP}
F1	{F1}
F2	{F2}

Tecla	Código executado
F3	{F3}
F4	{F4}
F5	{F5}
F6	{F6}
F7	{F7}
F8	{F8}
F9	{F9}
F10	{F10}
F11	{F11}
F12	{F12}
F13	{F13}
F14	{F14}
F15	{F15}
F16	{F16}

- Para combinar teclas com Ctrl, Shift ou Alt, basta precedê-las pelos seguintes símbolos:

Tecla	Símbolo
Shift	+
Ctrl	^
Alt	%

- Para especificar que as teclas Shift, Ctrl e Alt devem permanecer pressionadas enquanto outras teclas são simultaneamente pressionadas, envolva o código destas teclas em parênteses. Por exemplo, para executar Ctrl+A+S, use +(AS);
- Para repetir uma tecla um número de vezes, coloque um espaço entre a tecla e o número de vezes que ela deve ser pressionada. Por exemplo, para enviar duas vezes a tecla ESC, usa "{ESC 2}; Para enviar 30 vezes a seta para direita, use "{Right 30}";

Exemplo: O procedimento AbreNotePad() utiliza a função Shell() para abrir o aplicativo, a instrução AppActivate para ativá-lo e, em seguida, emprega a instrução SendKeys para digitar texto no programa, fechar o aplicativo e gravar o arquivo texto na pasta padrão.

```
Function AbreNotePad()
    Dim lngValor As Long

    'Abre o Notepad com a função Shell
    lngValor = Shell("NotePad.exe", 1)  ' Abre o Bloco de notas.
```

```vba
    'Ativa a janela do NotePad com a instrução AppActivate
    AppActivate lngValor    ' Ativa o Notepad.

    'Digita texto no NotePad:
    SendKeys "VBA Guia de referência", True

    'Fecha o NotePad
    SendKeys "%{F4}", True   ' Envia Alt+F4 para fechar a janela do Bloco de notas

    'Envia a tecla "S" de SIm, para salvar o texto
    SendKeys "s", True

    'Digita o nome do arquivo
    SendKeys "teste"

    'Pressiona o botão OK
    SendKeys "{Enter}", True
End Function
```

Funções para manipulação do Registro do Windows

Neste capítulo você obtém informações sobre as funções do VBA empregadas para ler (GetSetting, GetAllSettings) e gravar (SaveSetting, SaveAllSettings) dados no registro do Windows.

Índice do capítulo

DeleteSetting 253
GetAllSettings 254
GetSetting 255
SaveSetting 256

DeleteSetting

Instrução empregada para excluir toda uma seção ou apenas uma chave do Registro do Windows, utilizando esta sintaxe:

DeleteSetting NomeDoAplicativo, Seção[, Chave]

Onde,

- **NomeDoAplicativo**: argumento obrigatório, consistindo de uma string contendo o nome do aplicativo para o qual a seção ou chave do Registro se aplica;
- **Seção**: argumento obrigatório, consistindo de uma expressão contendo o nome da seção a ser excluída, ou da seção que contém a chave a ser excluída;
- **Chave**: argumento opcional, consistindo do nome da chave a ser excluída de Seção.

As seguintes considerações são válidas para a instrução DeleteSetting:
- Se apenas o argumento Section for fornecido, DeleteSetting irá excluir a seção com todas as chaves nela existentes do Registro do Windows;
- Se NomeDoAplicativo, Seção ou Chave não forem encontradas no Registro, DeleteSetting irá gerar um erro em tempo de execução.

Exemplo: O próximo exemplo exibe o procedimento ExcluirChaveNoRegistro(), que emprega a função DeleteSetting para excluir uma determinada seção, recebida como argumento pelo procedimento. Por padrão, o procedimento solicita uma confirmação para excluir toda uma seção (veja o exemplo da instrução SaveSetting e da função GetSetting para verificar como criar e recuperar uma chave no Registro do Windows).

```
Function ExcluirChaveNoRegistro(NomeDoAplicativo as String, Seção as String, _
                    Optional Chave as String,
                    Optional Confirmar as Boolean = True) as Boolean
    Dim strMsg as String
    Dim strTItle as String

    On Error Resume Next

    If Len(Chave) = 0 then
      'Chave não foi fornecida. Toda a seção será excluída
      If Confirmar then
         strMsg = "Confirma a exclusão da seção '" & Seção & "' do Registro?" & vbCrLf
         strMsg = strMsg & "(Esta operação não poderá ser desfeita)"
         strTitle = "Excluir seção " & Seção & "?"
         If MsgBox(strMsg, vbYesNo + vbQuestion + vbDefaultButton2, strTitle) = vbNo Then
            Exit Function
         End If
      End If
      DeleteSetting NomeDoAplicativo, Seção
      ExcluirChaveNoRegistro = (Err = 0)
    Else
      ExcluirChaveNoRegistro = (Err = 0)
      DeleteSetting NomeDoAplicativo, Seção, Chave
    End If
End Function
```

GetAllSettings

Função empregada para retornar a lista de todas as chaves (e seus valores) de uma Seção do Registro do Windows, utilizando esta sintaxe:

GetAllSettings(NomeDoAplicativo, Seção)

Onde,

- **NomeDoAplicativo**: argumento obrigatório, consistindo de uma string contendo o nome do aplicativo para o qual a seção ou chave do Registro se aplica;
- **Seção**: argumento obrigatório, consistindo de uma expressão contendo o nome da seção cujas chaves devem ser recuperadas.

As seguintes considerações são válidas para a função GetAllSettings:

- GetAllSettings retorna uma matriz bidimensional, a qual deve ser atribuída a uma variável do tipo Variant;
- Se a NomeDoAplicativo ou Seção não forem encontradas no Registro do Windows, GetAllSettings retornará uma variável Variant não inicializada (contendo o valor Empty).

Exemplo: O exemplo a seguir exibe a função RecuperarSeção() que recebe como argumentos o nome do aplicativo e a seção desejada, retornando uma Variant contendo os dados solicitados. O procedimento imprime os valores recuperados na janela Imediata do VBA (veja o exemplo da instrução SaveSetting e da função GetSetting para verificar como criar e recuperar uma chave no Registro do Windows).

```
Function RecuperarSeção(NomeDoAplicativo as String, Seção as String) as Variant
    Dim varSeção as Variant
    Dim intI as Integer

    varSeção = GetAllSettings(NomeDoAplicativo, Seção)
    If IsEmpty(varSeção) then
        RecuperarSeção = False
    Else
        For intI = 0 to Ubound(varSeção, 1)
            Debug.Print "Chave: " & varSeção(intI,0) & " = " & varSeção(intI,1)
        Next
        RecuperarSeção = varSeção
    End If
End Function
```

GetSetting

Função empregada para retornar o valor de uma chave existente no Registro do Windows, utilizando esta sintaxe:

GetSetting(NomeDoAplicativo, Seção, Chave[, ValorPadrão])

Onde,

- **NomeDoAplicativo**: argumento obrigatório, consistindo de uma string contendo o nome do aplicativo para o qual a seção ou chave do Registro se aplica;
- **Seção**: argumento obrigatório, consistindo de uma expressão contendo o nome da seção a ser recuperada, ou da seção que contém a chave a ser recuperada;

- **Chave**: argumento obrigatório, consistindo do nome da chave a ser recuperada de Seção;
- **ValorPadrão**: argumento opcional a ser retornado, caso a Chave especificada não possua qualquer valor.

As seguintes considerações são válidas para a função GetSettings:

- Se ValorPadrão for omitido e Chave não contiver algum valor, GetSetting retornará uma string vazia ("")
- Se Aplicativo, Seção e/ou Chave apontarem para uma entrada de registro inexistente, GetSetting retornará o argumento ValorPadrão (ou uma string vazia, caso ValorPadrão não tenha sido especificado).

Exemplo: O procedimento RecuperarChave() listado a seguir, indica como empregar a função GetSetting para recuperar uma chave do Windows, dado o nome do aplicativo, seção e chave.

Function RecuperarChave(NomeDoAplicativo as String, Seção as String, _
    Chave as String, Optional ValorPadrão as Variant) as Variant
    RecuperarChave = GetSetting(NomeDoAplicativo, Seção, Chave, ValorPadrão)
End Function

SaveSetting

Instrução empregada para criar ou gravar uma entrada no Registro do Windows, utilizando esta sintaxe:

SaveSetting NomeDoAplicativo, Seção, Chave, Valor

Onde,

- **NomeDoAplicativo**: argumento obrigatório, consistindo de uma string contendo o nome do aplicativo para o qual a seção ou chave do Registro se aplica;
- **Seção**: argumento obrigatório, consistindo de uma expressão contendo o nome da seção a ser recuperada, ou da seção que contém a chave a ser recuperada;
- **Chave**: argumento obrigatório, consistindo do nome da chave a ser recuperada de Seção;
- **Valor**: argumento obrigatório, consistindo do valor a ser armazenado em Chave.

As seguintes considerações são válidas para a função SaveSettings:

- SaveSettings grava valores no registro do Windows, hierarquicamente limitados à seguinte entrada:
  HKEY_Current_User\Software\Microsoft\VB and VBA Program Settings

Exemplo: No próximo exemplo, a instrução SaveSetting é empregada para gravar a posição e as dimensões da janela do formulário atual no Registro do Windows, na chave especificada pelo nome do formulário, a partir do evento Unload.

Sub Form_UnLoad()
    SaveSetting "Aplicativo", Me.Name, "Top", Me.Top

```
        SaveSetting "Aplicativo", Me.Name, "Left", Me.Left
        SaveSetting "Aplicativo", Me.Name, "Height", Me.Height
        SaveSetting "Aplicativo", Me.Name, "Width", Me.Witdh
End Sub
```

Para fazer com que o formulário abra na mesma posição onde ele foi deixado antes de ser fechado, empregue a função GetSetting no evento Form_Load:

```
Sub Form_Load()
        On Error Resume Next

        Me.Top = GetSetting "Aplicativo", Me.Name, "Top"
        Me.Left = SaveSetting "Aplicativo", Me.Name, "Left"
        Me.Height = SaveSetting "Aplicativo", Me.Name, "Height"
        Me.Width = SaveSetting "Aplicativo", Me.Name, "Width"
End Sub
```

Funções para manipulação de erros em tempo de execução

Neste capítulo você encontra informações sobre as funções do VBA utilizadas para manipular os erros que porventura ocorram em seus procedimentos, permitindo ativar ou desativar uma armadilha de erros (On Error), obter o código ou mensagem de erro referente ao último erro ocorrido (Err e Error), e retornar a um ponto específico do código com a instrução Resume.

Índice do capítulo

Err 259	On Error 262
Error 260	Resume 264

Err

Função empregada para retornar o código do último erro ocorrido em um procedimento, utilizando a seguinte sintaxe:

Err

As seguintes considerações são válidas para a função Err:

- Para obter acesso ao código do erro ocorrido em tempo de execução, desative a exibição dos erros com uma instrução On Error Resume Next, ou crie uma armadilha de erros com a instrução On Error Goto <rótulo>;
- Se os erros em tempo de execução tiverem sido desativados com a instrução On Error Resume Next, você poderá empregar a função Err após qualquer linha de código para verificar se ocorreu ou não um erro. Se Err = 0, isto indicará que não

bhouve qualquer erro em tempo de execução. Caso contrário, Err retornará o código do erro ocorrido;

- Para recuperar a mensagem de erro associada ao código de erro ocorrido, empregue a função Error, passando-lhe como argumento o valor retornado pela função Err: Exemplo: Error(Err);

Exemplo: O exemplo a seguir demonstra como verificar se ocorreu ou não um erro em tempo de execução durante a execução de um código (neste caso, o erro possível é a divisão por zero), empregando a função Err.

```
Function Divide(Numerador as double, Denominador as double)
    On Error Resume Next
    Divide = Numerador/Denominador

    If Err > 0 then
        Divide = Numerador
    End If
Exit Function
```

Error

Função e instrução empregadas para retornar a mensagem de erro correspondente ao código do erro ocorrido, ou simular a ocorrência de determinado código de erro, utilizando uma destas sintaxes:

Para a função Error:

Error[(NúmeroDoErro)]

Para a instrução Error:

Error NúmeroDoErro

Onde,

- **NúmeroDoErro**: argumento opcional, representado por qualquer número de erro válido.

As seguintes considerações são válidas sobre a função Error:

- O valor retornado pela função Error corresponde ao valor da propriedade Description do objeto Err (Err.Description);
- Para obter o código da última mensagem de erro ocorrido, empregue a função Err como valor para o argumento NúmeroDoErro (Ex.: Error(Err));
- Para poder manipular os erros ocorridos, empregue uma função On Error Goto <Rótulo> ou On Error Resume Next
- Se você fornecer para o argumento NúmeroDoErro um valor cuja mensagem não foi definida, o VBA retornará o erro padrão "Erro de definição de aplicativo ou de definição de objeto";

Funções para manipulação de erros em tempo de execução - 261

- Se NúmeroDoErro for maior do que um número inteiro positivo (256^2 =65535), ocorrerá um erro em tempo de execução;
- Se o argumento NúmeroDoErro for omitido, Error retornará a mensagem de erro correspondente ao último erro mais recente;
- Se não houver ocorrido qualquer erro, Error retornará uma string de comprimento zero ("");
- A instrução Error para geração de erros em tempo de execução continua a ser fornecida para compatiblidade para trás com versões anteriores do VBA. Recomenda-se empregar o objeto Err, definido-se suas propriedades e, em seguida, utilizar o método Raise do objeto Err para provocar a ocorrência de um erro em tempo de execução;
- O Objeto Err é normalmente utilizado quando se está criando um objeto a ser distribuído na forma de arquivo .EXE, .DLL ou .OCX empregando o Visual Basic, de forma a alertar ao usuário o emprego de valores inválidos na execução de suas propriedades e métodos;
- O objeto Err possui as seguintes propriedades e métodos:
    o **Number:** valor que determina o código do erro a ser retornado;
    o **Source:** Nome do local em que o erro ocorreu (normalmente o nome do projeto, objeto ou procedimento);
    o **Description:** texto da mensagem de erro a ser retornada;
    o **HelpFile:** caminho completo para o arquivo de ajuda a ser aberto, caso o usuário pressione F1;
    o **HelpContext:** ContextID (código único) da página do arquivo de ajuda a ser exibida;

Exemplo: O exemplo a seguir demonstra como evitar a ocorrência de um erro em tempo de execução durante a execução de um código (divisão por zero), permitindo que você altere o valor dos argumentos e exiba a mensagem de erro correspondente:

```
Function Divide(Numerador as double, Denominador as double)
    On Error Goto Divide_Erro
    Divide = Numerador/Denominador
DivideFim:
    Exit Function
DivideErro:
    Select Case Err
        Case Else
            MsgBox "Erro " & Err & ": " & Error(Err)
    End Select
    Resume DivideFim
Exit Function
```

O próximo exemplo mostra como empregar a instrução Error para gerar um erro em tempo de execução ao perceber que o valor do argumento Denominador é inválido:

```
Function Divide(Numerador as Double, Denominador as Double)
    If Denominador = 0 then
        Error 11      'Gera um erro em tempo de execução
    Else
        Divide = Numerador/Denominador
    End If
End Function
```

On Error

Instrução que permite gerenciar como serão manipulados os erros em tempo de execução no interior de um procedimento, utilizando uma destas sintaxes:

On Error GoTo LinhaDeCódigo
On Error Resume Next
On Error GoTo 0

Onde,
- **LinhaDeCódigo**: qualquer número de linha válido dentro de um procedimento, ou rótulo criado no interior do procedimento (um rótulo é criado digitando-se seu nome e em seguida o caractere ":")
- **On Error GoTo LinhaDeCódigo**: permite que o fluxo do código seja desviado para a linha especificada em LinhaDeCódigo, o qual pode ser um número de linha ou rótulo definido dentro do mesmo procedimento onde o erro ocorreu;
- **On Error Resume Next**: faz com que os erros ocorridos em tempo de execução sejam ignorados. Nesta situação, a linha de código onde ocorreu o erro não é executado, e o fluxo de execução é transferido para a próxima linha de código;
- **On Error Goto 0**: desabilita a instrução On Error anterior, literalmente desarmando as rotinas de captura de erro em tempo de execução

As seguintes considerações são válidas sobre a instrução On Error:
- Empregue uma instrução On Error em cada procedimento sensível do seu aplicativo, evitando a ocorrência de erros em tempo de execução;
- Uma rotina de manipulação de erros em tempo de execução não é um procedimento Sub ou Function separado. Ela constitui uma parte do código de um procedimento qualquer, designado por um rótulo definido no interior do procedimento, o qual é executado apenas na eventualidade da ocorrência de um erro inesperado;
- A ausência da instrução On Error Goto ou On Error Resume Next em um procedimento fará com que, na eventualidade de ocorrência de um erro inesperado, seja exibida a mensagem de erro correspondente e se interrompa a execução do código, finalizando inesperadamente a execução do aplicativo, com eventuais perdas de dados;
- Quando se utiliza a instrução On Error Goto LinhaDeCódigo e ocorre um erro em tempo de execução, o código é desviado para a rotina determinada por

LinhaDeCódigo. Deste momento em diante, até o encontro de uma instrução Resume, Exit Sub, Exit Function ou Exit Property, todos os erros subseqüentes não poderão ser manipulados pela rotina de captura de erros, gerando um erro fatal (literalmente, uma rotina de manipulação de erros não pode conter ou gerar erros);
- Se um procedimento possui uma rotina de manipulação de erros em tempo de execução e este procedimento chama outro procedimento, e o procedimento chamado não possui uma rotina de tratamento de erros, ao ocorrer um erro em tempo de execução no código do procedimento chamado, este será suspenso e o fluxo do código retornado para o procedimento chamador, o qual irá manipular a mensagem de erro ocorrida, como se ela tivesse ocorrido em seu interior;
- Todas as rotinas de tratamento de erros em tempo de execução baseiam suas ações no valor retornado pela função Err ou pela propriedade Number do objeto Err (Err.Number). O texto ou descrição do erro ocorrido pode ser retornado pela função Error(Err) ou pela propriedade Description do objeto Err (Err.Description), permitindo fornecer ao usuário dos seus sistemas o motivo da ocorrência do erro inesperado;
- Quando manipular objetos dentro de um procedimento, empregue a propriedade Source do objeto Err para verificar qual foi o objeto gerador do erro especificado, evitando ambigüidades na manipulação dos erros porventura gerados;
- A instrução On Error Goto 0 sempre desabilita a manipulação de erros em tempo de execução, permitindo alterar a estratégia de manipulação de erros durante o fluxo de código;
- Para evitar que a rotina de manipulação de erros seja inadvertidamente executada pelo código do procedimento, sempre coloque uma instrução Exit Sub, Exit Function ou Exit Property antes do aparecimento do rótulo que define o início da rotina de erros;

Exemplo: O próximo exemplo demonstra como empregar a instrução On Error Resume Next para desativar a captura de erros em tempo de execução. Nesta situação, mesmo que o argumento Denominador seja zero, não ocorrerá um erro e a função retornará o valor zero:

```
Function Divide(Numerador as Double, Denominador as Double) as Double
    On Error Resume Next
    Divide = Numerador/Denominador
End Function
```

O próximo exemplo ativa a captura de erros em tempo de execução, permitindo redefinir o valor do argumento Denominador para o valor 1, caso o mesmo seja zero. Note que isto ocorrerá apenas no momento em que o VBA tentar efetuar a divisão, fazendo com que o código seja desviado para a rotina de tratamento de erros, que por sua vez emprega uma instrução Resume para retornar à mesma linha de código onde o erro ocorreu.

```
Function Divide(Numerador as Double, Denominador as Double) as Double
    On Error GoTo Divide_Erro
    Divide = Numerador/Denominador
```

```
        Exit Function
Divide_Erro:
    If Denominador = 0 then
        Denominador = 1
    End If
    Resume
End Function
```

Resume

Instrução empregada para continuar a execução do código de um procedimento em um ponto específico, após a ocorrência e tratamento de um erro em tempo de execução, utilizando uma destas sintaxes:

Resume [0]
Resume Next
Resume LinhaDeCódigo

Onde,

- **LinhaDeCódigo**: qualquer número de linha válido dentro de um procedimento, ou rótulo criado no interior do procedimento (um rótulo é criado digitando-se seu nome e em seguida o caractere ":")
- **Resume**: permite que o fluxo do código retorne a mesma linha onde o erro ocorreu, após tratamento das causas de erro pela rotina de manipulação de erros em tempo de execução;
- **Resume Next**: permite que o fluxo do código retorne a linha imediatamente seguinte àquela onde o erro ocorreu, após tratamento das causas de erro pela rotina de manipulação de erros em tempo de execução;
- **Resume LinhaDeCódigo**: permite que o fluxo do código retorne a linha de código especificada pelo rótulo LinhaDeCódigo, após tratamento das causas de erro pela rotina de manipulação de erros em tempo de execução;

A seguinte consideração é válida para a instrução Resume:

- A instrução Resume não pode ser executada em um procedimento sem que tenha havido um erro em tempo de execução. Portanto, ela só poderá ser executada no interior de uma rotina de tratamento de erros, ou ocorrerá um erro fatal em tempo de execução.

Exemplo: O próximo exemplo mostra como empregar a função Resume para retornar o código para a mesma linha onde o erro ocorreu. Neste caso, o erro será gerado quando se tenta utilizar a variável DB não inicializada no código. O fluxo será desviado para a rotina de tratamento de erros, a qual inicializará a variável e empregará uma instrução Resume para permitir abrir a tabela desejada:

```
Function AbrirRecordSet(Tabela as String) as DAO.RecordSet
    Dim DB as DAO.DataBase
    Dim RS as DAO.RecordSet
```

```
        On Error Goto AbrirRecordSet_Erro
        DB.OpenRecordSet(Tabela, DB_Open_Dynaset)
        Set AbrirRecordSet = RS
        Exit Function

AbrirRecordSet_Erro:
    Select Case Err
        Case 91 ' Erro de definição de objeto
            Set DB = CurrentDB()
            Resume
        Case Else
            MsgBox Error(Err)
    End Select
End Function
```

Índice alfabético de funções

A

Abs 117
AddressOf 90
ador Or 16
AppActivate 241
Array 21
Asc 69
Assert 91
Atn 118

B

Beep 243
Boolean 2
Byte 2
bytes xxx

C

Call 92
CallByName 22
Cbool 70
Cbyte 70
Ccur 71
Cdate 72
CDbl 73
ChDir 199
ChDrive 200
Choose 93
Chr 128
CInt 73
CLng 74
Close 211
Command 243
Const 23
Constantes VBA xxxviii
Cos 118
cosecant 124, 125
cotangent 124, 125
CreateObject 24
CSng 75

CStr 75
CurDir 200
Currency 2
CVar 76
CVErr 76

D

Date 2, 157
DateAdd 158
DateDiff 160
DatePart 162
DateSerial 164
DateValue 165
Day 166
DDB 176
Decimal 3
Declare 26
Deftype 28
DeleteSetting 253
Dim 29
Dir 201
Do...Loop 95
DoEvents 94
Double 3

E

End 96
Enum 31
Environ 203
EOF 212
Erase 32
Err 259
Error 260
Event 33
Exit 97
Exp 119

F

FileAttr 213
FileCopy 203
FileDateTime 204
FileLen 204
Filter 193
For Each...Next 98
For...Next 99
Format 128
FormatCurrency 135

FormatDateTime 136
FormatNumber 137
FormatPercent 138
FreeFile 215
Friend 36
Funções matemáticas derivadas ... 124
Function 37
FV 177

G

Get 216
GetAllSettings 254
GetAttr 205
GetObject 40
GetSetting 255
GoSub 105
GoSub...Return 100
GoTo 101, 105

H

Hex 139
Hour 166

I

If...Then...Else 102
IIf 104
Implements 42
Input 219
InputBox 244
InStr 139
InStrRev 141
Integer 3
inverse 124
IPmt 178
Irr 180
IsArray 79
IsDate 80
IsEmpty 80
IsError 81
IsMissing 81
IsNull 83
IsNumeric 84
IsObject 84

J

Join 142

K

Kill 205

L

Lbound 195
Lcase 143
Left 143
Len 144
Let 46
Line Input # 221
Loc 222
Lock 223
LOF 224
Log 120
Long 3
Lset 145
Ltrim 147

M

Mid 147
Minute 167
Mirr 181
MkDir 206
Month 167
MonthName 168
MsgBox 246

N

Name 206
Now 168
Nper 182
NPV 184

O

Object 3
Oct 148
On Error 262
On...GoSub 105
On...GoTo 105
Open 225
Operador − 8
Operador " 10
Operador & 11
Operador * 9
Operador / 9
Operador ^ 6
Operador + ... 7
Operador = ... 6
Operador And 12
Operador Eqv 13
Operador Imp 14
Operador Is 18
Operador Like 18
Operador Mod 10
Operador Not 15
Operador XOR 17
Option Base 47
Option Compare 48
Option Explicit 49
Option Private 49

P

Partition 106
Pmt 185
PPmt 186
Print # 227
Private 50
Property Get 51
Property Let 53
Property Set 56
Public 58
Put 229
PV 188

Q

QBColor 207

R

RaiseEvent 108
Randomize 120
Rate 189
Redim 195
ReDim 60
Rem 61
Replace 149
Reset 232
Resume 264
RGB 208
Right 150
RmDir 209
Rnd 121
Round 121

Rset 151
Rtrim 151

S

SaveSetting 256
secant 124
Second 168
Seek 232
Select Case 109
SendKeys 248
Set 62
SetAttr 209
Sgn 122
Shell 111
Sin 123
Single 4
SLN 190
Space 152
Spc 235
Split 196
Sqr 123
Static 63
Stop 113
Str 152
StrComp 153
StrConv 154
String 4, 155
StrReverse 155
Sub 65
Switch 113
SYD 191

T

Tab 236
Tan 124
Time 169
Timer 169
TimeSerial 170
TimeValue 171
Tipo definido pelo usuário 4
Trim 156
Type 67
TypeName 85

U

Ubound 197
Ucase 156
Unlock 223

V

Val 77
Variant 4
VarType 86

W

Weekday 172
WeekdayName 173
While...Wend 114
Width # 237
Write # 238

Y

Year 173

Impressão e acabamento
Gráfica da Editora Ciência Moderna Ltda.
Tel: (21) 2201-6662